öbv

Das ist Mathematik 3

Arbeitsheft

Univ.-Prof. Mag. Dr. Hans Humenberger (Hrsg.)
Hofrat Mag. Dr. Dieter Litschauer
OStR Prof. Mag. Herbert Groß
LSI Prof. Mag. Vera Aue

Arbeitsheft und Lösungsheft

Die Kapitel des Arbeitsheftes greifen die Themen und die Struktur deines Mathematikbuches auf, sind aber etwas einfacher gehalten. Wir haben viele schöne und abwechslungsreiche Aufgaben zusammengestellt, die dir beim Lernen weiterhelfen sollen. Es gibt auch kleine Rätsel zur Auflockerung. Manchmal ist bereits ein Aufgabenteil in färbiger Schrift gelöst, damit du siehst, wie die Aufgabe gemeint ist. Schreibe deine Antworten auf die vorgegebene Linie oder in das Kästchen! Bei einigen Aufgaben brauchst du einen Zettel für Nebenrechnungen.
Die Lösungen aller Aufgaben findest du im Lösungsheft, das du aus der Heftmitte heraustrennen kannst. Überprüfe deine Lösungen immer auch mit dem Lösungsheft, nicht nur mit den Rätseln!

Merkenswertes

Am Ende jedes Abschnittes gibt es eine Seite mit wichtigen Regeln und Begriffen. Auch diese Blätter sollst du bearbeiten! Das hilft dir dabei, dir die Theorie besser zu merken. Du kannst diese Seiten später auch zum Nachschlagen verwenden. Mit dem Rätsel kannst du deine Antworten gleich überprüfen.

Testseiten

Auf den ersten Seiten des Arbeitsheftes kannst du mit dem **Einstiegstest** überprüfen, was du vom Lehrstoff aus dem vergangenen Schuljahr behalten hast. Auf den letzten Seiten findest du zwei jeweils doppelseitige **Abschlusstests**, mit denen du das in diesem Schuljahr neu erworbene Wissen testen kannst. Wenn du dein Können in einem bestimmten Kapitel überprüfen willst, bearbeite am besten die Wissensstraße in deinem Lehrbuch.
Tipp: Wenn du etwas nicht mehr weißt, schlage zB bei **„Merkenswertes“** nach.

Bildungsstandards

Die Bildungsstandards, jenes Wissen und Können, das du bis zur 8. Schulstufe erwerben sollst, werden durch Kompetenzen beschrieben.
Welcher Kompetenzbereich bei einer Aufgabe benötigt wird, zeigt dir die graue Markierung neben der Aufgabennummer. Dabei heißt H1 Darstellen – Modellbilden, H2 Rechnen – Konstruieren, H3 Interpretieren und H4 Begründen. Achte darauf, dass du alle vier Bereiche übst!
Obwohl bei jeder Aufgabe nur jeweils ein Handlungsbereich angeführt ist, wären – je nach Sichtweise und Schwerpunktsetzung – oft auch Mehrfachnennungen möglich. In der Auflistung der Aufgaben auf Seite 16 im Lösungsteil sind daher manchmal zwei Handlungsbereiche angegeben (zB H13).

I1 H4 **1** Die Zahl 1 260 soll in Primfaktoren zerlegt werden. Welche der folgenden Primfaktorenzerlegungen sind richtig? Kreuze an! Begründe, warum die anderen Vorschläge falsch sind!

- **A** ☐ $2 \cdot 2 \cdot 3 \cdot 5 \cdot 7$
- **B** ☐ $2 \cdot 2 \cdot 3 \cdot 3 \cdot 7 \cdot 5$
- **C** ☐ $2 \cdot 3 \cdot 5 \cdot 6 \cdot 7$
- **D** ☐ $2 \cdot 2 \cdot 3 \cdot 3 \cdot 5 \cdot 7$
- **E** ☐ $2 \cdot 2 \cdot 5 \cdot 7 \cdot 9$
- **F** ☐ $2 \cdot 3 \cdot 3 \cdot 7 \cdot 5$

Begründung: ____________________

I1 H3 **2** Gegeben ist die Bruchzahl $\frac{1}{20}$. Welche Zahlen entsprechen dieser Bruchzahl? Kreuze an!

☐ 0,20 ☐ 0,2 ☐ 0,5 ☐ 0,50 ☐ 0,05 ☐ $\frac{5}{10}$

☐ $\frac{5}{100}$ ☐ 20 % ☐ 2 % ☐ 50 % ☐ 5 %

I1 H2 **3** Ordne den rechts stehenden Rechnungen die richtigen Ergebnisse zu!

Rechnung	Ergebnis
$3\frac{1}{2} - 1\frac{1}{4} - \frac{3}{5} + 0{,}3 =$	$1\frac{7}{20}$
$3\frac{1}{2} - \left(1\frac{1}{4} - \frac{3}{5}\right) + 0{,}3 =$	$1\frac{19}{20}$
$3\frac{1}{2} - 1\frac{1}{4} - \left(\frac{3}{5} + 0{,}3\right) =$	$2\frac{11}{20}$
$3\frac{1}{2} - \left(1\frac{1}{4} - \frac{3}{5} + 0{,}3\right) =$	$3\frac{3}{20}$

I2 H1 **4** Stelle eine Gleichung auf und löse sie!

a) Beim Ausverkauf wird der Preis eines Shirts um $\frac{1}{5}$ des ursprünglichen Preises herabgesetzt. Das Shirt kostet nach der Ermäßigung 38,40 €. Wie hoch war der ursprüngliche Preis? ____________

b) Das Vierfache einer Zahl ist um 3,8 kleiner als 34,2. Wie lautet die Zahl? ____________________

I1 H2 **5** Eine Gruppe von Freunden beschließt, einen 10-tägigen Winterurlaub gemeinsam auf einer Schihütte zu verbringen. Sie wissen, dass sie bei einer täglichen Heizdauer von 8 Stunden mit dem Heizmaterial 14 Tage auskommen könnten. Es ist aber so kalt, dass sie täglich 12 Stunden heizen müssen. Reicht der Brennstoff für den ganzen Urlaub oder müssen die Freunde noch etwas kaufen?

____

I4 H3 **6** Innerhalb der Europäischen Union kam es im Jahr 2010 bei einigen Mitgliedstaaten zu unterschiedlichen, teilweise sehr empfindlichen Geldentwertungen. So betrug die Inflation zB in den Niederlanden nur rund 1 %, während sie in Spanien das Doppelte und in Griechenland gar das Vierfache betrug. Bei einem internationalen Kongress wurde folgende Graphik gezeigt:

Niederlande Spanien Griechenland

1) Gibt die Darstellung die Inflation in diesen drei EU-Staaten korrekt wieder? Welcher Eindruck entsteht durch die Graphik?

____

2) Zeichne eine Graphik, die die Inflation ehrlich darstellt!

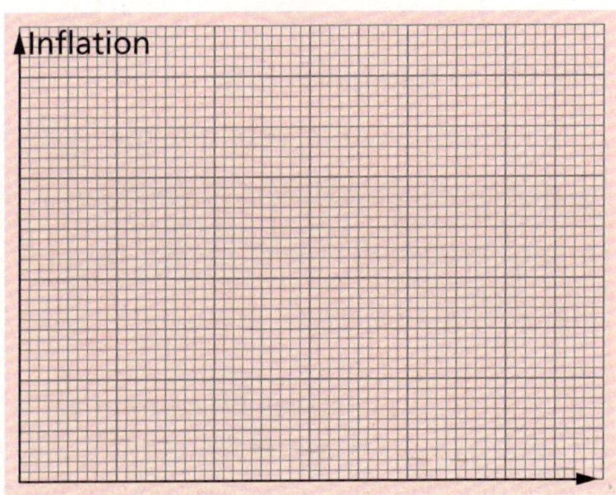

I1 H2 **7** Frau Berger verdient im Monat 1 848 € (22 Arbeitstage, tägliche Arbeitszeit 8 Stunden).
Wie viel Euro verdient Frau Berger in einer Arbeitswoche (5 Arbeitstage)? ____________

Wie viel Euro verdient sie in einer Arbeitsstunde? ____________

I 1 H 1 **8**

a) Beim Schlussverkauf wird eine Hose, die ursprünglich 69,50 € gekostet hat, um 13,90 € billiger angeboten. Wie viel Prozent beträgt der Preisnachlass? ___________________

b) Ein Anzug kostet 320 €. Im Sommerschlussverkauf wird der Anzug um 15 % verbilligt angeboten. Wie hoch ist der neue Verkaufspreis? ___________________

I 1 H 2 **9**

Bei einer Volksabstimmung haben genau 45 540 Personen den Antrag der Naturschützer unterstützt. Das entspricht einem Prozentsatz von 23 % aller Abstimmungsberechtigten.

Wie viele Personen waren stimmberechtigt? ___________________

I 1 H 2 **10**

Um eine Tonne Recyclingpapier herzustellen, braucht man 1 500 kWh Strom. Das sind um 62,5 % weniger als zur Herstellung einer Tonne Frischfaserpapier verbraucht werden.

Wie hoch ist der Stromverbrauch bei der Herstellung von 1 t Frischfaserpapier? _______________

I 3 H 4 **11**

Beschreibe, wie man mit Hilfe der Figur rechts beweisen kann, dass die Winkelsumme in jedem Dreieck 180° beträgt!

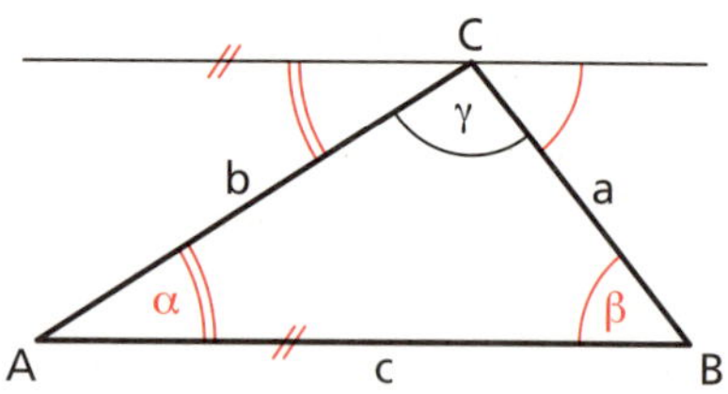

____

I 3 H 3 **12**

a) Konstruiere das Dreieck ABC mit $b = 8{,}8$ cm, $\alpha = 66°$, $\gamma = 42°$!

b) Zeichne die drei Höhen ein und miss ihre Längen!

c) Kennzeichne den Höhenschnittpunkt H!

d) Unter welchen Bedingungen liegt der Höhenschnittpunkt eines Dreiecks außerhalb des Dreiecks? Skizziere ein solches Dreieck und beschreibe, wie man in diesem Fall vorgehen muss, um den Höhenschnittpunkt zu erhalten! ____

I 3 H 4 **13**

a) Konstruiere einen Rhombus ABCD mit $a = 7{,}6$ cm und $f = 5{,}8$ cm!

b) Wieso ist der Schnittpunkt der Diagonalen e und f auch Mittelpunkt des Inkreises? Begründe!

____

c) Zeichne den Inkreis (vergiss nicht auf die Berührradien)! Der Inkreisradius ist rund ______ cm lang.

d) Beschreibe in Worten, wie man den Flächeninhalt eines Rhombus berechnen kann!

____

e) Berechne den Flächeninhalt des gegebenen Rhombus! A =

I 3 H 3 **14**

Kreuze an, welche Eigenschaften die angeführten Vierecke immer haben (Trapez T, gleichschenkliges Trapez gT, Deltoid D, Parallelogramm P, Rhombus Rh, Rechteck R, Quadrat Q)!

	T	gT	D	P	Rh	R	Q
(mindestens) zwei Seiten sind gleich lang							
gegenüberliegende Seiten sind immer gleich lang							
es gibt zwei Paare gleich langer Nachbarseiten							
alle Seiten sind gleich lang							
(mindestens) zwei Winkel sind gleich groß							
gegenüberliegende Winkel sind jeweils gleich groß							
es gibt zwei Paare gleich großer Nachbarwinkel							
alle Winkel sind gleich groß							

I 3 H 2 **15**

Ein gerades dreiseitiges Prisma hat als Grundfläche ein gleichseitiges Dreieck mit der Seitenlänge $a = 3{,}5$ cm. Die Prismenhöhe beträgt 2,6 cm.

a) Zeichne das Netz des Prismas auf ein Blatt Papier!

b) Die Mantelfläche besteht aus ______ kongruenten _________________. Sie ist ______ cm^2 groß.

H2 **1**

Die Zahl 28 ist eine „fröhliche“ Zahl, weil sie nach den folgenden Umformungsschritten zur Zahl 1 führt:

1. Quadriere die Ziffern und addiere sie: $2^2 + 8^2 = 4 + 64 = 68$
2. Wiederhole das mit dem Ergebnis: $6^2 + 8^2 = 36 + 64 = 100$
3. Quadriere wieder die einzelnen Ziffern: $1^2 + 0^2 + 0^2 = 1$

Die Zahl 4 ist keine „fröhliche“ Zahl:

1. $4^2 = 16$
2. $1^2 + 6^2 = 1 + 36 = 37$
3. $3^2 + 7^2 = 9 + 49 = 58$
4. $5^2 + 8^2 = 25 + 64 = 89$
5. $8^2 + 9^2 = 64 + 81 = 145$
6. $1^2 + 4^2 + 5^2 = 1 + 16 + 25 = 42$
7. $4^2 + 2^2 = 16 + 4 = 20$
8. $2^2 + 0^2 = 4$, womit die Reihe wieder von vorn beginnt.

Finde alle fröhlichen Zahlen von 1 bis 100 und markiere sie im Raster!
Zur Kontrolle: Es müssen 20 Zahlen sein.

1	2	3	4	5	6	7	8	9	10
11	12	13	14	15	16	17	18	19	20
21	22	23	24	25	26	27	28	29	30
31	32	33	34	35	36	37	38	39	40
41	42	43	44	45	46	47	48	49	50
51	52	53	54	55	56	57	58	59	60
61	62	63	64	65	66	67	68	69	70
71	72	73	74	75	76	77	78	79	80
81	82	83	84	85	86	87	88	89	90
91	92	93	94	95	96	97	98	99	100

H3 **2**

Ein Quader wird aus drei Bauteilen zusammengesetzt. Jeder Bauteil hat eine andere Farbe und setzt sich aus 4 Würfeln zusammen. Wie sieht der weiße Bauteil aus?

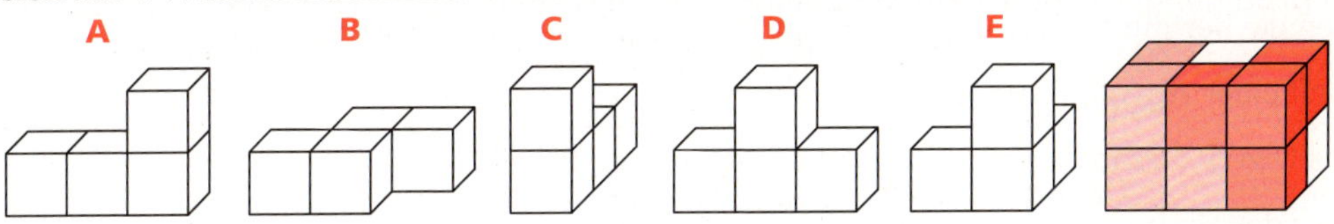

H3 **3**

Der faule Kater Garfield beobachtet einige Mäuse beim Käsestehlen. Jede Maus trägt mindestens ein Käsestück, aber weniger als zehn Käsestücke weg. Jede Maus stiehlt eine andere Anzahl von Käsestücken. Keine Maus stiehlt genau doppelt so viele Stücke wie eine andere Maus.
Wie viele Mäuse kann Garfield höchstens beobachtet haben?

☐ 4 ☐ 9 ☐ 6 ☐ 7 ☐ 8

H2 **4**

Aus den Ziffern 1, 2, 3, 4, 5, 6, 7, 8 bilden wir zwei vierstellige Zahlen so, dass jede Ziffer genau einmal vorkommt und die Summe der beiden Zahlen möglichst klein ist.
Welchen Wert hat diese Summe?

☐ 2468 ☐ 3333 ☐ 3825 ☐ 4734 ☐ 6912

H1 **5**

Von einem großen gleichseitigen Dreieck mit der Seitenlänge 6 cm werden an den Ecken drei kleine, gleich große gleichseitige Dreiecke abgeschnitten. Die drei kleinen Dreiecke haben zusammen denselben Umfang wie das verbliebene rote Sechseck.
Wie groß ist die Seitenlänge eines kleinen Dreiecks?

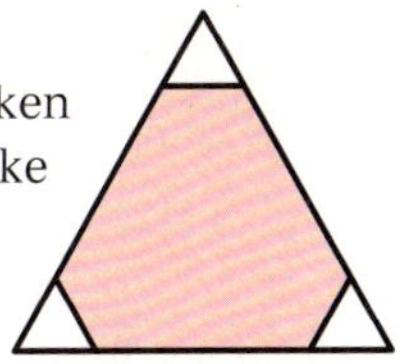

H1 **6**

Die am Rand stehenden Zahlen geben die Summe der jeweiligen Zeile bzw. Spalte an. Finde heraus, welche Werte die Buchstaben haben!

a)

A	A	A	A	28
A	B	C	A	27
A	C	D	B	30
D	B	B	B	
	25	30	24	

b)

E	E	E	E	24
G	E	G	H	13
E	F	F	E	18
F	F	H	G	12
	18	15	18	

c)

O	P	P	O	22
O	O	P	P	22
O	P	O	P	22
P	P	O	P	17
27	17	22	17	

H 2 **1** In der iranischen Wüste wurde im Jahr 2007 mit 71° C die höchste jemals auf der Erde gemessene Temperatur registriert; die tiefste Temperatur von −93° C wurde 1983 in der Antarktis gemessen.

Der Temperaturunterschied beträgt __________ ° C.

H 2 **2** Der Wiener Gerd Winkler schaffte es im Jahr 2006 mit dem Fahrrad vom tiefsten Punkt der Erdoberfläche, dem Toten Meer (−422 m Seehöhe), bis nach Nepal zu fahren und in der Folge den höchsten Punkt der Erde, den Mount Everest (8848 m Seehöhe) zu besteigen.
Warum nannte er dieses Unternehmen „9000 +“? Welchen Höhenunterschied hat er überwunden?

____

H 3 **3** Welche ganzen Zahlen sind auf der Zahlengeraden durch Kreuze markiert?

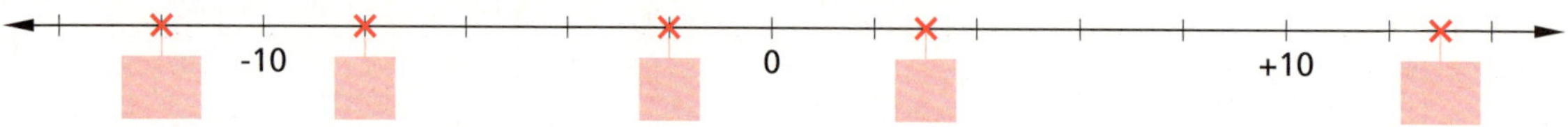

H 1 **4** Kennzeichne auf der Zahlengeraden die Zahlen −50, −10, 0, 20, 30, 60 durch Kreuze! Wähle eine geeignete Einheitsstrecke!

H 3 **5** Ötzi, der Mann vom Hauslabjoch in den Ötztaler Alpen, lebte um 3200 v. Chr. Um 2500 v. Chr. wurden in Ägypten die berühmten Pyramiden gebaut. Kreuze die richtigen Aussagen an!

A ☐ Ötzi hätte auf einer Ägyptenreise die Pyramiden bewundern können.

B ☐ Zur Zeit des Ötzi gab es in Ägypten noch keine der großen Pyramiden.

C ☐ Seit dem Bau der ägyptischen Pyramiden sind bis heute mehr Jahre vergangen als seit der Zeit, in der Ötzi lebte.

D ☐ Der Bau der ägyptischen Pyramiden erfolgte mehrere Jahrhunderte später als Ötzi lebte.

H 1 **6** Wie lauten Vorgänger und Nachfolger der Zahl im Bereich der ganzen Zahlen?

a) Vorgänger von 5: ☐; Nachfolger von 5: ☐

b) Vorgänger von −5: ☐; Nachfolger von −5: ☐

H 2 **7** Welche ganze Zahl liegt genau in der Mitte zwischen den gegebenen Zahlen?

a) +25 und +43 **b)** −25 und +43 **c)** −43 und +25 **d)** −43 und −25?

H 1 **8** Welche ganzen Zahlen sind gemeint?

a) $z > -3$; z = ______________ **b)** $|z| \leq 4$; z = ______________

H 1 **9** Welche der folgenden Ungleichungen passen zu den gegebenen ganzen Zahlen? Kreuze an!

a) z = … −4, −3, −2, −1, 0, +1, +2 ☐ $z < 2$ ☐ $z \leq 2$ ☐ $z < 3$ ☐ $z < 4$ ☐ $z > 2$

b) z = −3, −2, −1, 0, +1, +2, +3 ☐ $|z| \leq 2$ ☐ $|z| < 3$ ☐ $|z| \leq 3$ ☐ $|z| < 4$ ☐ $|z| \leq 4$ ☐ $|z| > 3$

H 4 **10** Kreuze die richtigen Behauptungen an! Erkläre durch Anführen eines passenden Gegenbeispiels, warum die anderen Schlussfolgerungen nicht richtig sind!

		Gegenbeispiel			Gegenbeispiel
A ☐	$a = b \rightarrow \lvert a\rvert = \lvert b\rvert$		**D** ☐	$a = -b \rightarrow \lvert a\rvert = \lvert b\rvert$	
B ☐	$a = -b \rightarrow \lvert a\rvert = \lvert -b\rvert$		**E** ☐	$a = -b \rightarrow \lvert a\rvert = -\lvert b\rvert$	
C ☐	$\lvert a\rvert = \lvert b\rvert \rightarrow a = b$		**F** ☐	$\lvert a\rvert = \lvert -b\rvert \rightarrow a = -b$	

H 2 **11**

a) (+5) + (–8) + (–3) = ___ **d)** (+5) – (+8) + (–3) = ___ **g)** (–5) – (–8) – (–3) = ___

b) (+5) + (–8) – (–3) = ___ **e)** (+5) – (+8) – (–3) = ___ **h)** (–5) + (–8) – (–3) = ___

c) (+5) – (–8) + (–3) = ___ **f)** (–5) + (–8) + (–3) = ___ **i)** (–5) – (–8) + (–3) = ___

H 2 **12**

Berechne **1)** a + b, **2)** |a + b|, **3)** a – b, **4)** |a – b|!

a) a = 3, b = 8 **b)** a = –5, b = 4 **c)** a = –6, b = –2

1) ___ **2)** ___ **3)** ___ **4)** ___ **1)** ___ **2)** ___ **3)** ___ **4)** ___ **1)** ___ **2)** ___ **3)** ___ **4)** ___

H 2 **13**

Überprüfe die Rechnungen und korrigiere die Fehler! Die zutreffenden Buchstaben ergeben von oben nach unten gelesen einen Ort in Österreich.

		richtig	falsch	Korrektur
A	(–28) – (–5) – (+13) + (–4) = (–40)	K	F	
B	|–28| – |–5| – |+ 13| + |–4| = (+14)	U	I	
C	|(–28) – (–5) – (+13)| + (–4) = (+42)	N	C	
D	(–28) – |(–5) – (+13) + (–4)| = (–6)	D	H	
E	(–28) – (–5) – |(+13) + (–4)| = (–32)	L	T	

Lösungswort: _ _ _ _ _

H 1 **14**

Schreibe die Zahl (–6) **a)** als Summe, **b)** als Differenz zweier ganzer Zahlen, wobei **1)** beide Zahlen negativ sind, **2)** eine Zahl positiv, die andere Zahl negativ ist!

a) 1) (–6) = ___ **2)** (–6) = ___

b) 1) (–6) = ___ **2)** (–6) = ___

H 4 **15**

Maria hatte **800 €** Schulden. Nach Überweisung des Monatsgehaltes auf ihr Konto hat sie doppelt so viel Guthaben, wie sie vorher Schulden hatte. Wie hoch ist ihr Gehalt? Kreuze an! Begründe deine Antwort!

- 0 €
- 800 €
- 1 200 €
- 1 600 €
- 2 400 €
- 3 200 €

Begründung: ___

H 2 **16**

In der Tabelle sind die gerundeten geographischen Längen und Breiten der nördlichsten, östlichsten, südlichsten und westlichsten Punkte des europäischen Festlandes angegeben. Gib die Längen- und Breitenausdehnung des europäischen Festlandes in Grad an! Schau auch im Atlas nach!

Ort	Staat	geographische Länge	geographische Breite
Nordkap	Norwegen	25°	72°
Uralgebirge	Russland	60°	50°–67°
Gibraltar	Großbritannien (Iberische Halbinsel)	–5°	36°
Kap Rocca	Portugal	–10°	38°

Europäisches Festland: West-Ost-Ausdehnung: ___° Nord-Süd-Ausdehnung: ___°

H 2 **17**

Wir messen die Temperatur üblicherweise in Grad Celsius (°C). In den Naturwissenschaften wird die Temperatur in Kelvin (K) angegeben. Dabei gilt K ≈ °C + 273. Der absolute Nullpunkt ist 0 K ≈ –273 °C. Es ist dies die tiefste, theoretisch überhaupt mögliche Temperatur. Die Tabelle zeigt die Schmelzpunkte verschiedener chemischer Elemente (Stoffe). Vervollständige sie!

chemisches Element (Stoff)	°C	K	chemisches Element (Stoff)	°C	K
Wasser	0	273	Uran	640	
Helium		1	Gold	1 064	
Sauerstoff	–218		Eisen		1 808
Quecksilber	–39		Kohlenstoff	3 500	

H 2 **18**

a) (–12) · (+3) = **d)** (+64) : (+4) = **g)** [(+12) · (–6)] : (–2) =
b) (+45) : (–9) = **e)** (–100) · 0 = **h)** (+12) : [(–6) : (–2)] =
c) (–7) · (–8) = **f)** 0 : (–1000) = **i)** [(+12) : (–6)] : (–2) =

H 2 **19** Ist die Behauptung richtig oder falsch? Begründe durch Ausrechnen!

		richtig	falsch	Begründung
A	3 · (–7) < 3 · (–9)			
B	(–5) · (–16) > (–5) · 16			
C	48 : (–3) > 48 : (–6)			
D	(–25) : (–5) = 25 : 5			

H 4 **20** Welches Vorzeichen hat das Ergebnis? Kreuze an und begründe!

		plus	minus	Begründung
A	Drei negative Zahlen sind zu multiplizieren.			
B	Drei negative Zahlen sind zu multiplizieren und das Ergebnis ist durch das Produkt zweier negativer Zahlen zu dividieren.			
C	Eine negative Zahl ist durch das Produkt dreier negativer Zahlen zu dividieren.			

H 4 **21** Schreibe (–48) als Produkt ganzer Zahlen! Streiche die Aufgabe, die nicht ausführbar ist! Begründe!

a) Als Produkt dreier negativer ganzer Zahlen: (–48) =
b) Als Produkt zweier negativer ganzer Zahlen und einer positiven ganzen Zahl: (–48) =
c) Als Produkt einer negativen ganzen Zahl und zweier positiver ganzer Zahlen: (–48) =

H 2 **22** Ordne jeder Rechnung das richtige Ergebnis zu!

Rechnung	Ergebnis
(–8) · (–3) – (–6) : (+2) =	0
(–8) · [(–3) – (–6) : (+2)] =	15
[(–8) · (–3) – (–6)] : (+2) =	–12
(–8) · [(–3) – (–6)] : (+2) =	27

H 3 **23** Welche Fehler wurden gemacht?
Wie lautet das richtige Ergebnis?

		gemachter Fehler	richtiggestellte Rechnung
a)	(–12) · (–3) – (–8) = 36 – 8 = 28		
b)	(–3) · 17 · 0 = (–51)		
c)	(–24) : 4 : (–2) = (–24) : (–2) = 12		

H 1 **24** Notiere zunächst die Rechnung und berechne dann das Ergebnis!

a) Addiere (–8) zum Quotienten der Zahlen (–42) und (–7)! ____________________
b) Subtrahiere vom Produkt der Zahlen 12 und (–3) die Zahl (–14)! ____________________
c) Multipliziere die Summe der Zahlen (–13) und 5 mit (–4)! ____________________
d) Dividiere die Summe der Zahlen (–8) und (–12) durch ihre Differenz! ____________________

H 2 **25** Herr Stolz schuldet Frau Mayr 1 250 € und Frau Pichler 2 350 €. Er möchte in den folgenden Monaten jeweils 300 € einsparen und so die Schulden tilgen. Er kann die Schulden in ______ Monaten begleichen.

H 1 **26** Markiere auf der Zahlengeraden die Zahlen $-1\frac{2}{5}$; $-0{,}9$; $-\frac{1}{2}$; $\frac{3}{10}$; $\frac{3}{5}$; 1,1 und $1\frac{1}{2}$ durch Kreuze!

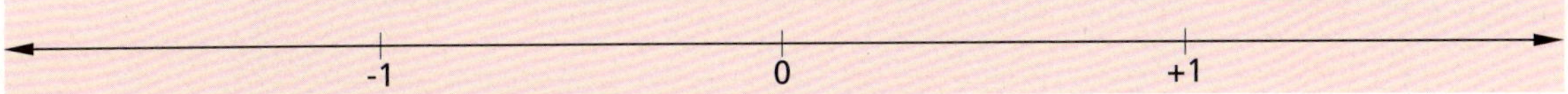

H 3 **27** Welche rationale Zahlen sind durch Kreuze auf der Zahlengeraden markiert?

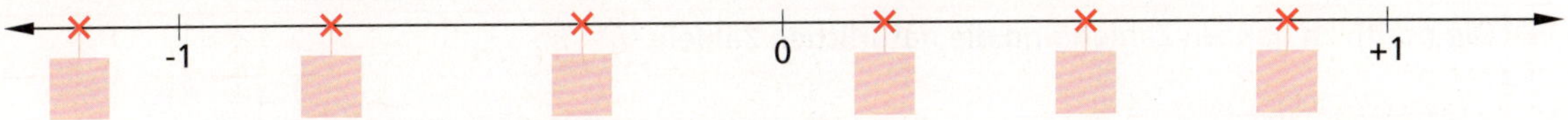

H 1 **28** **1)** Schreibe die folgenden Brüche in Dezimalschreibweise!

$\frac{1}{5}$ = ____ ; $\frac{2}{3}$ = ____ ; $-\frac{5}{6}$ = ____ ; $-\frac{8}{9}$ = ____ ; $1\frac{2}{15}$ = ____ ; $-1\frac{1}{2}$ = ____ ; $2\frac{7}{10}$ = ____

2) Welche dieser Brüche lassen sich in Dezimalzahlen mit endlich vielen Nachkommastellen umrechnen? ______________ Welche nicht? ______________

3) Welche Primfaktoren haben die Nenner jener Brüche aus Aufgabe 1), die sich als Dezimalzahlen mit endlich vielen Nachkommastellen darstellen lassen? ______________

Welche Primfaktoren treten in den anderen Nennern auf? ______________

H 1 **29** Schreibe folgende Dezimalzahlen in Bruchform!

0,7 = ____ ; – 0,23 = ____ ; 0,75 = ____ ; – 1,125 = ____ ; 1,5 = ____ ; $2{,}\overline{3}$ = ____ ; $-4{,}\overline{5}$ = ____

H 4 **30** Begründe $\frac{-3}{4} = \frac{3}{-4} = -\frac{3}{4}$! ______________

H 2 **31** Ordne die gegebenen rationalen Zahlen der Größe nach! Beginne mit der kleinsten Zahl!

$-1\frac{1}{4}$; $\frac{2}{3}$; 1,5; $-\frac{5}{3}$; $\frac{1}{2}$; $-1\frac{1}{2}$; $\frac{3}{4}$ ______________

H 2 **32** Gib drei rationale Zahlen an, die zwischen $-\frac{3}{5}$ und $-\frac{2}{5}$ liegen! ______________

H 2 **33** Welche Zahl liegt „genau in der Mitte" zwischen den gegebenen Zahlen?

a) $\frac{1}{9}$ und $\frac{7}{9}$ ____ **b)** $\frac{1}{3}$ und $\frac{2}{3}$ ____ **c)** $-\frac{3}{4}$ und $-\frac{3}{5}$ ____ **d)** $-\frac{1}{2}$ und $\frac{3}{4}$ ____ **e)** $-\frac{3}{4}$ und $\frac{1}{8}$ ____

H 4 **34** Welche Aussagen sind richtig (r), welche sind falsch (f)? Begründe deine Antworten!

		r	f	Begründung			r	f	Begründung
A	$\left\|-\frac{3}{10}\right\| = 0{,}3$				C	$-\left\|-\frac{5}{2}\right\| \leq -\frac{5}{2}$			
B	$-\frac{2}{5} > \left\|-\frac{2}{5}\right\|$				D	$\left\|-\frac{7}{2}\right\| > \frac{7}{2}$			

H 1 **35** Gib die Menge der gegebenen rationalen Zahlen mit Hilfe einer Ungleichungskette an!

Beispiele: **1)** zwischen $-\frac{3}{4}$ und $+\frac{1}{2}$ **2)** von $-\frac{3}{4}$ bis $+\frac{1}{2}$ **3)** größer als $-\frac{7}{8}$ und kleiner als $+\frac{7}{8}$

$\{x \in \mathbb{Q} \mid -\frac{3}{4} < x < +\frac{1}{2}\}$ $\{x \in \mathbb{Q} \mid -\frac{3}{4} \leq x \leq +\frac{1}{2}\}$ $\{x \in \mathbb{Q} \mid |x| < \frac{7}{8}\}$

a) zwischen $-1\frac{2}{3}$ und $-\frac{1}{4}$ **b)** von $-\frac{2}{3}$ bis 0,7 **c)** größer gleich $-1\frac{1}{2}$ und kleiner gleich $1\frac{1}{2}$

______________ ______________ ______________

H 3 **36** Der Guthabenstand von Elisabeth hat sich erhöht und liegt jetzt über 763,54 €.
Welche der folgenden Aussagen drücken die Situation richtig aus? Kreuze an!

A ☐ Der Guthabenstand ist mindestens 763,54 €.
B ☐ Der Guthabenstand ist höchstens 763,54 €.
C ☐ Der Guthabenstand ist mehr als 763,54 €.
D ☐ Der Guthabenstand ist mindestens 763,55 €.
E ☐ Der Guthabenstand ist höchstens 763,55 €.
F ☐ Der Guthabenstand ist mehr als 763,55 €.

H 4 **37**

1) Roman erklärt Jasmin einige Eigenschaften ganzer und rationaler Zahlen. Welche dieser Aussagen sind richtig, welche sind falsch? Gib bei den falschen Aussagen eine Begründung an!

		richtig	falsch
A	Die ganzen Zahlen gehören zu den natürlichen Zahlen.		
B	Die positiven ganzen Zahlen sind die natürlichen Zahlen.		
C	Die Zahl null gehört weder zu den positiven noch zu den negativen ganzen Zahlen.		
D	Die Menge der rationalen Zahlen umfasst die Menge der ganzen Zahlen und die Menge der ganzen Zahlen umfasst die Menge der natürlichen Zahlen.		
E	Die natürlichen Zahlen sind keine rationalen Zahlen, weil sie keinen Bruchstrich haben.		
F	Die in der 1. und 2. Klasse kennengelernten Bruchzahlen ($\neq 0$) sind die positiven rationalen Zahlen.		
G	Der Vorgänger einer ganzen Zahl A ist auf der Zahlengeraden links von A.		
H	Zwischen zwei ganzen Zahlen gibt es unendlich viele ganze Zahlen.		
I	Die Gegenzahl einer rationalen Zahl ist immer negativ.		
J	Die Beträge einer rationalen Zahl und ihrer Gegenzahl sind gleich.		

2) Wir besteigen zwei Berge in den Ötztaler Alpen.
Um zu den Lösungswörtern zu gelangen, beginne jeweils im Tal beim Ort mit dem Buchstaben W und verfolge den Weg bis zum Gipfel. Die Pfeile für richtig (r) und falsch (f) führen dich jeweils zum nächsten Buchstaben für das 1. Lösungswort. Die übrig bleibenden Buchstaben ergeben Richtung Gipfel gelesen das 2. Lösungswort.

1. Lösungswort: W _ _ _ _ _ _ _ _ _

2. Lösungswort: W _ _ _ _ _ _ _ _ _

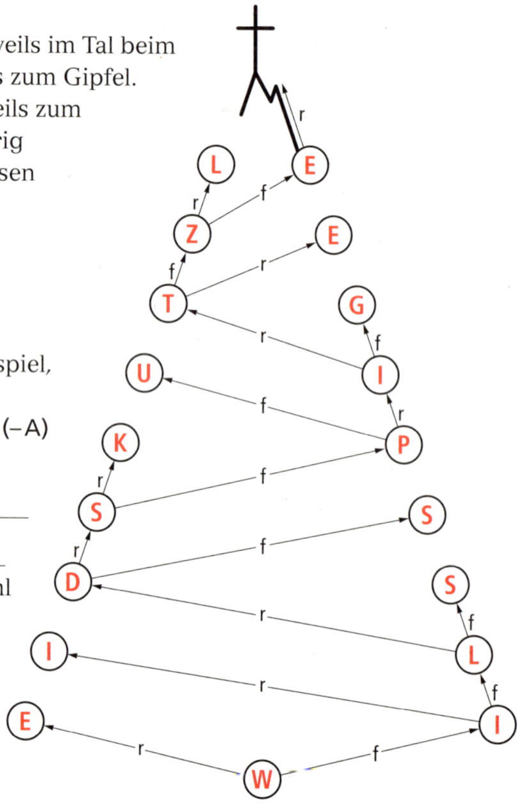

H 4 **38**

Begründe folgende Sätze zuerst an einem konkreten Beispiel, dann allgemein!

a) Wenn man zu einer rationalen Zahl A ihre Gegenzahl (–A) addiert, kommt 0 heraus.

b) Wenn man von einer rationalen Zahl A ihre Gegenzahl (–A) subtrahiert, kommt das Doppelte von A heraus.

H 2 39

a) $\frac{3}{4} + \frac{1}{2} =$ ____
d) $-\frac{2}{5} + \frac{3}{4} =$ ____
g) $\frac{5}{6} - 1\frac{2}{9}$ ____

b) $\frac{3}{5} - \frac{7}{10} =$ ____
e) $\frac{3}{7} + 1\frac{1}{2} =$ ____
h) $-2\frac{3}{8} - 1\frac{5}{12} =$ ____

c) $-\frac{2}{3} + \frac{5}{6} =$ ____
f) $\frac{5}{6} - 1\frac{2}{5} =$ ____
i) $3\frac{1}{6} + 2\frac{7}{8} =$ ____

H 2 40 Ordne jeder Rechnung das richtige Ergebnis zu!

$\left(-\frac{2}{3}\right) - \left(-\frac{3}{2}\right) - \frac{5}{6} - \frac{1}{2} + \frac{1}{3} =$

$\left(-\frac{2}{3}\right) - \left(-\frac{3}{2}\right) - \frac{5}{6} - \left[\frac{1}{2} + \frac{1}{3}\right] =$

$\left(-\frac{2}{3}\right) - \left(-\frac{3}{2}\right) - \left[\frac{5}{6} - \frac{1}{2}\right] + \frac{1}{3} =$

$\left(-\frac{2}{3}\right) - \left(-\frac{3}{2}\right) - \left[\frac{5}{6} - \frac{1}{2} + \frac{1}{3}\right] =$

$\left(-\frac{2}{3}\right) - \left[\left(-\frac{3}{2}\right) - \frac{5}{6} - \frac{1}{2}\right] + \frac{1}{3} =$

$\left(-\frac{2}{3}\right) - \left[\left(-\frac{3}{2}\right) - \frac{5}{6} - \frac{1}{2} + \frac{1}{3}\right] =$

Ergebnisse: $-\frac{1}{6}$ | $\frac{1}{6}$ | $\frac{5}{6}$ | $\frac{5}{6}$ | $\frac{11}{6}$ | $\frac{15}{6}$

H 2 41 Gegeben sind zwei rationale Zahlen $A = -\frac{1}{2}$ und $B = \frac{2}{3}$.

Welches Vorzeichen ergibt sich jeweils? **a)** A + B ______ **b)** A – B ______ **c)** B – A ______

H 2 42

a) $\frac{3}{4} \cdot \frac{1}{2} =$ ____
d) $\left(-\frac{2}{5}\right) \cdot \left(-\frac{15}{8}\right) =$ ____
g) $\left(-\frac{4}{5}\right) : \frac{8}{9} =$ ____

b) $\left(-\frac{3}{8}\right) \cdot \frac{7}{6} =$ ____
e) $\frac{3}{4} : \left(-\frac{3}{2}\right) =$ ____
h) $\frac{33}{100} : \frac{11}{50} =$ ____

c) $\left(-\frac{2}{5}\right) \cdot \left(-\frac{3}{4}\right) =$ ____
f) $\frac{5}{8} : 1\frac{1}{4} =$ ____
i) $\left(-2\frac{1}{3}\right) : \left(-1\frac{3}{4}\right) =$ ____

H 2 43 Führe mit jeder Zahl der linken Spalte die in der ersten Zeile angegebenen Rechenoperationen durch!

a)

	$+\frac{2}{3}$	$-\frac{3}{4}$
2		
–6		
$1\frac{1}{4}$		

b)

	$\cdot (-3)$	$: 5$
$\frac{5}{9}$		
2		
$-\frac{4}{15}$		

c)

	$\cdot \frac{3}{5}$	$: \left(-\frac{3}{5}\right)$
15		
–10		
$1\frac{3}{5}$		

H 3 44 Drei rationale Zahlen A, B und C liegen zwischen (–5) und (+5).

a) A und B liegen näher bei (–5) als bei (+5); C liegt näher bei (+5).

Welches Vorzeichen hat das Produkt? **1)** A · B ______ **2)** A · C ______ **3)** A · B · C ______

b) A liegt näher bei (–5) als bei (+5); B und C liegen näher bei (+5).

Welches Vorzeichen hat der Quotient? **1)** A : B ______ **2)** B : C ______ **3)** A : B : C ______

H 3 45 Du sollst jemandem die Regeln für das Rechnen mit rationalen Zahlen in Bruchform erklären.

a) Wie erklärst du das Addieren bzw. das Subtrahieren von Bruchzahlen in Bruchform?

____

b) Wie erklärst du das Multiplizieren bzw. das Dividieren von Bruchzahlen in Bruchform?

____

H 2 46 Löse die Aufgaben, nimm jeweils die Beträge der Ergebnisse und kürze diese so weit wie möglich! Der Zähler des jeweiligen Ergebnisses gibt dir die Zeile, der Nenner die Spalte in der Tabelle mit den Lösungsbuchstaben an. Es ergibt sich eine Stadt in Österreich.

1) $\left(-\frac{2}{3}\right) \cdot \left(\frac{1}{4}\right) =$

2) $\left(-\frac{2}{3}\right) : \left(\frac{1}{4}\right) =$

3) $\left(-\frac{3}{5}\right) \cdot \left(-\frac{2}{3}\right) =$

4) $\left(-\frac{3}{5}\right) : \left(-\frac{2}{3}\right) =$

5) $\left(\frac{1}{6} + \frac{1}{2}\right) \cdot \left(-\frac{5}{6}\right) =$

6) $\left(\frac{1}{6} + \frac{1}{2}\right) : \left(-\frac{5}{6}\right) =$

7) $\frac{3}{4} \cdot \left(\frac{5}{6} + \frac{2}{3}\right) =$

8) $\frac{3}{4} : \left(\frac{5}{6} + \frac{2}{3}\right) =$

	0	1	2	3	4	5	6	7	8	9	10
0	X	R	F	U	N	O	S	T	W	A	Z
1	P	W	L	K	Ü	R	N	D	Q	G	B
2	C	I	V	J	L	U	Y	Ö	H	S	F
3	P	F	Ä	R	W	T	E	S	O	M	N
4	I	U	M	K	Z	E	A	V	X	J	O
5	R	T	Ä	R	F	D	S	Z	Ö	I	W
6	L	C	H	E	U	V	P	M	Z	H	O
7	R	B	M	U	Ä	D	A	P	F	L	G
8	T	A	K	E	W	Ö	I	S	N	J	M
9	U	L	B	P	K	F	C	A	D	Ö	S
10	G	Y	Z	M	U	L	V	I	R	T	Ä

Lösungswort: _ _ _ _ _ _ _ _

H 2 47 Überprüfe die Verteilungsgesetze (Distributivgesetze) der Multiplikation bzw. der Division im Bereich der rationalen Zahlen mit den Zahlen $\frac{3}{4}$, $\frac{1}{2}$ und $\frac{4}{5}$!

1) $\left[\frac{3}{4} + \frac{1}{2}\right] \cdot \frac{4}{5} =$ $\frac{3}{4} \cdot \frac{4}{5} + \frac{1}{2} \cdot \frac{4}{5} =$

2) $\left[\frac{3}{4} - \frac{1}{2}\right] \cdot \frac{4}{5} =$ $\frac{3}{4} \cdot \frac{4}{5} - \frac{1}{2} \cdot \frac{4}{5} =$

3) $\left[\frac{3}{4} + \frac{1}{2}\right] : \frac{4}{5} =$ $\frac{3}{4} : \frac{4}{5} + \frac{1}{2} : \frac{4}{5} =$

4) $\left[\frac{3}{4} - \frac{1}{2}\right] : \frac{4}{5} =$ $\frac{3}{4} : \frac{4}{5} - \frac{1}{2} : \frac{4}{5} =$

H 2 48 Zeige, dass die folgenden Rechnungen zu den angegebenen Ergebnissen führen!

a) $\left(-\frac{2}{3}\right) \cdot \frac{3}{4} - \frac{5}{6} - 1\frac{1}{3} : 1\frac{1}{2} =$ ____________________ $= -\frac{20}{9}$

b) $\left(-\frac{2}{3}\right) \cdot \left[\frac{3}{4} - \frac{5}{6}\right] - 1\frac{1}{3} : 1\frac{1}{2} =$ ____________________ $= -\frac{5}{6}$

c) $\left[\left(-\frac{2}{3}\right) \cdot \frac{3}{4} - \frac{5}{6} - 1\frac{1}{3}\right] : 1\frac{1}{2} =$ ____________________ $= -\frac{16}{9}$

d) $\left(-\frac{2}{3}\right) \cdot \frac{3}{4} - \left[\frac{5}{6} - 1\frac{1}{3} : 1\frac{1}{2}\right] =$ ____________________ $= -\frac{4}{9}$

e) $\left(-\frac{2}{3}\right) \cdot \left[\frac{3}{4} - \frac{5}{6} - 1\frac{1}{3} : 1\frac{1}{2}\right] =$ ____________________ $= \frac{35}{54}$

f) $\left(-\frac{2}{3}\right) \cdot \left[\frac{3}{4} - \left(\frac{5}{6} - 1\frac{1}{3} : 1\frac{1}{2}\right)\right] =$ ____________________ $= -\frac{29}{54}$

g) $\left(-\frac{2}{3}\right) \cdot \left[\frac{3}{4} - \left(\frac{5}{6} - 1\frac{1}{3}\right)\right] : 1\frac{1}{2} =$ ____________________ $= -\frac{5}{9}$

H 4 49 Welche Behauptung ist richtig? Kreuze an! Widerlege die anderen durch ein Gegenbeispiel!

A ☐ In den Zahlenmengen ℕ, ℤ und ℚ sind die Subtraktionen immer ausführbar.

____

B ☐ In den Zahlenmengen ℕ, ℤ und ℚ sind die Multiplikationen immer ausführbar.

____

C ☐ In den Zahlenmengen ℕ, ℤ und ℚ sind die Divisionen immer ausführbar.

____

Wähle zum Füllen der Lücken aus den rechts stehenden Wörtern und Termen die passenden aus! Trage die Buchstaben und Satzzeichen in der Reihenfolge der Lücken in den Lösungstext ein!

- Die **ganzen Zahlen** umfassen die natürlichen Zahlen und die ______________ ganzen Zahlen (−1, −2, −3 …). Die positiven ganzen Zahlen sind die ______________ Zahlen ohne null. **Rationale Zahlen** sind Zahlen, die als ______________ zweier ganzer Zahlen geschrieben werden können.

- Jede ganze Zahl hat einen **Vorgänger** und einen ______________.
Rationale Zahlen haben ______________ Vorgänger und keinen Nachfolger.
Zwischen je zwei verschiedenen rationalen Zahlen gibt es ______________ viele rationale Zahlen.
Zwei Zahlen, die sich nur durch das ______________ unterscheiden, heißen **Gegenzahlen**.
Zahl und Gegenzahl haben auf der Zahlengeraden den ______________ Abstand vom Nullpunkt. Diesen Abstand nennt man den ______________ der Zahl.

- Beim **Rechnen mit ganzen** bzw. **rationalen Zahlen** müssen die ______________________ beachtet werden:

$+(+a) =$ _____	$(+a) \cdot (+b) = +ab$	$(+a) : (+b) = +\frac{a}{b}$
$+(-a) =$ _____	$(+a) \cdot (-b) = -ab$	$(+a) : (-b) = -\frac{a}{b}$
$-(+a) = -a$	$(-a) \cdot (+b) =$ _____	$(-a) : (+b) = -\frac{a}{b}$
$-(-a) = +a$	$(-a) \cdot (-b) = +ab$	$(-a) : (-b) = \frac{a}{b}$

Wenn man eine Zahl mit (−1) multipliziert bzw. durch (−1) dividiert, erhält man die ______________ der Zahl.

- Beim **Addieren** bzw. **Subtrahieren rationaler Zahlen** in Bruchschreibweise hat man diese zuerst durch geeignetes ______________ auf gleichen ______________ zu bringen und dann die Zähler zu ______________ bzw. zu subtrahieren.
Zwei rationale Zahlen in Bruchschreibweise werden ______________, indem man Zähler ________ Zähler und Nenner mit Nenner multipliziert.
Zwei rationale Zahlen in Bruchschreibweise werden **dividiert**, indem man die erste rationale Zahl mit dem ______________ der zweiten rationalen Zahl multipliziert.

- Im Bereich der ______________ Zahlen ℤ sind Addition, Subtraktion und Multiplikation ________ ausführbar; im Bereich der ______________ Zahlen ℚ sind Addition, Subtraktion, Multiplikation und Division mit Ausnahme der Division durch ______________ immer ______________.

Lösungstext: _ _ _ _ _ _ _ _ _ _   _ _ _   _ _ _ _ _ _   _ _ _ _ _ _

- addieren T
- ausführbar N
- Betrag E
- Divisionszeichen N
- Doppelbruch „
- erste M
- Erweitern R
- ganzen A
- Gegenzahl „
- gleichem W
- gleichen Z
- immer H
- Kehrwert Z
- keinen W
- mit “
- multipliziert E
- Nachfolger H
- natürlichen S
- negativen „
- negatives T
- Nenner O
- null E
- Nullpunkt S
- Quotient C
- rationalen L
- unendlich A
- ungleichem R
- vor L
- Vorzeichen R
- Vorzeichenregeln “
- +a U
- +ab E
- −a N
- −ab D

H 3 **1** Welche der folgenden Ausdrücke sind Terme? Kreuze an!

☐ $6x - 7{,}5y$ ☐ $(a - 4) \cdot 8$ ☐ $\frac{10z}{z - z}$ ☐ $\frac{9s}{s + 3}$ ☐ $5x : (3 - 2 - 1)$

H 1 **2** Schreibe als Term!

a) Bilde die Summe von $7e$ und 16! ____________

b) Subtrahiere $3y$ von 55! ____________

c) Multipliziere 8 mit der Summe von x und 5! ____________

d) Dividiere $14a$ durch 6! ____________

H 2 **3** Löse das Kreuzworträtsel, indem du für die Variablen die angegebenen Werte verwendest!

a 8 b 6 c 16 d 49 x 12 y 7 z 13

	A	B	C	D		
E						F
G					H	
I				J		
K			L		M	
		N		O		
	P					

Waagrecht	Senkrecht
A $(8x + 5) \cdot 125$	**B** $\frac{7}{4}c - 5$
G $50 - a$	**C** $9d + 11c$
H $318 : b$	**D** $52 - 3a$
I $15a + 25b$	**E** $150 \cdot (14y - 3)$
J $(200 - c) \cdot 2$	**F** $1000z + 888$
K $79 - 2z$	**H** $98x - 607$
M $y + 7z$	**L** $8c - 11$
N $\frac{13z + 57}{2}$	**N** $64 - 9b$
P $(4x + 5z) \cdot 95$	**O** $\frac{5d}{7} - 2$

H 2 **4** Gegeben ist der Term $T(a,b) = \frac{a - b}{a + b}$.

a) Berechne den Wert des Terms für $a = 3$, $b = -2$! ____________

b) Gib ein Zahlenpaar (a, b) an, das nicht in den Term eingesetzt werden darf! ____________

c) Gib ein Zahlenpaar (a, b) an, für das der Term den Wert 0 annimmt! ____________

H 1 **5** Berechne den Wert des Terms $\left(\frac{2}{9} \cdot \frac{9}{4} - \frac{2}{5}\right) : 0{,}5 =$ ______ !

Durch welche Zahl muss man 0,5 ersetzen, damit sich der Wert des Terms
a) verdoppelt, **b)** halbiert?

a) ______ **b)** ______

H 3 **6** In der nebenstehenden Zeichnung ist ein Rechteck in sechs Teilrechtecke zerlegt worden. Die jeweiligen Seitenlängen sind mit Variablen angegeben. Vervollständige die Tabelle! Gibt es immer eine eindeutige Antwort?

Term	Farbe des Rechtecks
a · c	zartrosa
a · b	
b · c	
b · b	
c · c	

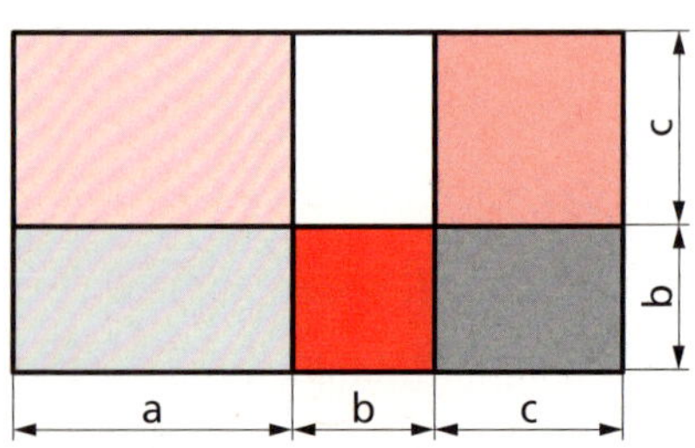

H 3 **7** Die Mädchen der 3A-Klasse markieren mit einem Klebestreifen im Schulhof eine 14 m lange und x m breite Spielfläche für ein Völkerballspiel. Mit welchen der folgenden Formeln kann man die Länge K des Klebebandes berechnen?

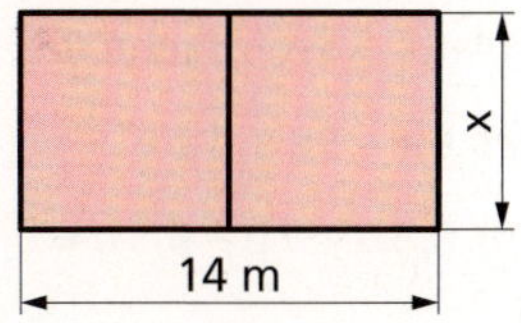

☐ $K = 2x + 28$ ☐ $K = 3x + 28$

☐ $K = (x + 14) \cdot 3$ ☐ $K = 2 \cdot (x + 14) + x$

H 1 **8** Sophie kauft in der Bäckerei k Kornspitz zu je 89c, g Grahamweckerl zu je 65c und s Semmeln zu je 38c.

a) Gib eine Formel für den Gesamtpreis P an! P = ______

b) Sophie hat 5 € bei sich. Kann sie mit ihrem Geld drei Semmeln, drei Grahamweckerl und zwei Kornspitz kaufen? ______

H 1 **9** Das rechts abgebildete Stickmuster im Kreuzstich hat bisher 3 Zeilen und soll nach oben fortgesetzt werden.

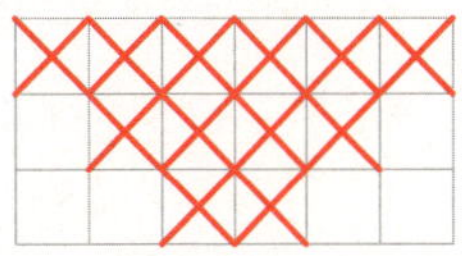

a) Stelle den Term K(Z) auf, der den Zusammenhang zwischen der Anzahl Z der Zeilen und der Anzahl K der Kreuzstiche in der jeweils obersten Zeile beschreibt.

Berechne den Wert des Terms für Z = 10. ______

b) Stelle den Term S(Z) auf, der den Zusammenhang zwischen der Anzahl Z der Zeilen und der Anzahl S aller Kreuzstiche bis zur jeweils obersten Zeile beschreibt.

Berechne den Wert des Terms für Z = 10. ______

H 1 **10** Stelle eine Formel für **1)** den Umfang, **2)** den Flächeninhalt der gefärbten Fläche auf!

a)

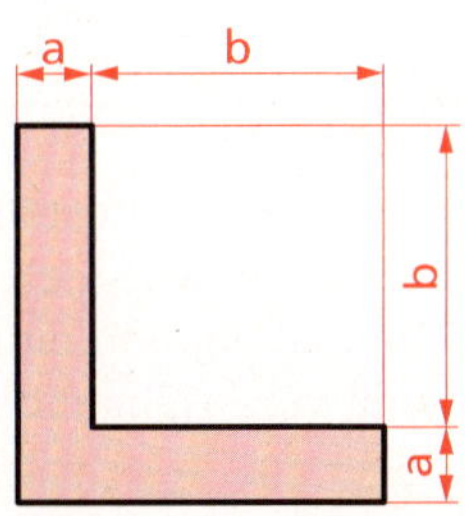

b)

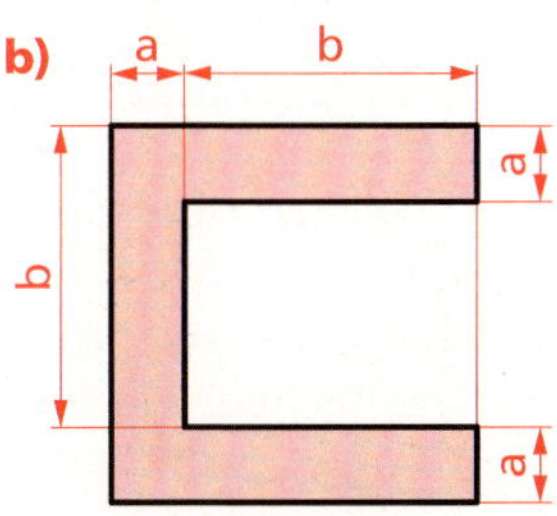

1) ______ **2)** ______

3) Überprüfe deine Formeln durch Einsetzen der angegebenen Größen! a = 2 cm, b = 8,5 cm

a) u = ______, A = ______

b) u = ______, A = ______

H 3 **11** Welcher Term passt zum Text? Ein Briefumschlag wiegt x g, ein Briefbogen 5 g.

a) Ein Brief mit 3 Briefbögen wiegt:

☐ $3x + 5$ ☐ $3 \cdot (x + 5)$ ☐ $x + 5$ ☐ $x + 15$

b) Drei Briefe mit je einem Briefbogen wiegen zusammen:

☐ $3x + 5$ ☐ $3x + 1$ ☐ $3 \cdot (x + 5)$ ☐ $3x + 10$

c) Ein Brief mit einem Briefbogen und einer mit zwei Briefbögen wiegen zusammen:

☐ $(x + 5) \cdot (2x + 5)$ ☐ $2 \cdot (x + 5)$ ☐ $(x + 5) + (x + 10)$ ☐ $2x + 3x$

H 1 **12** In einer Schachtel liegen rote, schwarze und weiße Kugeln. Drücke den Text mit Variablen aus!

a) Die Anzahlen der weißen und schwarzen Kugeln zusammen ergeben die Anzahl der roten Kugeln. ______

b) Die Anzahl der schwarzen Kugeln ist doppelt so groß wie die der roten und weißen Kugeln zusammen. ______

H 1 **13** Schreibe den Text zunächst in Form einer Gleichung! Berechne dann die Unbekannte!

a) Addiert man zu einer Zahl x die Zahl 69, so ergibt sich 96.

Gleichung: ______; x = ______

b) Subtrahiert man von der Hälfte einer Zahl y die Zahl 24, so ergibt sich 42.

Gleichung: ______; y = ______

14–15: Vereinfache die Termе!

H 2 14

a) $6a + 5a + 4a =$ **c)** $9c - 7c + 4c =$ **e)** $4e - 11e + 8e - 5e =$

b) $3{,}5b + 7b - 6{,}5b =$ **d)** $10d - 3{,}2d - 4{,}8d =$ **f)** $-3f + 9f - 7f + 4{,}5f =$

H 2 15

a) $3a + 4b + 5a - 7b =$ **c)** $15e - 8e + 3f - 7f =$ **e)** $-9k + 6j - 4k - 5j + 8k =$

b) $6c + 8d - 5c - 8d =$ **d)** $4x - 8y - 3y + 9x =$ **f)** $7h + 2i - 10h + 8i - 10h =$

H 2 16

Ordne jedem Term die richtige Vereinfachung zu! Zur Kontrolle ergibt sich ein Lösungswort.

a) $\frac{3x}{2} - \frac{3x}{4} =$ **e)** $4x - \frac{3x}{4} =$

b) $\frac{2x}{3} - \frac{5x}{6} =$ **f)** $\frac{9x}{5} - 2x =$

c) $x + \frac{x}{2} + \frac{x}{8} =$ **g)** $\frac{3}{4}x + 7 - \frac{5}{6}x - 13 =$

d) $x - \frac{x}{4} - \frac{x}{6} =$ **h)** $\frac{5x}{8} - 12 - \frac{5x}{12} + 6 =$

$-\frac{x}{12} - 6$ P | $-\frac{x}{5}$ I | $\frac{3x}{4}$ H | $\frac{5x}{24} - 6$ E | $-\frac{x}{6}$ A | $\frac{7x}{12}$ F | $\frac{13x}{4}$ P | $\frac{13x}{8}$ L

Lösungswort: _ _ _ _ _ _ _ _

H 3 17

Die Variablen a, b und c in der Zahlenmauer stehen für natürliche Zahlen. Jeder Stein enthält die Summe der beiden darunter liegenden Steine.

a) Welcher Term steht im obersten Stein? ____________________

b) Wie müssen a, b und c beschaffen sein, damit im obersten Stein eine gerade Zahl steht? Welche Variable spielt dabei keine Rolle?

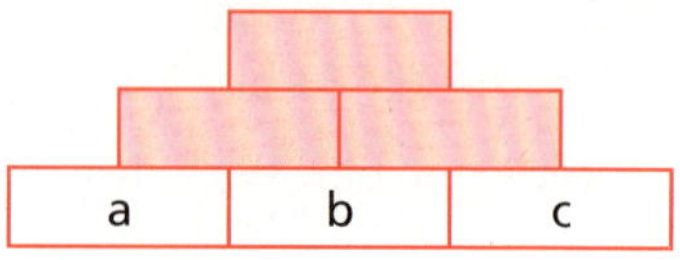

H 1 18

Im Zug sitzen x Personen. Bei der ersten Haltestelle steigen y Personen aus, bei der zweiten steigen z Personen aus. Wie kannst du berechnen, wie viele Personen sich danach noch im Zug befinden? Stelle die Formel auf zwei Arten dar, einmal mit und einmal ohne Klammern.
Welche Rechenregel hast du damit veranschaulicht?

19–23: Vereinfache die Terme! Fasse jeweils gleich nach dem Auflösen einer Klammer so weit wie möglich zusammen! Ordne in den Ergebnissen die Variablen nach dem Alphabet!

H 2 19

Führe jeweils die Probe für a = 2 durch!

a) $5a + (2a + 3) =$ ___ = ___
Probe: Anfangsterm ___ = ___
Endterm ___ = ___

b) $5a - (2a + 3) =$ ___ = ___
Probe: Anfangsterm ___ = ___
Endterm ___ = ___

c) $-9a - (4 - a) =$ ___ = ___
Probe: Anfangsterm ___ = ___
Endterm ___ = ___

d) $14 - (8a - 5) =$ ___ = ___
Probe: Anfangsterm ___ = ___
Endterm ___ = ___

H 2 20

Führe jeweils die Probe für x = 3, y = 2 durch!

a) $7x - (4y - 2x) + 3y =$ ___ = ___
Probe: Anfangsterm ___ = ___
Endterm ___ = ___

b) $6y + 4x - (7y + 3x) =$ ___ = ___
Probe: Anfangsterm ___ = ___
Endterm ___ = ___

c) $3x - (5x + 2y) + 8y =$ ___ = ___
Probe: Anfangsterm ___ = ___
Endterm ___ = ___

d) $9x - (5y - 3x) - 6x =$ ___ = ___
Probe: Anfangsterm ___ = ___
Endterm ___ = ___

H 2 21 Ordne jeder Rechnung das passende Ergebnis zu! Es ergibt sich ein Lösungswort.

a) $\left(a - \frac{2}{3}b\right) - \left(\frac{5a}{6} + 3b\right) =$ ___

b) $\left(a + \frac{2}{3}b\right) - \left(\frac{5a}{6} + 3b\right) =$ ___

c) $\left(a - \frac{2}{3}b\right) - \left(\frac{5a}{6} - 3b\right) =$ ___

d) $-\left(a + \frac{2}{3}b\right) - \left(\frac{5a}{6} + 3b\right) =$ ___

e) $-\left(a - \frac{2}{3}b\right) - \left(\frac{5a}{6} + 3b\right) =$ ___

f) $-\left(a - \frac{2}{3}b\right) - \left(\frac{5a}{6} - 3b\right) =$ ___

$\frac{a}{6} + \frac{7}{3}b$ **A**	$-\frac{11a}{6} + \frac{11}{3}b$ **R**
$\frac{a}{6} - \frac{7}{3}b$ **K**	$-\frac{11a}{6} - \frac{11}{3}b$ **T**
$\frac{a}{6} - \frac{11}{3}b$ **S**	$-\frac{11a}{6} - \frac{7}{3}b$ **E**

Lösungswort: _ _ _ _ _ _

H 2 22 Führe jeweils die Probe für x = 4, y = 6 für den Anfangsterm (A) und den Endterm (E) durch!

a) $\frac{3x}{8} + \left(\frac{5y}{6} - \frac{3x}{4} + \frac{2y}{3}\right) =$ ___
Probe: A ___ = ___
E ___ = ___

b) $\frac{3x}{8} + \left[\frac{5y}{6} - \left(\frac{3x}{4} + \frac{2y}{3}\right)\right] =$ ___
Probe: A ___ = ___
E ___ = ___

c) $\frac{3x}{8} - \left[\frac{5y}{6} - \left(\frac{3x}{4} + \frac{2y}{3}\right)\right] =$ ___
Probe: A ___ = ___
E ___ = ___

H 2 23 Führe jeweils die Probe für u = 3, v = 2 durch!

a) $u - [v + (u - v)] =$ ___
Probe: A ___ = ___
E ___ = ___

c) $3u - [2u - 5v - (u + v)] =$ ___
Probe: A ___ = ___
E ___ = ___

e) $3u - [2u - (5v - u)] + v =$ ___
Probe: A ___ = ___
E ___ = ___

b) $u - [v - (u - v)] =$ ___
Probe: A ___ = ___
E ___ = ___

d) $3u - (2u - 5v) - (u + v) =$ ___
Probe: A ___ = ___
E ___ = ___

f) $3u - [2u + 5v - (u - v)] =$ ___
Probe: A ___ = ___
E ___ = ___

H 1 24 Gib in Potenzschreibweise an!

Beispiel: $3 \cdot 2 \cdot 3 \cdot 3 \cdot 2 = 2^2 \cdot 3^3$

a) $6 \cdot 5 \cdot 6 \cdot 6 \cdot 6 \cdot 5 \cdot 5 \cdot 6 =$ ___

c) $a \cdot b \cdot b \cdot a \cdot b \cdot b \cdot a \cdot a =$ ___

b) $(-3) \cdot 4 \cdot (-3) \cdot 4 \cdot (-3) \cdot (-3) \cdot (-3) =$ ___

d) $2 \cdot e \cdot 5 \cdot f \cdot f \cdot 2 \cdot 5 \cdot f \cdot e =$ ___

H 2 25 Berechne und setze <, > oder = ein!

a) 3^4 ☐ 4^3

b) $0{,}2^2$ ☐ $0{,}2^3$

c) $\left(-\frac{1}{2}\right)^3$ ☐ $\left(-\frac{1}{2}\right)^4$

d) $(-1)^4$ ☐ $(-1)^2$

e) $(-3)^3$ ☐ $(-4)^3$

f) $(-0{,}1)^3$ ☐ $(-0{,}1)^5$

g) $\left(-\frac{1}{3}\right)^2$ ☐ $\left(-\frac{1}{5}\right)^2$

h) $0{,}5^2$ ☐ $0{,}2^5$

H 1 26 Zerlege in Primfaktoren! Schreibe die Primfaktorenzerlegung in Potenzschreibweise auf!

a) 450 = ___ b) 2700 = ___ c) 840 = ___ d) 4725 = ___

27–38: Vereinfache die Terme! Beachte gegebenenfalls die Vorrangregeln!

H 2 27 a) $x \cdot 7 \cdot x^2 =$ ___ b) $y^3 \cdot y^2 \cdot 5 =$ ___ c) $4 \cdot z^4 \cdot 3 \cdot z =$ ___ d) $w^3 \cdot w \cdot 2 =$ ___

H 2 28

a) $4 \cdot 3^2 - 3 \cdot 4^2 =$ ___ = ___

c) $3 \cdot 2^3 + 5 \cdot 3^2 =$ ___ = ___

e) $7 \cdot 3^2 + 5 \cdot 2^2 =$ ___ = ___

b) $5^2 \cdot 2 + 2 \cdot 5^3 =$ ___ = ___

d) $6 \cdot 2^2 - 2 \cdot 6^2 =$ ___ = ___

f) $2 \cdot 3^3 - 5 \cdot 2^4 =$ ___ = ___

H 2 29

a) $3 + 4 \cdot 2^2 =$ ___ = ___

c) $3 + (4 \cdot 2)^2 =$ ___ = ___

e) $[(3 + 4) \cdot 2]^2 =$ ___ = ___

b) $(3 + 4) \cdot 2^2 =$ ___ = ___

d) $(3 + 4 \cdot 2)^2 =$ ___ = ___

f) $(3 + 4)^2 \cdot 2 =$ ___ = ___

H 2 30

a) $6 \cdot 5 - 4^2 =$ ___ = ___

c) $6 \cdot (5 - 4^2) =$ ___ = ___

e) $[6 \cdot (5 - 4)]^2 =$ ___ = ___

b) $6 \cdot (5 - 4)^2 =$ ___ = ___

d) $(6 \cdot 5 - 4)^2 =$ ___ = ___

f) $(6 \cdot 5)^2 - 4 =$ ___ = ___

H 2 31

a) $3^3 + (-3)^3 =$ ___ $=$ ___ c) $3^3 - (-3)^3 =$ ___ $=$ ___ e) $-3^3 + (-3)^3 =$ ___ $=$ ___

b) $4^2 - (-4)^2 =$ ___ $=$ ___ d) $-4^2 + (-4)^2 =$ ___ $=$ ___ f) $-4^2 - (-4)^2 =$ ___ $=$ ___

H 2 32

a) $\frac{3^2 \cdot 3^4}{3^5} =$ ___ b) $\frac{4^7 \cdot 4^2}{4^5 \cdot 4^6} =$ ___ c) $\frac{6^4}{6^5 \cdot 6^3} =$ ___ d) $\frac{5^3 \cdot 5^5}{5 \cdot 5^6} =$ ___

H 2 33

a) $\left(\frac{1}{3}\right)^2 \cdot 3^2 =$ ___ b) $\left(\frac{1}{3}\right)^3 \cdot (-3)^3 =$ ___ c) $\left(-\frac{1}{3}\right)^3 \cdot 3^2 =$ ___ d) $\left(-\frac{1}{3}\right)^2 \cdot (-3)^3 =$ ___

H 2 34

a) $(3 \cdot a)^2 =$ ___ b) $(2 \cdot b)^3 =$ ___ c) $(x \cdot y)^4 =$ ___ d) $(-3 \cdot s \cdot t)^3 =$ ___

H 2 35

a) $x^4 : x^2 =$ ___ b) $s^6 : s^3 =$ ___ c) $6a^6 : 2a^2 =$ ___ d) $4p^4 : p^4 =$ ___

H 2 36

a) $(4x)^2 - 3x \cdot x =$ ___ $=$ ___ c) $6a \cdot 2a^2 - 4a^2 \cdot 3a =$ ___ $=$ ___ e) $(3r)^2 - 3r^2 =$ ___ $=$ ___

b) $4s^4 - (2s)^4 =$ ___ $=$ ___ d) $(2s)^3 - s \cdot (2s)^2 =$ ___ $=$ ___ f) $(2a)^3 - 2a^3 =$ ___ $=$ ___

H 2 37

a) $\frac{x^2 \cdot x^5}{x^3} =$ ___ b) $\frac{3y^3}{y^4} =$ ___ c) $\frac{a^6}{(2a)^3} =$ ___ d) $\frac{4b^5}{(4b)^2} =$ ___

H 2 38

a) $\frac{7}{x} \cdot x^2 =$ ___ b) $\frac{3b}{4} \cdot 2b =$ ___ c) $\frac{6ab}{5} : 6b =$ ___ d) $\frac{4xy}{3} : 2y =$ ___

H 1 39 Schreibe als Potenz von 10!

1 Million ________ Hunderttausend ________ 1 Milliarde ________ 1 Billiarde ________

1 Billion ________ Tausend ________ Zehntausend ________ Hundert ________

H 2 40 Vereinfache die Terme so weit wie möglich und ordne jedem Term das richtige Ergebnis zu!

a)

Term	Ergebnis
$10x^3 + 2x - 6x^3 + 2x^2 - 4x^2 =$	$-4x^3 + 2x^2 - 2x$
$10x^3 + x - 14x^3 + 6x^2 - 8x^2 - 3x =$	$4x^3 + 2x^2 + 2x$
$10x^3 + 4x^2 + 4x - 6x^3 - 2x^2 - 2x =$	$-4x^3 - 2x^2 - 2x$
$10x^3 + 4x^2 - 8x^3 - 6x^3 - 2x^2 - 2x =$	$4x^3 - 2x^2 + 2x$

b)

Term	Ergebnis
$7y + 2y^2 - [5y - y^3 - (5y^2 + 6y)] =$	$-5y^3 - y^2 + 7y$
$10y - [y^2 - (y - 2y^3) + 4y] - 3y^3 =$	$10y^3 - 6y^2 + y$
$y^3 - \{y^3 - [y^2 - (y - 2y^2) - 3y^3] - 4y^3\} - y^2 =$	$y^3 + 7y^2 + 8y$
$4y^3 - [2y^2 - 6y^3 - (3y - 4y^2)] - 2y =$	$y^3 + 2y^2 - y$

H 1 41 Schreibe als Kehrwert einer Potenz von 10!

a) $0{,}1 =$ ___ b) $0{,}01 =$ ___ c) $0{,}00001 =$ ___ d) $0{,}00000001 =$ ___

H 1 42 Gib als Produkt einer natürlichen Zahl und einer Potenz von 10 an!

a) $7000 =$ ___ b) $120000 =$ ___ c) $600000 =$ ___ d) $90000000 =$ ___

H 2 43 Wie lautet die Zahl ausgeschrieben?

a) $9 \cdot 10^5 =$ ___ b) $345 \cdot 10^3 =$ ___ c) $76 \cdot 10^6 =$ ___ d) $533 \cdot 10^4 =$ ___

H 2 44 Wie lautet die Zahl?

a) $3 \cdot 10^4 + 3 \cdot 10 + 3 =$ ___ b) $10^5 + 5 =$ ___ c) $4 \cdot 10^6 + 3 \cdot 10^3 =$ ___

H 1 45 Schreibe in Gleitkommadarstellung!

a) $570000 =$ ___ b) $4400000 =$ ___ c) $18000 =$ ___ d) $65566000 =$ ___

H 2 **46** Wie lautet die Zahl ausgeschrieben?

a) $3{,}8 \cdot 10^3 =$ **b)** $4{,}05 \cdot 10^5 =$ **c)** $0{,}09 \cdot 10^4 =$ **d)** $7{,}4 \cdot 10^6 =$

H 2 **47** Rechne mit Zehnerpotenzen und schreibe das Ergebnis als natürliche Zahl!

a) $4 \cdot 10^4 \cdot 3 \cdot 10^2 = \quad = $

c) $4{,}5 \cdot 10^3 \cdot 6000 = \quad = $

b) $0{,}6 \cdot 10^5 \cdot 2{,}5 \cdot 10^3 = \quad = $

H 2 **48** Vereinfache die Terme! Führe jeweils die Probe für $a = 2$, $b = 3$ durch!

a) $(2a + 3b) \cdot 4 - (3a - 2b) \cdot 5 =$ Probe: ________

b) $6 \cdot (3a - 4b) + 7 \cdot (2a - 3b) =$ Probe: ________

c) $(6a - 7b + 5) \cdot (-2) - 3 \cdot (3a + 4b) =$ Probe: ________

d) $4 \cdot (5a + 8b - 9) - 7 \cdot (4a - 4b + 5) =$ Probe: ________

H 3 **49** Welche Formel ist durch die färbige Fläche dargestellt? Erkläre die Formel anhand der Figur!

a)

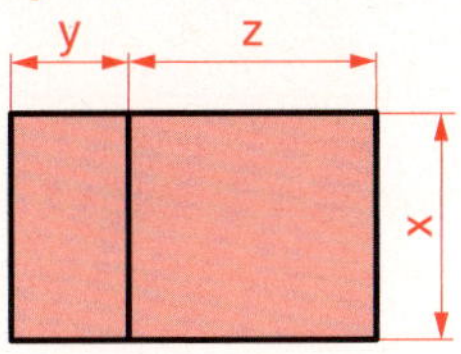

b)

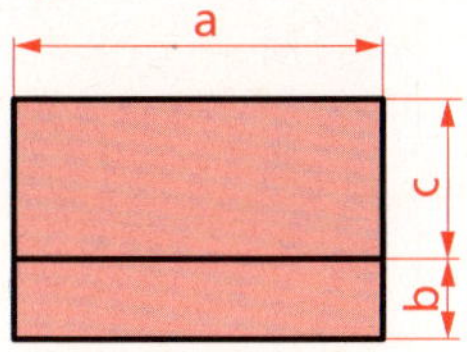

c)

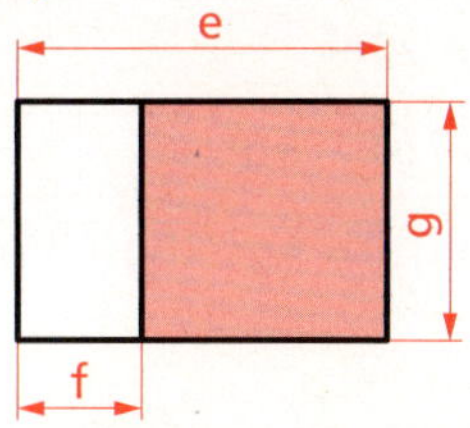

d)

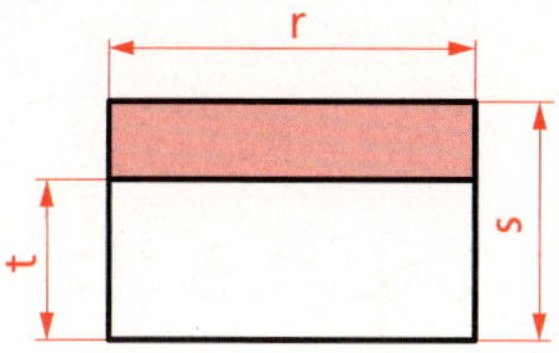

=   =   =   =

H 1 **50** Das Produkt zweier positiver Zahlen kann man als Flächeninhalt eines Rechtecks deuten. Stelle die folgenden Produkte graphisch dar!

a) $(a + b) \cdot c$

b) $(x + y) \cdot (r + s)$

H 2 **51** Multipliziere aus und vereinfache die Terme, falls das möglich ist! Führe jeweils die Probe für $x = 3$, $y = 2$ durch!

a) $x^2(x - 2y) + 2xy(x + 2y) - y^2(x - 2y) =$ Probe: ________

b) $x^2(x + 4y) - 2xy(3x - y) - y^2(x + 6y) =$ Probe: ________

c) $3x^2(2x^2 - 2) + 4x^2(x - 4) - 2x(2x^2 - 1) =$ Probe: ________

d) $(2y^2 - 5y + 8)3y^2 - 3y(-5y + y^2 - 2y^3) =$ Probe: ________

e) $(3x^2 - 4x + 12)(-4x + 3) =$ Probe: ________

f) $(6x^2 + 5x - 9)(3x - 5) =$ Probe: ________

g) $(2x^2 - 6xy - 3y)(3x - 2y) =$ Probe: ________

h) $(x^2 + 4xy + y^2)(2x - y^2) =$ Probe: ________

H 2 **52** Welche Zahlen oder Variablen musst du einsetzen, damit die Umformung richtig ist?

a) $(5x - 7)(\quad + 3) = 10x^2 + x - 21$

c) $(x - \quad)(3x - 5) = \quad - 32x + 45$

b) $(4x - 3y)(\quad + \quad) = 4x^2 - 3xy + 24x - 18y$

d) $(\quad - 2y)(x + \quad) = 3x^2 + 10xy - 8y^2$

H 3 53 Ein Rechteck hat die Länge $(x + 6)$ und die Breite $(x - 2)$.

1) Welcher Term gibt den Umfang des Rechtecks an? ____________________

2) Welcher Term gibt den Flächeninhalt des Rechtecks an? ____________________

$x^2 + 6x - 12$ | $4x + 16$ | $2x^2 + 4x - 12$ | $x^2 + 4x + 12$

$4x + 8$ | $x^2 + 4x - 12$ | $2x + 8$ | $2x + 4$

H 2 54 Überprüfe die Termumformungen und korrigiere die Fehler! Sind deine Antworten richtig, ergeben die Buchstaben von oben nach unten gelesen ein Lösungswort.

		richtig	falsch	Korrektur
A	$7x(x^2 - 3x) + (x + 3)(2x - 5) = 7x^3 - 19x^2 + x - 15$	A	E	
B	$(s + 2)(3 - t) - (s - st) = 2s - 2t + 6$	S	R	
C	$(5a - 6b)(6 + 5a) = 30a - 30ab$	B	T	
D	$(2u + 3v)(-3u + 2v) - 6(u^2 + v^2) = -12u^2 - 5uv$	E	U	
E	$10ef - 5ef(e + 2) = -5e^2f + 20ef$	M	R	
F	$(3c^2 - d^2)(2c + 3d) = 6c^3 + 7cd^2 - 3d^3$	D	I	
G	$(g - 4h)(4g - h) + 4h(4g + 3h) = 4g^2 - hg + 16h^2$	X	N	

Lösungswort: _ _ _ _ _ _ _

H 1 55 Stelle jeweils eine Formel zur Berechnung des Umfangs und des Flächeninhalts des Rechtecks auf und vereinfache diese!

a)
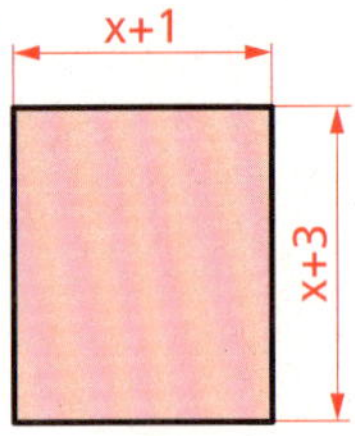

u =

A =

b)
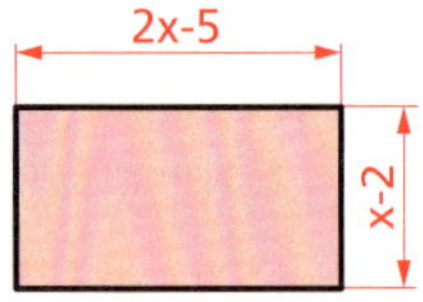

u =

A =

c)
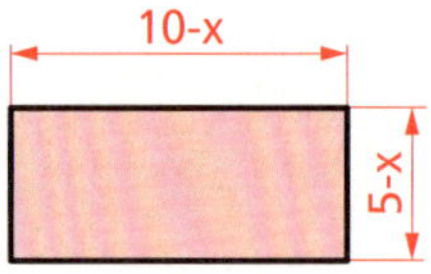

u =

A =

d)
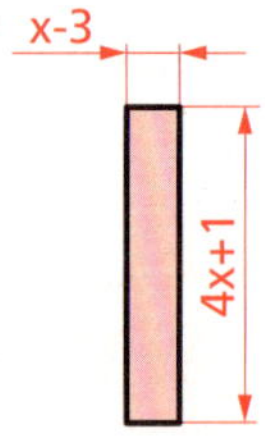

u =

A =

H 2 56 Wenn du den Aufgaben die richtige Lösung zuordnest, erhältst du ein Lösungswort.

a) $(a + b)^2 - (a - b)^2 =$

b) $(a + b)^2 + (a - b)^2 =$

c) $(a - b)^2 - (a + b)^2 =$

d) $(a - b)(a + b) - (a + b)^2 =$

e) $(a - b)^2 + (a - b)(a + b) =$

f) $(a - b)(a + b) - (a - b)^2 =$

g) $(a + b)^2 + (a - b)(a + b) =$

h) $(a + b)^2 - (a + b)(a - b) =$

$2a^2 + 2b^2$ A | $2a^2 - 2ab$ I | $-2ab - 2b^2$ F | $2a^2 + 2ab$ L

$2ab - 2b^2$ E | $2ab + 2b^2$ D | $4ab$ G | $-4ab$ R

Lösungswort: _ _ _ _ _ _ _ _

H 2 57 Schreibe als Quadrat eines Binoms!

a) $25x^2 + 30xy + 9y^2 = (\quad + \quad)^2$

b) $49 - 28z + 4z^2 = (\quad - \quad)^2$

c) $9a^2 + 24ab + 16b^2 = (\quad + \quad)^2$

d) $64v^2 - 80vw + 25w^2 = (\quad - \quad)^2$

e) $81s^2 + 270st + 225t^2 = (\quad + \quad)^2$

f) $169r^2 - 364r + 196 = (\quad - \quad)^2$

H 2 58 Ergänze, was fehlt! Denke an die Formeln $(a + b)^2 = a^2 + 2ab + b^2$ und $(a - b)^2 = a^2 - 2ab + b^2$!

a) $(4c + \square)^2 = \square + 40cd + 25d^2$

b) $(\square + 3q)^2 = 100p^2 + \square + \square$

c) $(\square - \square)^2 = 64z^2 - \square + 1$

d) $(11x - \square)^2 = \square - 44xy + \square$

e) $(\square + 9)^2 = \square + 90a + \square$

f) $(\square - \square)^2 = u^2 - \square + 16t^2$

H 2 59 Ergänze aufgrund der Formel $(a + b) \cdot (a - b) = a^2 - b^2$!

a) $(6a - 7b)(\square + \square) = \square - 49b^2$

b) $(\square + \square)(\square - \square) = 25c^2 - 64d^2$

c) $(e - \square)(\square + 10f) = \square - \square$

d) $(2g^2 + \square)(\square - \square) = \square - 9h^4$

H 2 60 Schreibe als Produkt zweier Binome!

a) $\frac{1}{16}x^2 - y^2 = (\square)(\square)$

b) $4r^2 - 0{,}25s^2 = (\square)(\square)$

c) $\frac{9}{25}z^2 - 25y^4 = (\square)(\square)$

d) $0{,}09a^2 - 1{,}44b^2 = (\square)(\square)$

H 3 61 Ein Quadrat hat die Seitenlänge $(2x + 3)$.

1) Welcher Term gibt den Umfang des Quadrats an? ___

2) Welcher Term gibt den Flächeninhalt des Quadrats an? ___

$4x^2 + 9$ | $8x + 12$ | $4x^2 + 10x + 9$ | $4x^2 + 12x + 9$ | $8x + 3$ | $2x^2 + 12x + 9$ | $2x + 12$ | $8x + 7$

H 2 62 Forme die Terme durch Herausheben aller gemeinsamen Faktoren um!

a) $21x + 14y - 77z = \square$

b) $16ab - 8bc + 24bd = \square$

c) $5yz - 10y^2 - 25yz^2 = \square$

d) $72e^2f - 240e^2f^2 + 144ef = \square$

e) $-125s + 1000s^2 + 500st = \square$

f) $40x^2 - 16xy - 8xy^2 = \square$

H 2 63 Vereinfache durch Herausheben und Kürzen! Welche Werte dürfen die Variablen nicht annehmen?

a) $\frac{3x^3 - 6x}{9x} = \square = \square$ ___

b) $\frac{5y - 5y^2}{15y^2} = \square = \square$ ___

c) $\frac{4x - 12y}{12x^2 - 36xy} = \square = \square$ ___

d) $\frac{6x^2 - 9xy}{8xy - 12y^2} = \square = \square$ ___

H 2 64 Ergänze, was fehlt!

a) $5ab + 5c + 5 = 5 \cdot (\square + \square + \square)$

b) $3x^2 - 4xy^2 = \square \cdot (3x - \square)$

c) $4x^4 + 3x^3y - 2x^2 = \square \cdot (\square + 3xy - \square)$

d) $15ab - 20b^2 + 10b = \square \cdot (3a - \square + \square)$

H 1 65 Ein Quader hat die Länge x, die Breite y und die Höhe z.
Beim Quader rechts daneben sind Länge, Breite und Höhe jeweils um das gleiche Stück a länger.

a) Wie groß ist die Oberfläche des linken Quaders? $O = \square$

b) Wie groß ist die Oberfläche des rechten Quaders? $O = \square$

c) Um wie viel unterscheiden sich diese beiden Oberflächeninhalte?

___

d) Überprüfe deine Ergebnisse für $x = 2$ cm, $y = 3$ cm, $z = 4$ cm und $a = 1$ cm!

___

H 1 **66** Gib jeweils eine möglichst einfache Formel zur Berechnung des Umfangs und des Flächeninhalts an!

a)

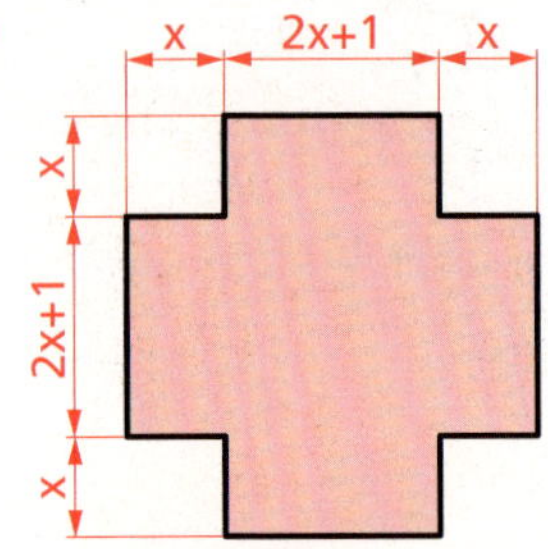

u = ___

A = ___

b)

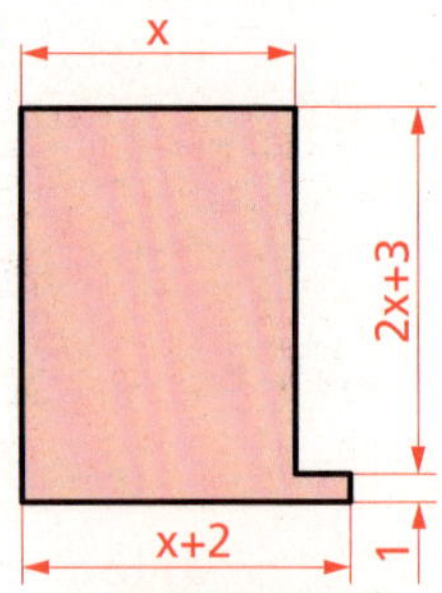

u = ___

A = ___

c)

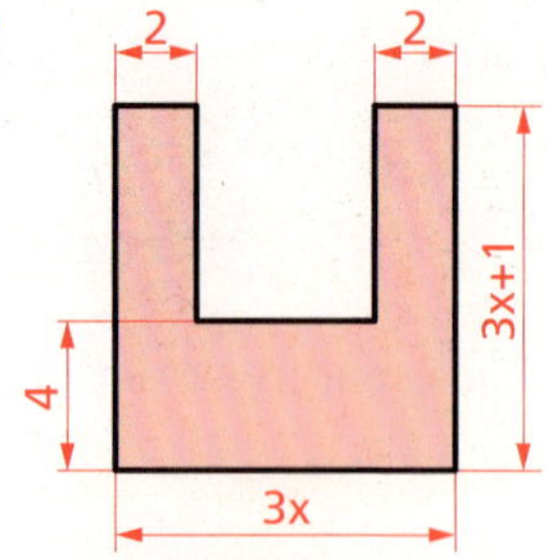

u = ___

A = ___

H 2 **67** Löse die Gleichungen, indem du die angegebenen Äquivalenzumformungen durchführst!

a) $3x - 22 = 6{,}5$ | + 22
___ = ___ | : 3
x = ___

b) $17 - 3y = -28$ | + 3y
___ = ___ | + 28
___ = ___ | : 3
y = ___

c) $6z + 7 = 4z - 5$ | − 4z
___ = ___ | − 7
___ = ___ | : 2
z = ___

H 2 **68** Berechne die jeweilige Unbekannte und vergiss nicht auf die Probe!

a) $\frac{5x}{2} + 12 = \frac{87}{4}$ | · 4
___ = ___ | − ___
___ = ___ | : ___
x = ___

b) $\frac{4y}{3} - \frac{51}{6} = \frac{49}{3}$ | · 6
___ = ___ | + ___
___ = ___ | : ___
y = ___

c) $\frac{2z}{3} + \frac{75}{4} = \frac{145}{2}$ | · 12
___ = ___ | − ___
___ = ___ | : ___
z = ___

H 2 **69** In der Tabelle sind die Lösungen der Gleichungen eingetragen. Wenn du jede Variable zur passenden Lösung schreibst, erhältst du ein englisches Sprichwort.

a) $5r - 36 = 22 + 4r$
b) $3(9e + 4) = 13(2e + 4)$
c) $0{,}6(w - 2) = 0{,}5(w + 1)$
d) $38i - 100 = 24i - 2$
e) $6(3e - 8) - 2(5e - 3) = 3(e - 4)$
f) $(p + 6)(p - 6) = (p - 2)^2$
g) $(g + 5)^2 = (7 - g)^2 + 24$
h) $\frac{1}{3}k - 2{,}4 = \frac{1}{2}k + 0{,}6$
i) $19{,}2 - 2{,}5d = 14{,}7 + 2{,}5d$
j) $e(2e + 9) - 5(e + 3) = 2e(e + 4) - (5e + 15)$
k) $(4s + 1)(7s + 4) = 285 + (14s + 1)(2s - 1)$
l) $16l - 5(2l - 3) = 23 + 7(6l + 4)$
m) $(w - 1)^2 + (w + 2)^2 = 2w^2$
n) $(2n - 3)(10n + 9) = (5n - 16)(4n + 7)$
o) $35o - (33o - 57) = 14o - (20 + 5o)$
p) $3\frac{1}{2}o + 4\frac{1}{3} = -35\frac{2}{3} - 6\frac{1}{2}o$

−18	−5	−4	−2,5	−1	0	0,9	2	6	7	8	10	11	17	40	58

H 2 **70** Überprüfe die Umformungen und korrigiere die Fehler! Sind deine Antworten richtig, ergeben die Buchstaben von oben nach unten gelesen ein Lösungswort.

		Umformung	richtig	falsch	Korrektur
A	$3 \cdot a + b = c$	$a + b = \frac{c}{3}$	T	S	
B	$3 \cdot (a - b) = d$	$a - b = \frac{d}{3}$	M	E	
C	$\frac{x}{4} - y = z$	$y = z - \frac{x}{4}$	L	A	
D	$x - \frac{z}{6} = y$	$x - z = 6 \cdot y$	I	R	
E	$\frac{y}{3} + 5 = x$	$3x - y = 15$	T	N	

Lösungswort: _ _ _ _ _

H 2 **71** Drücke jede Variable durch die übrigen aus!

a) $x = 3 \cdot y + z$

y =

z =

b) $u = 2 \cdot (a + b) + c$

a =

b =

c =

c) $b \cdot x - y = z$

b =

x =

y =

d) $x + \frac{y}{z} = t$

x =

y =

z =

e) $\frac{a \cdot b}{c} = d$

a =

b =

c =

f) $m = \frac{a + 2 \cdot b}{3}$

a =

b =

H 1 **72** Schreibe den Text in Form einer Gleichung und löse sie anschließend! Die den Lösungen zugeordneten Buchstaben ergeben, in der richtigen Reihenfolge gelesen, ein englisches Wort.

a) Addiert man ein Drittel und ein Fünftel einer Zahl, so erhält man um 2 mehr als die Hälfte der Zahl. Wie lautet die Zahl?

b) Verlängert man die eine Seite eines Quadrats um 4 cm, so entsteht ein Rechteck mit einem um 160 cm^2 größeren Flächeninhalt. Wie lang ist die Seite des Quadrats?

c) Von drei Zahlen, deren Summe 150 ist, ist die zweite Zahl viermal so groß wie die erste. Die dritte Zahl ist genauso groß wie die Summe aus der ersten und der zweiten Zahl.
Wie lautet die erste Zahl?

d) Der Umfang eines gleichschenkligen Dreiecks beträgt 56 cm. Die Basis des Dreiecks ist dreimal so lang wie die Hälfte eines Schenkels. Wie lang ist die Basis des Dreiecks?

e) Ein Anhänger, der ein Leergewicht von 1 500 kg hat, ist mit 18 gleich schweren Fässern beladen. Die Brückenwaage zeigt 2,4 t an. Welche Masse hat ein Fass?

f) Ein Gemüsehändler verkaufte auf dem Markt 30 kg Tomaten und erhielt dafür insgesamt 39,60 €. Zu Beginn verkaufte er das Kilogramm für je 1,40 €, gegen Ende der Marktzeit jedes für 1,10 €. Wie viel Kilogramm Tomaten hat der Händler zum ursprünglichen Preis von 1,40 € verkauft?

g) Herr Drechsler ist heute dreimal so alt wie seine Tochter. In 12 Jahren wird er nur noch doppelt so alt sein wie sie. Wie alt ist Herr Drechsler heute?

h) Die eine Diagonale einer Raute ist 9 cm lang. Verkürzt man diese Diagonale um 2 cm, während man die andere Diagonale um 4 cm verlängert, so bleibt der Flächeninhalt der Raute gleich. Wie lang war die andere Diagonale der ursprünglichen Raute?

i) Im Supermarkt werden Bioeier der Größe L um 0,45 € und Eier der Größe M um 0,38 € je Stück verkauft. Für 270 Eier hat man 111 € eingenommen. Wie viele Eier der Größe L wurden verkauft?

14 N | 15 C | 22 L | 24 E | 36 E
40 X | 50 L | 60 E | 120 T

Lösungswort: _ _ _ _ _ _ _ _ _

Wähle zum Füllen der Lücken aus den rechts stehenden Möglichkeiten die passenden aus! Trage die Wortteile in der Reihenfolge der Lücken in den Lösungstext ein!

- Ein ________ ist ein Rechenausdruck, in dem Zahlen, Variable, ____________ und Vorzeichen auftreten können. Für das Rechnen mit ______________ und Termen gelten dieselben Regeln wie für das Rechnen mit ______________.
  Bei Addition und Subtraktion können nur ____________________ Variablen zusammengefasst werden; verschiedene Variablen kann man beim Addieren oder Subtrahieren nicht zusammenfassen.
  Klammern, vor denen ein ______________ steht, können weggelassen werden.
  Klammern, vor denen ein Minuszeichen steht, werden ______________, indem die Rechenzeichen Plus und Minus, die innerhalb der Klammer waren, ____________ werden.
  Terme werden miteinander ______________, indem man jedes Glied des einen Terms mit ______________ Glied des anderen Terms multipliziert. Dabei sind die Vorzeichenregeln zu beachten.
  Kommt in allen Gliedern eines Terms ein ______________ Faktor vor, kann man ihn herausheben. Durch Herausheben können Terme oft ______________ geschrieben werden.

- Eine ______________ ist ein Produkt gleicher Faktoren: $a \cdot a \cdot a \cdot a = a^4$
  a heißt Grundzahl oder ______________, 4 heißt Hochzahl oder ______________.
  Das Bilden der Potenz heißt ______________. Das Potenzieren ist eine Rechnungsart __________ Stufe. Es ist daher __________ den Rechnungsarten erster und zweiter Stufe durchzuführen.
  Man multipliziert Potenzen mit gleicher Basis, indem man die Exponenten ______________ und die Basis beibehält: $a^r \cdot a^s = a^{r+s}$
  Bei der Division von Potenzen mit gleicher Basis werden die Hochzahlen ______________: $a^r : a^s = a^{r-s}$ ($r > s$; $r, s \in \mathbb{Z}^+$)
  Ein Produkt wird potenziert, indem man jeden ______________ potenziert.
  Ein ______________ wird potenziert, indem man Zähler und Nenner potenziert.
  $(a \cdot b)^n = a^n \cdot b^n$ $\left(\frac{a}{b}\right)^n = \frac{a^n}{b^n}$

- Merke dir die ______________ Formeln gut!
  ______________ $= a^2 + 2ab + b^2$
  ______________ $= a^2 - 2ab + b^2$
  $(a - b)(a + b) =$ ______________

Wort	Silbe
addiert	SCH
aufgelöst	DAS
Basis	TT
binomischen	GALI
dividiert	STE
dritter	LT
einfacher	DEM
Exponent	DIE
Faktor	BEN
geändert	AL
gemeinsamer	MIT
gleiche	TIK
jedem	BET
Minuszeichen	ZU
multipliziert	PHA
nach	AB
Pluszeichen	IST
Potenz	GO
Potenzieren	WE
Quotient	HAT
Rechenzeichen	MA
subtrahiert	RIE
Term	DIE
Variablen	THE
vor	GE
Zahlen	MA
zweiter	BT
$a^2 - b^2$	LEI
$(a + b)^2$	LEO
$(a - b)^2$	GALI

Lösungstext: „___ ___ ___ ___ ___ ___ ___ ___ ___ ___,
___ ___ ___ ___ ___ ___ ___ ___ ___ ___ ___.“
___ ___ ___ ___

H 2 **1** Fülle die Tabelle aus! Wie verhält sich die links stehende Zahl jeweils zu der in der ersten Zeile angegebenen Zahl? Kürze, wenn möglich!

	Verhältnis	6	12	24	30	36	60	80
a)	8	4 : 3	2 : 3					
b)	4							
c)	24							
d)	40							

H 3 **2** Wie verhalten sich die Längen folgender Strecken zueinander?

a)

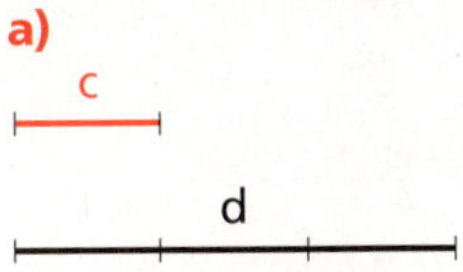

c : d =

b)

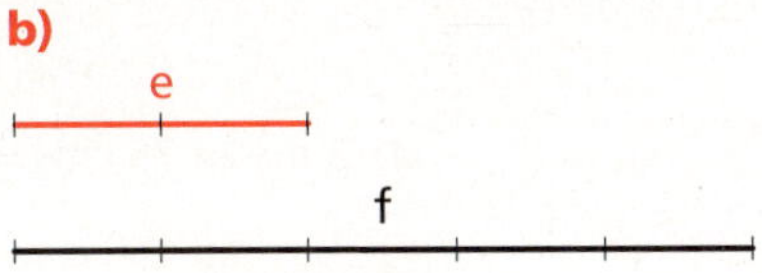

e : f =

c)

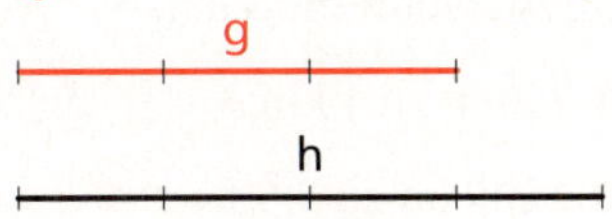

g : h =

H 1 **3** Zeichne Strecken, das gegebene Längenverhältnis haben!

a) a : b = 3 : 1

b) x : y = 3 : 8

c) v : w = 5 : 6

H 2 **4** Berechne die fehlende Zahl bzw. das fehlende Verhältnis!

	a)	b)	c)	d)	e)	f)
Verhältnis der Zahlen	3 : 5	5 : 6	3 : 8		3 : 4	5 : 9
1. Zahl	45			35	99	
2. Zahl		144	2 000	65		108

H 1 **5** In der untenstehenden Tabelle findest du die Sprungweiten und die Körperlängen verschiedener Tiere.

a) Berechne jeweils die fehlende Größe bzw. das fehlende Verhältnis (Sprungvermögen)!

b) Wie weit könnte ein Mensch von 1,75 m Körpergröße springen, wenn er das Sprungvermögen eines Flohs hätte?

a)

Tierart	Sprungweite s	Körperlänge k	Verhältnis s : k (Sprungvermögen)
Floh	0,6 m		200 : 1
Heuschrecke	2 m	6,5 cm	
Waldmaus	0,7 m		8 : 1
Ochsenfrosch		20 cm	10 : 1
Fuchs	2,8 m	70 cm	
Impala		1,5 m	6 : 1
Känguru	10 m		25 : 4
Rothirsch	10,8 m	2,4 m	

b) Der Mensch könnte ____________ m weit springen.

H 2 **6** Drücke das folgende Verhältnis mit möglichst kleinen natürlichen Zahlen aus!

a) 1,2 : 0,8 = ____ **c)** 180 : 72 = ____ **e)** 4,4 : 1,2 = ____ **g)** 9 b : 2 b = ____

b) $\frac{3}{4} : \frac{1}{8}$ = ____ **d)** $\frac{3}{5} : 4$ = ____ **f)** $\frac{2}{3} : \frac{3}{4}$ = ____ **h)** $x : \frac{5}{7}x$ = ____

H 2 **7** In welchem Verhältnis stehen folgende Größen?

a) 1 m zu 1 cm = ____ **c)** 1 m^2 zu 1 dm^2 = ____ **e)** 1 h zu 1 sec = ____

b) 1 kg zu 1 dag = ____ **d)** 1 km zu 1 cm = ____ **f)** 1 m^3 zu 1 cm^3 = ____

H 2 **8** Wie verhalten sich die folgenden Größen zueinander?
Kürze, wenn möglich!

a) 750 m zu 1 km = ____ = ____ **d)** 2 m^2 zu 75 cm^2 = ____ = ____

b) 1 200 kg zu 3,5 t = ____ = ____ **e)** 3 m^3 zu 150 dm^3 = ____ = ____

c) 85 a zu $2\frac{4}{5}$ ha = ____ = ____ **f)** $4\frac{3}{4}$ h zu 90 min = ____ = ____

H 2 **9** Berechne die fehlenden Größen!

	Beispiel	a)	b)	c)
Maßstab	1 : 100	1 : 500	1 : 25 000	1 : 50 000
Länge im Plan (r)	8 cm			2,4 cm
Proportion	1 : 100 = 8 : s			
	s = 800			
Länge in der Wirklichkeit (s)	800 cm = 8 m	40 m	1,2 km	

H 2 **10** Berechne den Maßstab!

	Beispiel	a)	b)	c)
Länge im Plan (r)	2 cm	7 mm	1 cm	4 mm
Länge in der Wirklichkeit (s)	40 m = 4 000 cm	700 m	25 km	200 m
Proportion	2 : 4000 = 1 : x			
	x = 2000			
Maßstab	1 : 2000			

H 2 **11** Die vier Zahlen r, s, u und v bilden die Glieder der richtigen Proportion r : s = u : v.
Berechne die fehlende Zahl!

	r	s	u	v
a)	5	4	10	
b)		3	7	$3\frac{1}{2}$
c)	1 250	750		450

H 2 **12** Setze das richtige Zeichen „=“ oder „≠“ ein!
Begründe deine Entscheidung!

a) 42 : 28 ≠ 4 : 8
weil: 28 · 4 ≠ 42 · 8

b) 12 : 2 ____ 18 : 3
weil: ____________

c) 9 : 72 ____ 2 : 16
weil: ____________

d) 4 : 10 ____ 3 : 12
weil: ____________

e) 4,5 : 12,5 ____ 9,5 : 18,5
weil: ____________

f) 20 : 16 ____ 100 : 80
weil: ____________

H 2 **13** Berechne jeweils die Unbekannte! Führe auch die Probe durch! Welche Zahlen sind von vornherein für die Unbekannte ausgeschlossen?

a) $5 : x = 60 : 24$

___ = ___

x = ___

Probe: ___

x ≠ ___

b) $80 : 32 = 6 : y$

___ = ___

y = ___

Probe: ___

y ≠ ___

c) $111 : 37 = 12 : z$

___ = ___

z = ___

Probe: ___

z ≠ ___

d) $\frac{1}{5} : \frac{1}{6} = \frac{3}{5} : v$

___ = ___

v = ___

Probe: ___

v ≠ ___

H 2 **14** Berechne die Unbekannte! Welche Zahl ist auszuschließen?
Schreibe zuerst als Proportion!

a) $\frac{6-x}{x+9} = \frac{3}{2}$

auszuschließen:

$x + 9 = 0$

$x = -9 \rightarrow x \neq -9$

$(6 - x) : (x + 9) = 3 : 2$

___ = ___

___ = ___

___ = ___

x = ___

b) $\frac{y-2}{5y+2} = \frac{1}{7}$

auszuschließen:

___

___

___

___ = ___

___ = ___

___ = ___

y = ___

c) $\frac{17-3z}{2z+1} = \frac{11}{5}$

auszuschließen:

___

___

___

___ = ___

___ = ___

___ = ___

z = ___

d) $\frac{4v+5}{6v+4} = \frac{3}{4}$

auszuschließen:

___

___

___

___ = ___

___ = ___

___ = ___

v = ___

H 1 **15** Susanne möchte einen Pullover stricken. Die Maschenprobe mit 16 Maschen ist 9 cm breit. Der Rückenteil des Pullovers soll 45 cm breit werden.
Wie viele Maschen soll Susanne für den Rückenteil anschlagen?

Susanne soll ________ Maschen anschlagen.

H 1 **16** Zwei Zahlen verhalten sich wie 5 : 4. Ihre Summe beträgt 360. Berechne die beiden Zahlen!

Die Zahlen sind ___________.

H 1 **17** Zwei Streckenlängen verhalten sich wie 5 : 3. Ihre Differenz beträgt 360 cm. Berechne die Längen der Strecken! ________________

H 2 **18** An einer Abstimmung nahmen 5 von 9 Stimmberechtigten teil.

a) Wie viele Menschen haben an der Abstimmung teilgenommen, wenn insgesamt 2,25 Millionen Menschen stimmberechtigt waren?

An der Abstimmung haben _________ Personen teilgenommen.

b) Von den abgegebenen Stimmen haben die Ja-Stimmen gegenüber den Nein-Stimmen ein Verhältnis von 3 : 5. Berechne die Anzahl der Ja-Stimmen!

____________ Menschen haben mit Ja gestimmt.

H 1 **19** Ein Geldbetrag wird auf zwei Personen verteilt. Berechne die beiden Anteile!

a) Die Anteile verhalten sich wie 5 : 7 und ihre Summe beträgt 1 062 €.

1. Person: ________ €, 2. Person: ________ €

b) Die Anteile verhalten sich wie 5 : 14 und die erste Person erhält 450 € weniger als die zweite.

1. Person: ________ €, 2. Person: ________ €

c) Die Anteile verhalten sich wie 35 : 19 und die zweite Person erhält 380 €.

1. Person: ________ €, 2. Person: ________ €

H 3 **20** Untersuche, ob es sich um ein direkt proportionales Verhältnis, ein indirekt proportionales Verhältnis oder um keines von beiden handelt! Sind deine Antworten richtig, ergeben die Buchstaben von oben nach unten gelesen ein englisches Lob!

		direkt	indirekt	weder noch
A	Preis einer Konzertkarte : Konzertdauer	B	A	W
B	Länge der Strecke : Fahrzeit (konstante Geschwindigkeit)	E	S	I
C	Anzahl der Pferde : Tage, die der Heuvorrat reicht	N	L	D
D	Lernaufwand : Zeugnisnote	F	E	L
E	Anzahl der Apfelbäume : Menge der geernteten Äpfel	D	M	T
F	Alter eines Elefanten : Körpergewicht	A	T	O
G	Größe der Fliesen : benötigte Anzahl für 4 m^2	S	N	E
H	Anzahl der Pferde : pro Tag benötigte Heumenge	E	T	R

Lösung: _ _ _ _ _ _ _ _ _!

H 1 **21** Stelle fest, ob die folgende Zuordnung direkt proportional oder indirekt proportional ist! Wenn der Zusammenhang direkt proportional ist, schreibe diesen in Form einer Formel auf!

a)

Anzahl der Taschenrechner	Preis in €
2	38
10	190
20	350

ja nein

Formel: ____________

b)

Äpfel in kg	Preis in €
3	4,35
4	5,80
8	11,60

ja nein

____

c)

Anzahl der Eier	Preis in €
2	0,98
6	2,94
12	4,32

ja nein

____

d)

Schinken in g	Preis in €
90	2,16
125	3
350	8,40

ja nein

____

H 1 **22** Verwende die Werte aus Aufgabe **21 d**!

1) In welchem Verhältnis stehen Preis und Warenmenge? Begründe deine Antwort!

____

2) Wie viel Euro kosten **6 dag**, **15 dag**, **30 dag** Schinken? Trage diese Daten in die Tabelle ein und ergänze!

3) Stelle die Daten in einem geeignet gewählten Koordinatensystem durch ein Punktdiagramm dar! Verbinde die Punkte dann durch eine Linie! Runde gegebenenfalls sinnvoll!

Menge	Preis

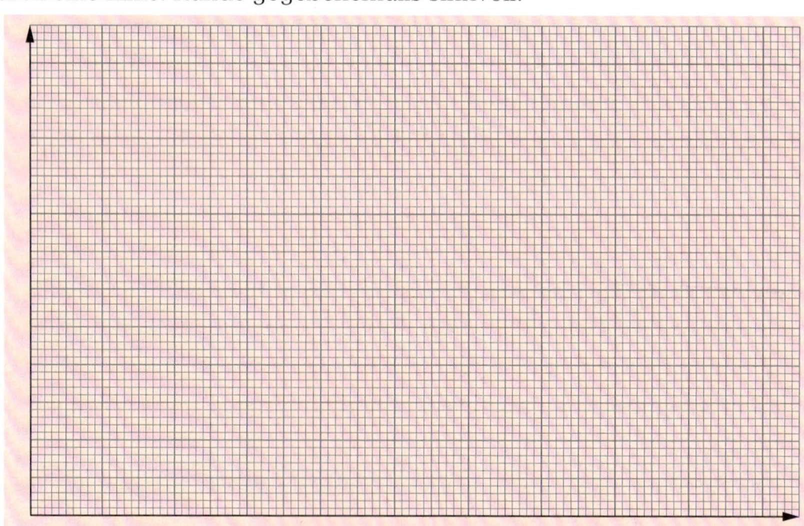

H 3 **23** Ist eine direkte Proportionalität, eine indirekte Proportionalität oder keines von beiden dargestellt?

a)
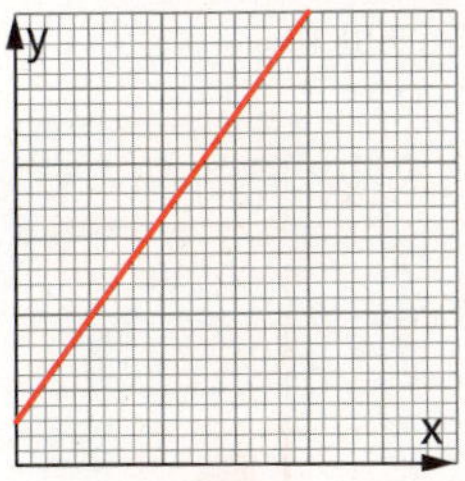

b)
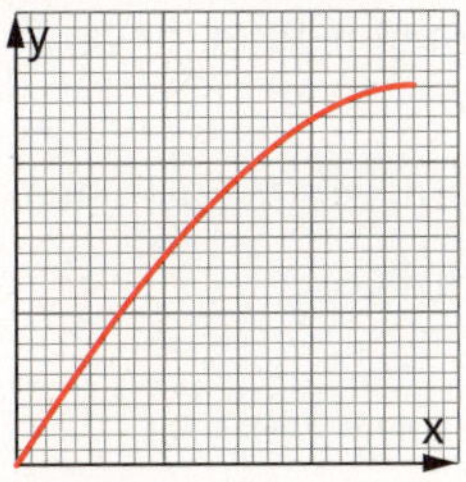

c)
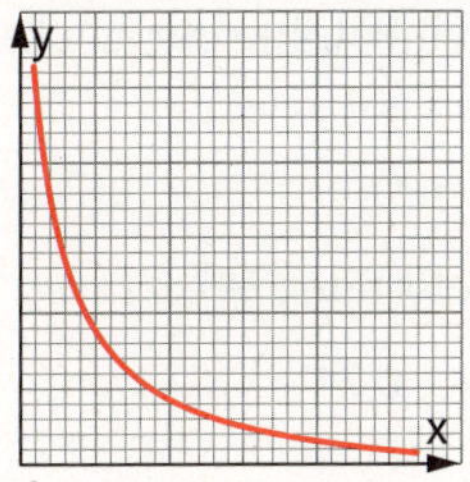

d)
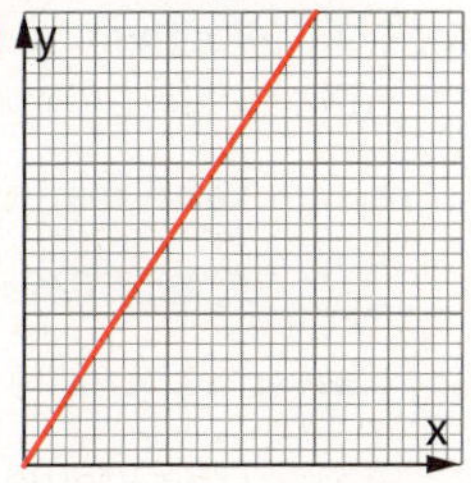

H 4 **24** Der Flächeninhalt eines Parallelogramms beträgt 60 cm².

1) Ist die Seitenlänge des Parallelogramms zur zugehörigen Höhe direkt oder indirekt proportional, wenn der Flächeninhalt des Parallelogramms konstant ist? Begründe deine Antwort!

Die Seitenlänge ist zur Höhe ___________ proportional,

weil ______________________.

2) Vervollständige die Tabelle!

3) Stelle die Daten im gegebenen Koordinatensystem durch ein Punktdiagramm dar! Verbinde die Punkte durch eine Linie!

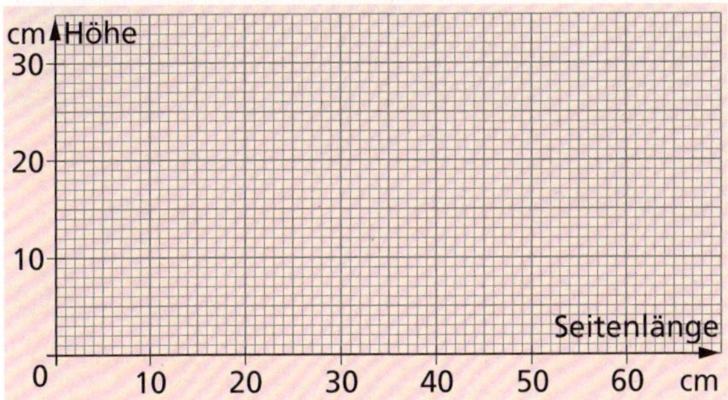

Seitenlänge	Höhe
2 cm	
	15 cm
5 cm	
	10 cm
8 cm	
	6 cm
	3 cm
40 cm	
60 cm	

H 2 **25** Bemale in der Tabelle unten die richtigen Lösungen! Du erhältst ein Muster.

a) Eine Röhre liefert in 15 Minuten 9750 Liter Wasser. Wie lange dauert es, bis ein Reservoir mit einem Inhalt von 25350 Liter Wasser durch diese Röhre gefüllt ist? ___________

b) Vier Maschinen teeren einen Straßenabschnitt in 18 Stunden. Wie lange dauert das Teeren, wenn die Baufirma 9 Maschinen einsetzt? ___________

c) Ein Wohnzimmer soll einen neuen Parkettboden erhalten. Dabei kann man mit 1275 Brettchen den Boden ganz belegen, wenn ein Brettchen 1,6 cm breit ist. Die Firma hat zwar genau 1275 Brettchen geliefert, leider aber welche mit einer Breite von nur 1,2 cm.

1) Wie verhält sich die Breite der Parkettbrettchen zur benötigten Anzahl? ___________

2) Es müssen ________ Brettchen nachgeliefert werden.

d) Sechs Schneepflüge benötigten 12 Stunden, um die Straßen eines Ortes zu räumen.

1) Wie viele Schneepflüge sind nötig, um die Straßen in 8 Stunden zu räumen? ___________

2) Wie viele Stunden hätten 5 Schneepflüge für die Räumung benötigt? _________

e) Frau Wolf braucht für ihren täglichen Weg ins Büro mit dem Auto 28 min. Sie fährt im Schnitt mit einer Geschwindigkeit von 50 km/h. Sie kauft sich eine Vespa, mit der sie 40 km/h fährt.

Wie lange braucht sie nun zu ihrem Büro? ___________

f) Der Verkäufer im Bio-Laden rechnet für 180 g Brotaufstrich 4,50 €. Wie viel Euro kostet 1 kg? ______

g) Der Boden des Badezimmers (8,5 m²) wurde mit 380 gleich großen Fliesen belegt.

Wie viele Fliesen derselben Größe werden für ein Badezimmer mit 5,1 m² benötigt? ___________

22 €	340	11	39 min	25 €	540	250	30 min
224	7	35 min	12 min	25 min	228	430	12 min
6 h	14,4 h	25	12,4 h	230	325	8 h	5 h
9	4,12	8	40 min	24	9 h	30 €	425

Wähle zum Füllen der Lücken aus den rechts stehenden Möglichkeiten die passenden aus! Trage die Wortteile in der Reihenfolge der Lücken in den Lösungstext ein!

■ Größen kann man durch die _________ ihres Verhältnisses vergleichen. Der _________ zweier Größen liefert den Wert ihres Verhältnisses.

zB $\frac{3}{4}$ = 3 : 4 = 0,75

Quotient _________ Wert des Verhältnisses

Das Verhältnis a : b kann auch in der Form $\frac{a}{b}$ aufgeschrieben werden.

_________ können erweitert und gekürzt werden. Das Gleiche gilt auch für Verhältnisse von _________ bzw. von Zahlen.

zB $24 : 56 = \frac{24}{56} = \frac{24 : 8}{56 : 8} = \frac{3}{7} =$ _______ _______ $: \frac{1}{4} = \frac{9}{\frac{1}{4}} = \frac{9 \cdot 4}{\frac{1}{4} \cdot 4} = \frac{36}{1} = 36 : 1$

Durch _________ bzw. Erweitern eines Verhältnisses versucht man, dieses mit möglichst _________ natürlichen Zahlen auszudrücken.

■ Wenn zwei Verhältnisse a : b und c : d einander ______ sind, darf man sie mit einem Gleichheitszeichen verbinden. Es entsteht eine Verhältnisgleichung oder _______________.

a : b = c : d

Man sagt: „a verhält sich zu b wie _________."

Eine Verhältnisgleichung ist genau dann _______, wenn gilt:

Produkt der ___________________ = Produkt der Innenglieder

$a : b = c : d \Leftrightarrow \frac{a}{b} = \frac{c}{d} \Leftrightarrow a \cdot d = b \cdot c \quad (b, d \neq 0)$

In einer Proportion darf man die _________________ vertauschen.

$a : b = c : d \Leftrightarrow a : c = b : d \quad (b, c, d \neq 0)$

In einer Proportion darf man die Außenglieder vertauschen.

$a : b = c : d \Leftrightarrow$ _________ $= c : a \quad (a, b, d \neq 0)$

In beiden Fällen bleibt die Proportion richtig.

■ Eine Größe y ist _________ proportional zur Größe x, wenn gilt: $y = k \cdot x \Leftrightarrow \frac{y}{x} =$ _____

Der Quotient direkt proportionaler Größen ist _________. k ist eine konstante Größe und heißt Proportionalitätsfaktor.

Eine Größe y heißt _________ proportional zu einer Größe x, wenn gilt:

$y = \frac{k}{x} \Leftrightarrow$ ________ $= k$

Das _________ indirekt proportionaler Größen ist konstant.

Angabe	Wer
Außenglieder	fä
b : c	ss
Brüche	ei
c zu d	wi
d : b	un
direkt	ten
einfachen	et
Faktor	av
gleich	te
Größen	nen
indirekt	cht
Innenglieder	ngt
k	an
konstant	ni
Kürzen	kl
Produkt	en
Proportion	rn
Quotient	a
richtig	ll
Verhältnis	uf
x · y	ob
y	ei
3 : 7	Ba
3 : 8	we
9	um

Lösungstext: _____ __ ___ ___ _____ ___ ___ ___ ___ ___ ___ ___ ___,
___ _____ ___ _____ ___, ___ _____ ___ ___.

Sprichwort aus Ghana

H 2 **1** Fülle die Tabelle aus!

Grundwert G	120	960	80		175		840	240	
Anteil A		48		960	35	321		180	600
Prozentsatz p %	25 %		40 %	150 %		10 %	50 %		120 %

H 3 **2** In welchen Fällen gilt die angegebene Beziehung? Kreuze an!

1) A > G ☐ p < 100 ☐ p = 100 ☐ p > 100

2) A = G ☐ p < 100 ☐ p = 100 ☐ p > 100

3) A < G ☐ p < 100 ☐ p = 100 ☐ p > 100

H 2 **3** Kreuze das richtige Ergebnis an!

a) 5 % von 240 sind ☐ 48 ☐ 120 ☐ 12 ☐ 480

b) 360 sind ? % von 240 ☐ 15 % ☐ 150 % ☐ 1,5 % ☐ $66{,}\overline{6}$ %

c) 360 sind 25 % von ☐ 900 ☐ 90 ☐ 144 ☐ 1440

H 2 **4** Barbara kauft einen Laptop um 450 € exklusive (ohne) 20 % Mehrwertsteuer (MWSt.).

1) Wie viel kostet er inklusive (mit) MWSt.? ________ **2)** Wie viel Euro beträgt die MWSt.? ________

H 1 **5** Ein Anzug kostet exklusive MWSt. 225 €. Beim Kauf müssen 20 % MWSt. dazugerechnet werden. Im Sommerschlussverkauf wird der Anzug um 20 % billiger verkauft. Ist es für den Käufer günstiger, wenn zuerst die MWSt. dazugeschlagen wird und dann die Verbilligung durch den Sommerschlussverkauf berechnet wird oder umgekehrt?

____

H 1 **6** Das mittlere jährliche Bruttoeinkommen der unselbständig Erwerbstätigen betrug im Jahr 2010 in Österreich 24 516 €. (Quelle: Statistik Austria)
Dabei lag das mittlere Einkommen der Frauen bei 18 270 € und das der Männer bei 30 316 €.

a) Um rund wie viel Prozent lag das mittlere Einkommen der Männer über dem mittleren Einkommen aller Erwerbstätigen? ________

b) Rund wie viel Prozent des mittleren Einkommens der Männer betrug das mittlere Einkommen der Frauen? ________

H 1 **7** **a)** Das mittlere jährliche Nettoeinkommen der Frauen betrug im Jahr 2010 rund 80,8 % des mittleren jährlichen Bruttoeinkommens der Frauen (➔ Aufgabe 6). Das sind ________ €.

b) Im Jahr 2010 betrug das mittlere jährliche Nettoeinkommen der Männer 21 786 €. Das sind rund ________ % des mittleren jährlichen Bruttoeinkommens der Männer (➔ Aufgabe 6).

H 3 **8** **1)** Die Tabelle zeigt einen Ausschnitt der Entwicklung der Studierendenzahlen an den österreichischen Universitäten von 1960/61 bis 2010/11 (Quelle: Statistik Austria). Fülle die Tabelle aus!

Studienjahr	**Gesamtanzahl der Studierenden**	**Studenten**		**Studentinnen**	
		Anzahl	**in %**	**Anzahl**	**in %**
1960/61	38 533	29 668			
1985/86		91 395	56,8 %		
2010/11	319 893				53,7 %

2) Wie entwickelt sich die Anzahl der Studierenden? ☐ nimmt zu ☐ nimmt ab ☐ bleibt gleich

3) Vergleiche die Prozentzahlen der Studentinnen und Studenten! Was bemerkst du?

____

H 2 **9** Die Weltbevölkerung betrug im Jahr 2011 rund 7,03 Milliarden Menschen.
Im selben Jahr lebten **a)** in Europa 510 Mio. Menschen, **b)** in China 1354 Mio. Menschen.

Wie viel Prozent der Weltbevölkerung sind das jeweils? **a)** ________ % **b)** ________ %

H 2 **10** **a)** Im Jahr 2011 hatte der Bezirk Feldkirch 99936 Einwohner. Das war eine Zunahme von 6,77 % seit dem Jahr 2001 (= Grundwert). Wie viele Einwohner hatte der Bezirk im Jahr 2001?

(Quelle: Statistik Austria) ____________________

b) Im Jahr 2011 hatte der Bezirk Leoben 63104 Einwohner. Das war eine Abnahme von 6,88 % seit dem Jahr 2001 (= Grundwert). Wie viele Einwohner hatte der Bezirk im Jahr 2001? ____________________

H 2 **11** In einem 240 ha großen Waldgebiet ist Feuer ausgebrochen.

1) 75 % der Waldfläche wurden vom Feuer erfasst. Wie viel Hektar sind das? ____________________

2) Auf 20 % der vom Feuer erfassten Fläche wurde der gesamte Waldbestand vernichtet, während im übrigen Teil des vom Feuer erfassten Waldes nur das Unterholz verbrannt ist.

Wie viel Prozent des gesamten Waldgebietes sind das? ____________________

Auf wie viel Hektar wurde der Waldbestand vernichtet? ____________________

3) Auf wie viel Prozent des gesamten Waldgebietes ist das Unterholz verbrannt? ____________________

Wie viel Hektar sind das? ____________

4) Wie viel % der Gesamtfläche blieb ohne Schaden? __________ Wie viel Hektar sind das? ______

H 2 **12** In der folgenden Tabelle sind die Inhalte der genutzten Grünflächen der österreichischen Bundesländer angegeben (Stand 2007). Dazu sind die Prozentsätze (auf eine Kommastelle gerundet) angeführt, wie viel von diesen Flächen Ackerland sind (Quelle: Statistik Austria 2011).

1) Berechne die Prozentanteile an Ackerland (in km²) in den einzelnen Bundesländern!

Bundesland	genutzte Grünfläche	davon Ackerland (in %)	Ackerland (in km²)
Burgenland	2894 km²	54,0 %	
Kärnten	8501 km²	7,6 %	
Niederösterreich	16504 km²	42,1 %	
Oberösterreich	11325 km²	26,4 %	
Salzburg	6385 km²	0,9 %	
Steiermark	14519 km²	10,3 %	
Tirol	13073 km²	0,8 %	
Vorarlberg	2132 km²	1,4 %	
Wien	250 km²	19,2 %	

2) Ordne die Bundesländer nach den Größen ihrer genutzten Grünfläche und ihrer Ackerflächen!

genutzte Grünfläche: ____________________

Ackerflächen: ____________________

3) Vergleiche die beiden Reihen! Gib Gründe für die großen Unterschiede an!
Was wächst in den Bundesländern mit weniger Ackerflächen?

____

H 1 **13** Das Kernstück der Nordrampe der Großglockner-Hochalpenstraße ist das Straßenstück von Ferleiten (1151 m) zum Fuscher Törl (2428 m). Diese Strecke ist rund 12,5 km lang.

1) Rund wie lang ist die Basislänge des entsprechenden rechtwinkligen Dreiecks (➔ Figur rechts)? Arbeite mit dem Satz von Pythagoras! ____________

2) Das Verhältnis $\frac{\text{Höhenunterschied}}{\text{Basislänge}}$ gibt die mittlere Steigung dieses Straßenstückes an. Die mittlere Steigung beträgt rund ________ %.

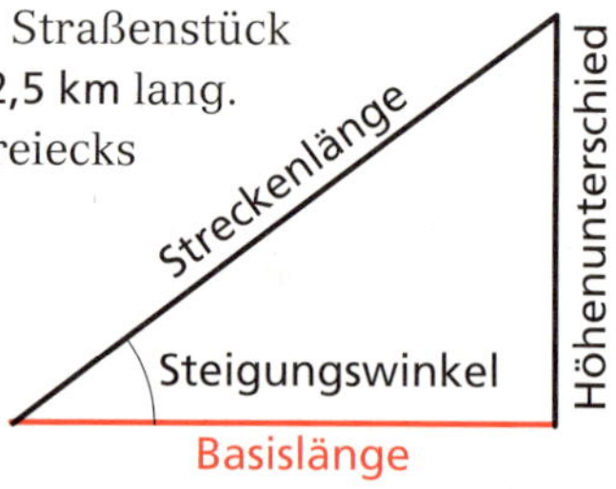

Das ist

Mathematik 3

Arbeitsheft Lösungen

EINSTIEGSTEST

(Seite 3, 4)

1) richtig: **B** und **D**
Begründung für **A**: Weil $2 \cdot 2 \cdot 3 \cdot 5 \cdot 7 = 420$; für **E**: Weil 9 keine Primzahl; für **C**: Weil 6 keine Primzahl; für **F**: Weil $2 \cdot 3 \cdot 3 \cdot 5 \cdot 7 = 630$

2) richtig: 0,05; $\frac{5}{100}$; 5 %

3) $3\frac{1}{2} - 1\frac{1}{4} - \frac{3}{5} + 0{,}3 = 1\frac{19}{20}$ $\quad 3\frac{1}{2} - 1\frac{1}{4} - \left(\frac{3}{5} + 0{,}3\right) = 1\frac{7}{20}$

$3\frac{1}{2} - \left(1\frac{1}{4} - \frac{3}{5}\right) + 0{,}3 = 3\frac{3}{20}$ $\quad 3\frac{1}{2} - \left(1\frac{1}{4} - \frac{3}{5} + 0{,}3\right) = 2\frac{11}{20}$

4) **a)** $a - a : 5 = 38{,}40$ €; $a = 48$ € **b)** $4 \cdot b + 3{,}8 = 34{,}2$; $b = 7{,}6$

5) Sie müssen noch etwas kaufen. Der Brennstoff reicht nur für 9 Tage 4 h.

6) **1)** Nein. Durch die flächenhafte Darstellung wird das Doppelte viermal so groß und das Vierfache 16mal so groß dargestellt.

2)

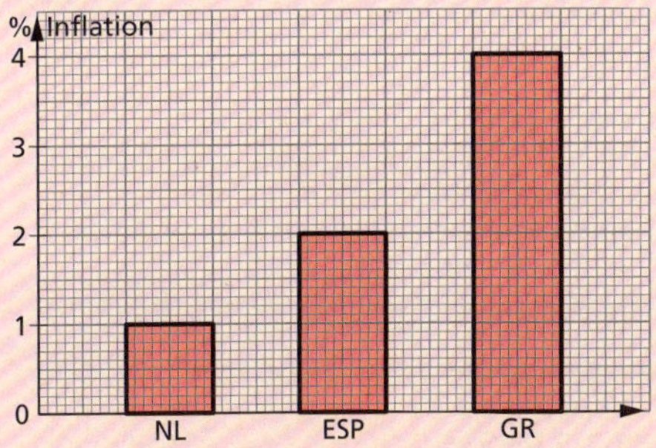

7) Sie verdient 420 € in einer Woche und 10,50 € in einer Stunde.

8) **a)** 20 % **b)** 272 €

9) 198 000 Personen waren stimmberechtigt.

10) 4 000 kWh

11) Die Parallele zur Seite AB bildet beim Punkt C einen gestreckten Winkel (180°). Der links an γ angrenzende Winkel ist ein gleich großer Parallelwinkel zu α. Der rechts an γ angrenzende Winkel ist ein gleich großer Parallelwinkel zu β. Man kann also sehen, dass sich der gestreckte Winkel mit C als Scheitel genau aus den Winkeln α, γ und β zusammensetzt, also gilt: $\alpha + \beta + \gamma = 180°$.

12) **a)** K: $a \approx 8{,}5$ cm, $c \approx 6{,}2$ cm
b) $h_a \approx 5{,}9$ cm, $h_b \approx 5{,}7$ cm, $h_c \approx 8{,}0$ cm
c) K: $\overline{Ha} \approx 2{,}1$ cm
d) Wenn das Dreieck stumpfwinklig ist, liegt der Höhenschnittpunkt außerhalb des Dreiecks. Man verlängert jene beiden Seiten, die den stumpfen Winkel einschließen, um die Höhen einzuzeichnen. Schließlich muss man noch die Höhen selbst verlängern, um den Höhenschnittpunkt zu erhalten.

13) **a)** K: $e \approx 14{,}0$ cm
b) Die Diagonalen des Rhombus sind auch Winkelsymmetralen. Punkte auf der Winkelsymmetrale sind jeweils von den beiden Winkelschenkeln (das sind hier die Rhombusseiten) gleich weit entfernt. Der Schnittpunkt der Winkelsymmetralen ist daher von allen vier Seiten gleich weit entfernt und damit Mittelpunkt eines Kreises, der die vier Seiten berührt.
c) Der Inkreisradius ρ ist rund 2,7 cm lang.
d) Die beiden Diagonalen teilen den Rhombus in vier deckungsgleiche rechtwinklige Dreiecke. Ihre Katheten sind jeweils halb so lang wie die Rhombusdiagonalen e und f. Mit der Formel „$A_{\text{rechtwinkliges Dreieck}}$ = Kathete mal Kathete durch 2" kann man den Flächeninhalt so eines Dreiecks berechnen. Der Rhombus ist viermal so groß wie das Dreieck.
e) $A \approx 40{,}6\ cm^2$

14)

Eigenschaft	T	gT	D	P	Rh	R	Q
(min.) zwei Seiten sind gleich lang		X	X	X	X	X	X
gegenüberliegende Seiten sind immer gleich lang				X	X	X	X
es gibt zwei Paare gleich langer Nachbarseiten			X		X		X
alle Seiten sind gleich lang					X		X
(min.) zwei Winkel sind gleich groß		X	X	X	X	X	X
gegenüberliegende Winkel sind jeweils gleich groß				X	X	X	X
es gibt zwei Paare gleich großer Nachbarwinkel		X				X	X
alle Winkel sind gleich groß						X	X

15) **a)**

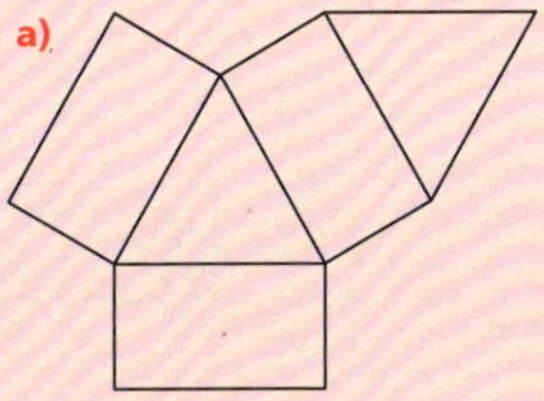

b) Die Mantelfläche besteht aus **drei** kongruenten **Rechtecken**. Sie ist **27,3** cm^2 groß

A MATHEMATIK MACHT SPASS

(Seite 5)

1)

1	2	3	4	5	6	**7**	8	9	**10**
11	12	**13**	14	15	16	17	18	**19**	20
21	22	**23**	24	25	26	27	**28**	29	30
31	**32**	33	34	35	36	37	38	39	40
41	42	43	**44**	45	46	47	48	**49**	50
51	52	53	54	55	56	57	58	59	60
61	62	63	64	65	66	67	**68**	69	**70**
71	72	73	74	75	76	77	78	**79**	80
81	**82**	83	84	85	**86**	87	88	89	90
91	92	93	**94**	95	96	**97**	98	99	**100**

2) D

3) 6

4) 3 825

5) 1,2 cm

6) **a)** A = 7, B = 5, C = 8, D = 10
b) E = 6, F = 3, G = 1, H = 5
c) O = 8, P = 3

LÖSUNGEN

B GANZE UND RATIONALE ZAHLEN

1 Ganze Zahlen
(Seite 6)

1) Temperaturunterschied: 164 °C

2) Der Höhenunterschied beträgt 9 270 m und ist damit größer als 9 000 m.

3)

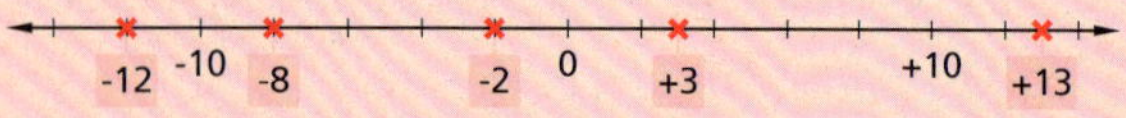

4)

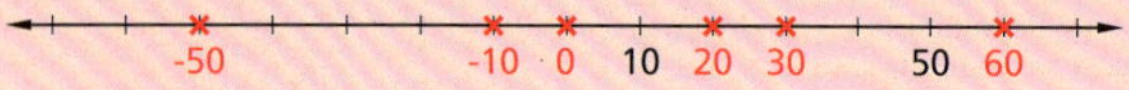

5) richtig: **B** und **D**; falsch: **A** und **C**

6) **a)** Vorgänger von 5: 4; Nachfolger von 5: 6
b) Vorgänger von −5: −6; Nachfolger von −5: −4

7) **a)** +34 **b)** +9 **c)** −9 **d)** −34

8) **a)** −2, −1, 0, 1, 2, 3, 4, 5 … **b)** − 4, −3, −2, −1, 0, 1, 2, 3, 4

9) **a)** $z \leq 2$ und $z < 3$ **b)** $|z| \leq 3$ und $|z| < 4$

10) richtig: **A**, **B** und **D**;
falsch: **C** (a = 3, b = −3 → |3| = |−3|, aber 3 ≠ −3),
E (a = 3, b = −3 → 3 = −(−3), aber |3| ≠ −|−3|),
F (a = 3, b = −3 → |3| = |−3|, aber 3 ≠ −3)

2 Addieren und Subtrahieren ganzer Zahlen
(Seite 7)

11) **a)** (−6), **b)** 0, **c)** 10, **d)** (−6), **e)** 0, **f)** (−16), **g)** 6, **h)** (−10), **i)** 0

12) **a)** **1)** 11; **2)** 11; **3)** −5; **4)** 5
b) **1)** −1; **2)** 1; **3)** −9; **4)** 9
c) **1)** −8; **2)** 8; **3)** −4; **4)** 4

13) richtig: **A**, **B** und **E**;
falsch: **C** |(−36)| + (−4) = (+ 32), **D** (−28) − |(−22)| = (−50);
Lösungswort: KUCHL

14) ZB: **a)** **1)** (−6) = (−2) + (−4) **2)** (−6) = (+ 1) + (−7)
b) **1)** (−6) = (−8) − (−2) **2)** (−6) = (−2) − (+4)

15) 2 400 €, weil − 800 € + 2 400 € = 1 600 €

16) West-Ost-Ausdehnung: 70° [= 60° − (−10°)]
Nord-Süd-Ausdehnung: 36° [= 72° − 36°]

17)

Element (Stoff)	°C	K	Element (Stoff)	°C	K
Wasser	0	273	Uran	640	913
Helium	−272	1	Gold	1 064	1 337
Sauerstoff	−218	55	Eisen	1 535	1 808
Quecksilber	−39	234	Kohlenstoff	3 500	3 773

3 Multiplizieren und Dividieren ganzer Zahlen
(Seite 8)

18) **a)** (−36), **b)** (−5), **c)** 56, **d)** 16, **e)** 0, **f)** 0, **g)** 36, **h)** 4, **i)** 1

19) richtig: **B** ((−5) · (−16) ist positiv; (−5) · 16 ist negativ)
D (Beide Divisionen ergeben 5.)
falsch: **A** (3 · (−7) = (−21); 3 · (−9) = −27; (−27) < (−21))
C (48 : (−3) = (−16); 48 : (−6) = (−8); (−16) < (−8))

20) **A** minus, (−) · (−) = (+) und (+) · (−) = (−)
B minus, (−) · (−) · (−) = (−) und (−) · (−) = (+) → (−) : (+) = (−)
C plus, (−) : (−) = (+)

21) **a)** zB: (−48) = (−2) · (−3) · (−8); (−) · (−) · (−) = (+) · (−) = (−);
b) nicht möglich; (+) · (−) · (−) = (−) · (−) = (+);
c) zB: (−48) = (−2) · 6 · 4; (−) · (+) · (+) = (−) · (+) = (−)

22) (−8) · (−3) − (−6) : (+2) = 27
(−8) · [(−3) − (−6) : (+2)] = 0
[(−8) · (−3) − (−6)] : (+2) = 15
(−8) · [(−3) − (−6)] : (+2) = −12

23)

	gemachter Fehler	richtiggestellte Aufgabe
a)	8 gehört addiert, nicht subtrahiert.	36 + 8 = 44
b)	Jede Multiplikation mit 0 ergibt 0.	(−3) · 17 · 0 = 0
c)	Es ist in der Reihe zu rechnen.	(−24): 4 = (−6); (−6) : (−2) = (−3)

24) **a)** (−42) : (−7) + (−8) = (−2) **c)** [(−13) + (+ 5)] · (−4) = 32
b) (+ 12) · (- 3) − (−14) = (−22) **d)** [(−8) + (−12)] : [(−8) − (−12)] = (−5)

25) (2 350 + 1 250) : 300 = 12 (12 Monate)

4 Rationale Zahlen
(Seite 9, 10)

26)

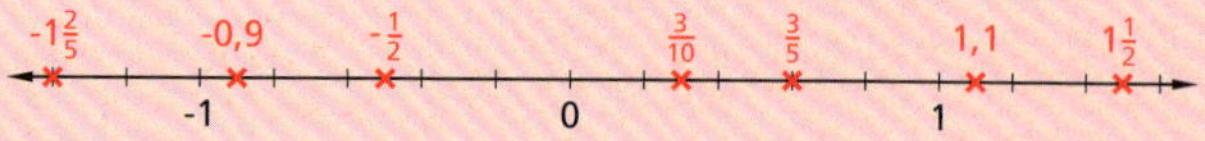

27)

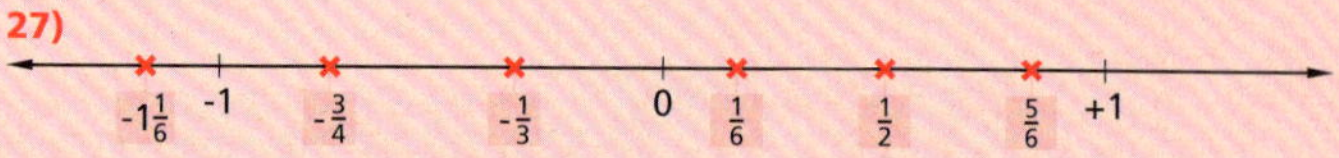

28) **1)** $\frac{1}{5} = 0{,}2$; $\frac{2}{3} = 0{,}666\ldots$; $-\frac{5}{6} = -0{,}833\ldots$; $-\frac{8}{9} = -0{,}888\ldots$; $1\frac{2}{15} = 1{,}133\ldots$;
$-1\frac{1}{2} = -1{,}5$; $2\frac{7}{10} = 2{,}7$
2) mit endlich vielen Nachkommastellen: $\frac{1}{5}$; $-1\frac{1}{2}$; $2\frac{7}{10}$
nicht mit endlich vielen Nachkommastellen: $\frac{2}{3}$; $-\frac{5}{6}$; $-\frac{8}{9}$; $1\frac{2}{15}$
3) mit endlich vielen Nachkommastellen: 5 und 2
nicht mit endlich vielen Nachkommastellen: 3, 2 und 5

29) $0{,}7 = \frac{7}{10}$; $-0{,}23 = -\frac{23}{100}$; $0{,}75 = \frac{3}{4}$; $-1{,}125 = -1\frac{1}{8}$; $1{,}5 = \frac{3}{2}$; $2{,}\overline{3} = 2\frac{1}{3}$; $-4{,}\overline{5} = -4\frac{5}{9}$

30) Die Beträge der beteiligten Zahlen sind immer gleich.
Zum Vorzeichen: $\frac{-3}{4} = (-3) : 4$; dh: (−) : (+) = (−);
$\frac{3}{-4} = 3 : (-4)$; dh: (+) : (−) = (−); $-\frac{3}{4} = -\left(\frac{3}{4}\right)$; dh: −(+) = (−)

31) $-\frac{5}{3} < -1\frac{1}{2} < -1\frac{1}{4} < \frac{1}{2} < \frac{2}{3} < \frac{3}{4} < 1{,}5$

32) ZB: $-\frac{11}{20}$; $-\frac{10}{20}$; $-\frac{9}{20}$

33) **a)** $\frac{4}{9}$ **b)** $\frac{3}{6}$ **c)** $-\frac{27}{40}$ **d)** $\frac{1}{8}$ **e)** $-\frac{5}{16}$

34) richtig: **A**, weil $\left|-\frac{3}{10}\right| = \frac{3}{10}$; **C**, weil $-\left|-\frac{5}{2}\right| = -\frac{5}{2}$
falsch: **B**, denn $\left|-\frac{2}{5}\right|$ ist positiv; **D**, denn $\left|-\frac{7}{2}\right| = \frac{7}{2}$

35) **a)** $\left\{x \in Q \,\middle|\, -1\frac{2}{3} < x < -\frac{1}{4}\right\}$ **c)** $\left\{x \in Q \,\middle|\, |x| \leq 1\frac{1}{2}\right\}$
b) $\left\{x \in Q \,\middle|\, -\frac{2}{3} \leq x \leq 0{,}7\right\}$

36) richtig: **C** und **D**

37) **1)** richtig: **C, D, F, G** und **J**; falsch: **A, B, E, H** und **I**
Begründungen: zu **A**: Richtig wäre, dass die natürlichen Zahlen zu den ganzen Zahlen gehören.
zu **B**: Zu den positiven ganzen Zahlen gehört nicht die Zahl null; diese gehört aber zu den natürlichen Zahlen.
zu **E**: Jede natürliche Zahl lässt sich als Bruch mit dem Nenner 1 schreiben.
zu **H**: Zwischen zwei ganzen Zahlen gibt es keine oder höchstens endlich viele ganze Zahlen.
zu **I**: Gegenbeispiel: Die Gegenzahl von −3 ist + 3 und ist somit positiv.
2) **Lösungswort 1:** WILDSPITZE **Lösungswort 2:** WEISSKUGEL

38) **a)** ZB: Zahl: $\frac{1}{3}$, Gegenzahl: $-\frac{1}{3}$
$\frac{1}{3} + \left(-\frac{1}{3}\right) = \frac{1}{3} - \frac{1}{3} = 0$; A + (−A) = A − A = 0
b) ZB: Zahl: $\frac{1}{3}$, Gegenzahl: $-\frac{1}{3}$
$\frac{1}{3} - \left(-\frac{1}{3}\right) = \frac{1}{3} + \frac{1}{3} = \frac{2}{3}$; A − (−A) = A + A = 2 · A

5 Rechnen mit rationalen Zahlen
(Seiten 11, 12)

39) **a)** $\frac{5}{4}$; **b)** $-\frac{1}{10}$; **c)** $\frac{1}{6}$; **d)** $\frac{7}{20}$; **e)** $\frac{27}{14}$; **f)** $-\frac{17}{20}$; **g)** $-\frac{7}{18}$; **h)** $-3\frac{19}{24}$; **i)** $6\frac{1}{24}$

40) $\left(-\frac{2}{3}\right) - \left(-\frac{3}{2}\right) - \frac{5}{6} - \frac{1}{2} + \frac{1}{3} = -\frac{1}{6}$
$\left(-\frac{2}{3}\right) - \left(-\frac{3}{2}\right) - \left[\frac{5}{6} - \frac{1}{2}\right] + \frac{1}{3} = \frac{5}{6}$
$\left(-\frac{2}{3}\right) - \left[\left(-\frac{3}{2}\right) - \frac{5}{6} - \frac{1}{2}\right] + \frac{1}{3} = \frac{15}{6}$
$\left(-\frac{2}{3}\right) - \left(-\frac{3}{2}\right) - \frac{5}{6} - \left[\frac{1}{2} + \frac{1}{3}\right] = -\frac{5}{6}$
$\left(-\frac{2}{3}\right) - \left(-\frac{3}{2}\right) - \left[\frac{5}{6} - \frac{1}{2} + \frac{1}{3}\right] = \frac{1}{6}$
$\left(-\frac{2}{3}\right) - \left[\left(-\frac{3}{2}\right) - \frac{5}{6} - \frac{1}{2} + \frac{1}{3}\right] = \frac{11}{6}$

41) **a)** + **b)** − **c)** +

42) **a)** $\frac{3}{8}$; **b)** $-\frac{7}{16}$; **c)** $\frac{3}{10}$; **d)** $\frac{3}{4}$; **e)** $-\frac{1}{2}$; **f)** $\frac{1}{2}$; **g)** $-\frac{9}{10}$; **h)** $\frac{3}{2}$; **i)** $\frac{4}{3}$

43) **a)**

	$+\frac{2}{3}$	$-\frac{3}{4}$
2	$2\frac{2}{3}$	$1\frac{1}{4}$
−6	$-5\frac{1}{3}$	$-6\frac{3}{4}$
$1\frac{1}{4}$	$1\frac{11}{12}$	$\frac{1}{2}$

b)

	· (−3)	: 5
$\frac{5}{9}$	$-\frac{5}{3}$	$\frac{1}{9}$
2	−6	$\frac{2}{5}$
$-\frac{4}{15}$	$\frac{4}{5}$	$-\frac{4}{75}$

c)

	$\cdot \frac{3}{5}$	$:\left(-\frac{3}{5}\right)$
15	9	−25
−10	−6	$\frac{50}{3}$
$1\frac{3}{5}$	$\frac{24}{25}$	$-\frac{8}{3}$

44) a) 1) +; 2) –; 3) + b) 1) –; 2) +; 3) –

45) a) Zuerst musst du auf gleichen Nenner bringen und dann die Zähler addieren bzw. subtrahieren.
b) Beim Multiplizieren multipliziere Zähler mit Zähler und Nenner mit Nenner! Beim Dividieren multipliziere die 1. Bruchzahl mit dem Kehrwert der 2. Bruchzahl!

46) 1) $\left(-\frac{2}{3}\right) \cdot \left(\frac{1}{4}\right) = -\frac{1}{6}$; 4) $\left(-\frac{3}{5}\right) : \left(-\frac{2}{3}\right) = \frac{9}{10}$; 7) $\frac{3}{4} \cdot \left(\frac{5}{6} + \frac{2}{3}\right) = \frac{9}{8}$;
2) $\left(-\frac{2}{3}\right) : \left(\frac{1}{4}\right) = -\frac{8}{3}$; 5) $\left(\frac{1}{6} + \frac{1}{2}\right) \cdot \left(-\frac{5}{6}\right) = -\frac{5}{9}$; 8) $\frac{3}{4} : \left(\frac{5}{6} + \frac{2}{3}\right) = \frac{1}{2}$
3) $\left(-\frac{3}{5}\right) \cdot \left(-\frac{2}{3}\right) = \frac{2}{5}$; 6) $\left(\frac{1}{6} + \frac{1}{2}\right) : \left(-\frac{5}{6}\right) = -\frac{4}{5}$;
Lösungswort: NEUSIEDL

47) 1) $\frac{5}{4} \cdot \frac{4}{5} = 1; \frac{3}{5} + \frac{2}{5} = 1$ 3) $\frac{5}{4} \cdot \frac{5}{4} = \frac{25}{16}; \frac{15}{16} + \frac{10}{16} = \frac{25}{16}$
2) $\frac{1}{4} \cdot \frac{4}{5} = \frac{1}{5}; \frac{3}{5} - \frac{2}{5} = \frac{1}{5}$ 4) $\frac{1}{4} \cdot \frac{5}{4} = \frac{5}{16}; \frac{15}{16} - \frac{10}{16} = \frac{5}{16}$

48) a) $= -\frac{1}{2} - \frac{5}{6} - \frac{4}{3} \cdot \frac{2}{3} = -\frac{9}{18} - \frac{15}{18} - \frac{16}{18} = -\frac{20}{9}$
b) $= \left(-\frac{2}{3}\right) \cdot \left(-\frac{1}{12}\right) - \frac{8}{9} = \frac{1}{18} - \frac{16}{18} = -\frac{5}{6}$
c) $= \left[\frac{-6-10-16}{12}\right] \cdot \frac{2}{3} = \left(-\frac{32}{12}\right) \cdot \frac{2}{3} = -\frac{16}{9}$
d) $= \left(-\frac{1}{2}\right) - \left[\frac{5}{6} - \frac{8}{9}\right] = \left(-\frac{1}{2}\right) - \frac{15-16}{18} = \left(-\frac{9}{18}\right) + \frac{1}{18} = -\frac{4}{9}$
e) $= \left(-\frac{2}{3}\right) \cdot \left[\frac{27-30-32}{36}\right] = \left(-\frac{2}{3}\right) \cdot \left(-\frac{35}{36}\right) = \frac{35}{54}$
f) $= \left(-\frac{2}{3}\right) \cdot \left[\frac{3}{4} - \frac{15-16}{18}\right] = \left(-\frac{2}{3}\right) \cdot \left[\frac{27+2}{36}\right] = -\frac{29}{54}$
g) $= \left(-\frac{2}{3}\right) \cdot \left[\frac{3}{4} + \frac{3}{6}\right] \cdot \frac{2}{3} = \left(-\frac{4}{9}\right) \cdot \frac{15}{12} = -\frac{5}{9}$

49 richtig: **B**; falsch: **A** und **C**
Begründung für **A** im Bereich ℕ mittels Gegenbeispiel: 5 – 8 = ?
Begründung für **C** in den Bereichen ℕ und ℤ mittels Gegenbeispiel: 5 : 8 = ?; im Bereich ℚ: Die Division durch 0 ist sinnlos.

Merkenswertes – Ganze und rationale Zahlen
(Seite 13)

- Die **ganzen Zahlen** umfassen die natürlichen Zahlen und die negativen ganzen Zahlen (–1, –2, –3 ...). Die positiven ganzen Zahlen sind die natürlichen Zahlen ohne null. **Rationale Zahlen** sind Zahlen, die als Quotient zweier ganzer Zahlen geschrieben werden können.
- Jede ganze Zahl hat einen **Vorgänger** und einen Nachfolger. Rationale Zahlen haben keinen Vorgänger und keinen Nachfolger. Zwischen je zwei verschiedenen rationalen Zahlen gibt es unendlich viele rationale Zahlen. Zwei Zahlen, die sich nur durch das Vorzeichen unterscheiden, heißen **Gegenzahlen**.
Zahl und Gegenzahl haben auf der Zahlengeraden den gleichen Abstand vom Nullpunkt. Diesen Abstand nennt man den Betrag der Zahl.
- Beim **Rechnen mit ganzen** bzw. **rationalen Zahlen** müssen die Vorzeichenregeln beachtet werden:

+(+a) = +a	(+a) · (+b) = + ab	(+a) : (+b) = $+\frac{a}{b}$
+(–a) = –a	(+a) · (–b) = –ab	(+a) : (–b) = $-\frac{a}{b}$
–(+a) = –a	(–a) · (+b) = –ab	(–a) : (+b) = $-\frac{a}{b}$
–(–a) = +a	(–a) · (–b) = +ab	(–a) : (–b) = $\frac{a}{b}$

Wenn man eine Zahl mit (–1) multipliziert bzw. durch (–1) dividiert, erhält man die Gegenzahl der Zahl.
- Beim **Addieren** bzw. **Subtrahieren rationaler Zahlen** in Bruchschreibweise hat man diese zuerst durch geeignetes Erweitern auf gleichen Nenner zu bringen und dann die Zähler zu addieren bzw. zu subtrahieren.
Zwei rationale Zahlen in Bruchschreibweise werden multipliziert, indem man Zähler mit Zähler und Nenner mit Nenner multipliziert.
Zwei rationale Zahlen in Bruchschreibweise werden **dividiert**, indem man die erste rationale Zahl mit dem Kehrwert der zweiten rationalen Zahl multipliziert.
- Im Bereich der ganzen Zahlen ℤ sind Addition, Subtraktion und Multiplikation immer ausführbar; im Bereich der rationalen Zahlen ℚ sind Addition, Subtraktion, Multiplikation und Division mit Ausnahme der Division durch null immer ausführbar.

Lösungstext: „SCHWARZE" UND „ROTE" ZAHLEN

C ALGEBRA
1 Terme
(Seite 14)

1) 6x – 7,5y; (a – 4) · 8; $\frac{9s}{s+3}$

2) a) 7e + 16; b) 55 – 3y; c) 8(x + 5); d) 14a : 6

3)

	A 1	B 2	C 6	D 2	5	
E 1		3	1	8		F 1
G 4	2		7		H 5	3
I 2	7	0		J 3	6	8
K 5	3		L 1		M 9	8
0		N 1	1	O 3		8
	P 1	0	7	3	5	

4) a) T(3, –2) = 5; b) (3, –3); c) (3, 3)

5) Wert des Terms: $\frac{1}{5}$; a) 0,25 b) 1

6)

Term	Farbe des Rechtecks
a · c	zartrosa
a · b	hellgrau
b · c	weiß, dunkelgrau
b · b	rot
c · c	rosa

2 Aufstellen von Formeln und Gleichungen
(Seite 15)

7) K = 3x + 28; K = 2 · (x + 14) + x

8) a) P = 89k + 65g + 38s b) Ja (P = 4,87 €)

9) a) K(Z) = 2Z; K(10) = 20; b) S(Z) = Z · (Z + 1); S(10) = 110

10) a) u = 4a + 4b, A = a^2 + 2ab; u = 42 cm, A = 38 cm^2
b) u = 4a + 6b, A = a^2 + 3ab; u = 59 cm, A = 55 cm^2

11) a) x + 15; b) 3 · (x + 5); c) (x + 5) + (x + 10)

12) a) R = W + S; b) S = 2(R + W)

13) a) Gleichung: x + 69 = 96; x = 27 b) Gleichung: $\frac{y}{2}$ – 24 = 42; y = 132

3 Rechnen mit Termen
(Seite 16–22)

14) a) 15a c) 6c e) –4e
b) 4b d) 2d f) 3,5f

15) a) 8a – 3b c) 7e – 4f e) –5k + j
b) c d) 13x – 11y f) –13h + 10i

16) a) $\frac{3x}{4}$ c) $\frac{13x}{8}$ e) $\frac{13x}{4}$ g) $-\frac{x}{12} - 6$
b) $-\frac{x}{6}$ d) $\frac{7x}{12}$ f) $-\frac{x}{5}$ h) $\frac{5x}{24} - 6$
Lösungswort: HALFPIPE

17) a) a + 2b + c
b) a und c müssen entweder beide gerade oder beide ungerade sein; b spielt keine Rolle

18) x – y – z = x – (y + z); Klammerregel

19) a) 5a + (2a + 3) = 5a + 2a + 3 = 7a + 3
Probe: Anfangsterm 10 + 7 = 17
Endterm 14 + 3 = 17
b) 5a – (2a + 3) = 5a – 2a – 3 = 3a – 3
Probe: Anfangsterm 10 – 7 = 3
Endterm 6 – 3 = 3
c) –9a – (4 – a) = –9a – 4 + a = –8a – 4
Probe: Anfangsterm –18 – 2 = –20
Endterm –16 – 4 = –20
d) 14 – (8a – 5) = 14 – 8a + 5 = 19 – 8a
Probe: Anfangsterm 14 – 11 = 3
Endterm 19 – 16 = 3

20) a) $7x - (4y - 2x) + 3y = 7x - 4x + 2x + 3y = 9x - y$
Probe: Anfangsterm $21 - 2 + 6 = 25$
Endterm $27 - 2 = 25$

b) $6y + 4x - (7y + 3x) = 6y + 4x - 7y - 3x = x - y$
Probe: Anfangsterm $12 + 12 - 23 = 1$
Endterm $3 - 2 = 1$

c) $3x - (5x + 2y) + 8y = 3x - 5x - 2y + 8y = -2x + 6y$
Probe: Anfangsterm $9 - 19 + 16 = 6$
Endterm $-6 + 12 = 6$

d) $9x - (5y - 3x) - 6x = 9x - 5y + 3x - 6x = 6x - 5y$
Probe: Anfangsterm $27 - 1 - 18 = 8$
Endterm $18 - 10 = 8$

21) a) $\frac{a}{6} - \frac{11}{3}b$ **c)** $\frac{a}{6} + \frac{7}{3}b$ **e)** $-\frac{11a}{6} - \frac{7}{3}b$
b) $\frac{a}{6} - \frac{7}{3}b$ **d)** $-\frac{11a}{6} - \frac{11}{3}b$ **f)** $-\frac{11a}{6} + \frac{11}{3}b$
Lösungswort: SKATER

22) a) Ergebnis: $-\frac{3x}{8} + \frac{3y}{2}$ Probe: $7\frac{1}{2}$
b) Ergebnis: $-\frac{3x}{8} + \frac{y}{6}$ Probe: $-\frac{1}{2}$
c) Ergebnis: $\frac{9x}{8} - \frac{y}{6}$ Probe: $3\frac{1}{2}$

23) a) Ergebnis: 0 Probe: 0 **d)** Ergebnis: $4v$ Probe: 8
b) Ergebnis: $2u - 2v$ Probe: 2 **e)** Ergebnis: $6v$ Probe: 12
c) Ergebnis: $2u + 6v$ Probe: 18 **f)** Ergebnis: $2u - 6v$ Probe: -6

24) a) $5^3 \cdot 6^5$ **c)** $a^4 \cdot b^4$
b) $(-3)^5 \cdot 4^2$ **d)** $2^2 \cdot 5^2 \cdot e^2 \cdot f^3$

25) a) $3^4 > 4^3$ **e)** $(-3)^3 > (-4)^3$
b) $0{,}2^2 > 0{,}2^3$ **f)** $(-0{,}1)^3 < (-0{,}1)^5$
c) $\left(-\frac{1}{2}\right)^3 < \left(-\frac{1}{2}\right)^4$ **g)** $\left(-\frac{1}{3}\right)^2 > \left(-\frac{1}{5}\right)^2$
d) $(-1)^4 = (-1)^2$ **h)** $0{,}5^2 > 0{,}2^5$

26) a) $450 = 2 \cdot 3^2 \cdot 5^2$ **c)** $840 = 2^3 \cdot 3 \cdot 5 \cdot 7$
b) $2700 = 2^2 \cdot 3^3 \cdot 5^2$ **d)** $4725 = 3^3 \cdot 5^2 \cdot 7$

27) a) $7x^3$ **b)** $5y^5$ **c)** $12z^5$ **d)** $2w^4$

28) a) $36 - 48 = -12$ **c)** $24 + 45 = 69$ **e)** $63 + 20 = 83$
b) $50 + 250 = 300$ **d)** $24 - 72 = -48$ **f)** $54 - 80 = -26$

29) a) $3 + 16 = 19$ **c)** $3 + 64 = 67$ **e)** $14^2 = 196$
b) $7 \cdot 4 = 28$ **d)** $11^2 = 121$ **f)** $49 \cdot 2 = 98$

30) a) $30 - 16 = 14$ **c)** $6 \cdot (-11) = -66$ **e)** $6^2 = 36$
b) $6 \cdot 1 = 6$ **d)** $26^2 = 676$ **f)** $30^2 - 4 = 896$

31) a) $27 - 27 = 0$ **c)** $27 + 27 = 54$ **e)** $-27 - 27 = -54$
b) $16 - 16 = 0$ **d)** $-16 + 16 = 0$ **f)** $-16 - 16 = -32$

32) a) 3 **b)** $\frac{1}{4^2}$ **c)** $\frac{1}{6^4}$ **d)** 5

33) a) 1 **b)** -1 **c)** $-\frac{1}{3}$ **d)** -3

34) a) $9a^2$ **b)** $8b^3$ **c)** x^4y^4 **d)** $-27s^3t^3$

35) a) x^2 **b)** s^3 **c)** $3a^4$ **d)** 4

36) a) $16x^2 - 3x^2 = 13x^2$ **c)** $12a^3 - 12a^3 = 0$ **e)** $9r^2 - 3r^2 = 6r^2$
b) $4s^4 - 16s^4 = -12s^4$ **d)** $8s^3 - 4s^3 = 4s^3$ **f)** $8a^3 - 2a^3 = 6a^3$

37) a) x^4 **b)** $\frac{3}{y}$ **c)** $\frac{a^3}{8}$ **d)** $\frac{b^3}{4}$

38) a) $7x$ **b)** $\frac{3b^2}{2}$ **c)** $\frac{a}{5}$ **d)** $\frac{2x}{3}$

39) 1 Million 10^6; Hunderttausend 10^5; 1 Milliarde 10^9; 1 Billiarde 10^{15}; 1 Billion 10^{12}; Tausend 10^3; Zehntausend 10^4; Hundert 10^2

40) a) $10x^3 + 2x - 6x^3 + 2x^2 - 4x^2 = 4x^3 - 2x^2 + 2x$
$10x^3 + x - 14x^3 + 6x^2 - 8x^2 - 3x = -4x^3 - 2x^2 - 2x$
$10x^3 + 4x^2 + 4x - 6x^3 - 2x^2 - 2x = 4x^3 + 2x^2 + 2x$
$10x^3 + 4x^2 - 8x^3 - 6x^3 - 2x^2 - 2x = -4x^3 + 2x^2 - 2x$

b) $7y + 2y^2 - [5y - y^3 - (5y^2 + 6y)] = y^3 + 7y^2 + 8y$
$10y - [y^2 - (y - 2y^3) + 4y] - 3y^3 = -5y^3 - y^2 + 7y$
$y^3 - \{y^3 - [y^2 - (y - 2y^2) - 3y^3] - 4y^3\} - y^2 = y^3 + 2y^2 - y$
$4y^3 - [2y^2 - 6y^3 - (3y - 4y^2)] - 2y = 10y^3 - 6y^2 + y$

41) Schreibe als Kehrwert einer Potenz von 10!
a) $\frac{1}{10}$ **b)** $\frac{1}{10^2}$ **c)** $\frac{1}{10^5}$ **d)** $\frac{1}{10^8}$

42) a) $7 \cdot 10^3$ **b)** $12 \cdot 10^4$ **c)** $6 \cdot 10^5$ **d)** $9 \cdot 10^7$

43) a) 900 000 **b)** 345 000 **c)** 76 000 000 **d)** 5 330 000

44) a) 30 033 **b)** 100 005 **c)** 4 003 000

45) a) $5{,}7 \cdot 10^5$ **b)** $4{,}4 \cdot 10^6$ **c)** $1{,}8 \cdot 10^4$ **d)** $6{,}5566 \cdot 10^7$

46) a) 3800 **b)** 405 000 **c)** 900 **d)** 7 400 000

47) a) 12 000 000 **b)** 150 000 000 **c)** 27 000 000

48) a) $-7a + 22b$; Probe: 52 **c)** $-21a + 2b - 10$; Probe: -46
b) $32a - 45b$; Probe: -71 **d)** $-8a + 60b - 71$; Probe: 93

49) a) $x(y + z) = x \cdot y + x \cdot z$ **c)** $g(e - f) = g \cdot e - g \cdot f$
b) $a(b + c) = a \cdot b + a \cdot c$ **d)** $r(s - t) = r \cdot s - r \cdot t$

50) a)

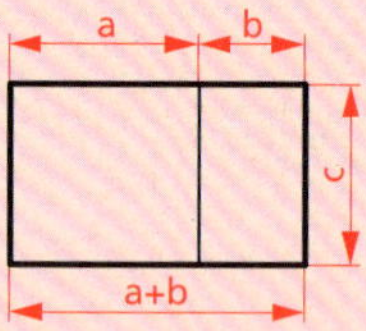

b)

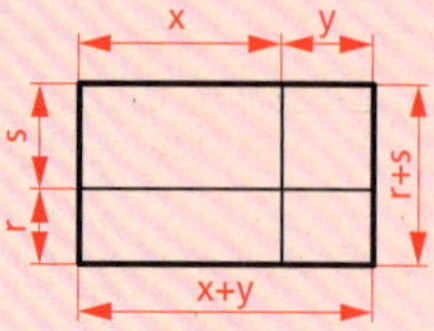

51) a) $x^3 + 3xy^2 + 2y^3$; Probe: 79
b) $x^3 - 2x^2y + xy^2 - 6y^3$; Probe: -45
c) $6x^4 - 22x^2 + 2x$; Probe: 294
d) $12y^4 - 18y^3 + 39y^2$; Probe: 204
e) $-12x^3 + 25x^2 - 60x + 36$; Probe: -243
f) $18x^3 - 15x^2 - 52x + 45$; Probe: 240
g) $6x^3 - 22x^2y + 12xy^2 - 9xy + 6y^2$; Probe: -120
h) $2x^3 - x^2y^2 + 8x^2y + 2xy^2 - 4xy^3 - y^4$; Probe: 74

52) a) $(5x - 7)(2x + 3) = 10x^2 + x - 21$
b) $(4x - 3y)(x + 6) = 4x^2 - 3xy + 24x - 18y$
c) $(x - 9)(3x - 5) = 3x^2 - 32x + 45$
d) $(3x - 2y)(x + 4y) = 3x^2 + 10xy - 8y^2$

53) 1) $4x + 8$ **2)** $x^2 + 4x - 12$

54) richtig: **A, B, D, G**; falsch: **C** $(25a^2 + 30a - 36b - 30ab)$, **E** $(-5e^2f)$, **F** $(6c^3 + 9c^2d - 2cd^2 - 3d^3)$
Lösungswort: ASTERIX

55) a) $u = 4x + 8$ $A = x^2 + 4x + 3$ **c)** $u = 30 - 4x$ $A = x^2 - 15x + 50$
b) $u = 6x - 14$ $A = 2x^2 - 9x + 10$ **d)** $u = 10x - 4$ $A = 4x^2 - 11x - 3$

56) a) $(a + b)^2 - (a - b)^2 = 4ab$
b) $(a + b)^2 + (a - b)^2 = 2a^2 + 2b^2$
c) $(a - b)^2 - (a + b)^2 = -4ab$
d) $(a - b)(a + b) - (a + b)^2 = -2ab - 2b^2$
e) $(a - b)^2 + (a - b)(a + b) = 2a^2 - 2ab$
f) $(a - b)(a + b) - (a - b)^2 = 2ab - 2b^2$
g) $(a + b)^2 + (a - b)(a + b) = 2a^2 + 2ab$
h) $(a + b)^2 - (a + b)(a - b) = 2ab + 2b^2$
Lösungswort: GARFIELD

57) a) $25x^2 + 30xy + 9y^2 = (5x + 3y)^2$
b) $49 - 28z + 4z^2 = (7 - 2z)^2$
c) $9a^2 + 24ab + 16b^2 = (3a + 4b)^2$
d) $64v^2 - 80vw + 25w^2 = (8v - 5w)^2$
e) $81s^2 + 270st + 225t^2 = (9s + 15t)^2$
f) $169r^2 - 364r + 196 = (13r - 14)^2$

58) a) $(4c + 5d)^2 = 16c^2 + 40cd + 25d^2$ **d)** $(11x - 2y)^2 = 121x^2 - 44xy + 4y^2$
b) $(10p + 3q)^2 = 100p^2 + 60pq + 9q^2$ **e)** $(5a + 9)^2 = 25a^2 + 90a + 81$
c) $(8z - 1)^2 = 64z^2 - 16z + 1$ **f)** $(u - 4t)^2 = u^2 - 8ut + 16t^2$

59) a) $(6a - 7b)(6a + 7b) = 36a^2 - 49b^2$
b) $(5c + 8d)(5c - 8d) = 25c^2 - 64d^2$
c) $(e - 10f)(e + 10f) = e^2 - 100f^2$
d) $(2g^2 + 3h^2)(2g^2 - 3h^2) = 4g^4 - 9h^4$

60) a) $\frac{1}{16}x^2 - y^2 = \left(\frac{1}{4}x - y\right)\left(\frac{1}{4}x + y\right)$
b) $4r^2 - 0{,}25s^2 = (2r - 0{,}5s)(2r + 0{,}5s)$
c) $\frac{9}{25}z^2 - 25y^4 = \left(\frac{3}{5}z - 5y^2\right)\left(\frac{3}{5}z + 5y^2\right)$
d) $0{,}09a^2 - 1{,}44b^2 = (0{,}3a - 1{,}2b)(0{,}3a + 1{,}2b)$

61) 1) $8x + 12$ **2)** $4x^2 + 12x + 9$

62) a) $21x + 14y - 77z = 7(3x + 2y - 11z)$
b) $16ab - 8bc + 24bd = 8b(2a - c + 3d)$
c) $5yz - 10y^2 - 25yz^2 = 5y(z - 2y - 5z^2)$
d) $72e^2f - 240e^2f^2 + 144ef = 24ef(3e - 10ef + 6)$
e) $-125s + 1000s^2 + 500st = 125s(-1 + 8s + 4t)$
f) $40x^2 - 16xy - 8xy^2 = 8x(5x - 2y - y^2)$

63) **a)** $\frac{3x^3 - 6x}{9x} = \frac{3x(x^2 - 2)}{9x} = \frac{x^2 - 2}{3}$ $\quad x \neq 0$

b) $\frac{5y - 5y^2}{15y^2} = \frac{5y(1 - y)}{15y^2} = \frac{1 - y}{3y}$ $\quad y \neq 0$

c) $\frac{4x - 12y}{12x^2 - 36xy} = \frac{4(x - 3y)}{12x(x - 3y)} = \frac{1}{3x}$ $\quad x \neq 0, x \neq 3y$

d) $\frac{6x^2 - 9xy}{8xy - 12y^2} = \frac{3x(2x - 3y)}{4y(2x - 3y)} = \frac{3x}{4y}$ $\quad y \neq 0$

64) **a)** $5ab + 5c + 5 = 5 \cdot (ab + c + 1)$
b) $3x^2 - 4xy^2 = x \cdot (3x - 4y^2)$
c) $4x^4 + 3x^3y - 2x^2 = x^2 \cdot (4x^2 + 3xy - 2)$
d) $15ab - 20b^2 + 10b = 5b \cdot (3a - 4b + 2)$

65) **a)** $O_1 = 2(xy + xz + yz)$
b) $O_2 = 2[(x + a) \cdot (y + a) + (x + a) \cdot (z + a) + (y + a) \cdot (z + a)] =$
$= 2(xy + xz + yz + 2ax + 2ay + 2az + 3a^2)$
c) Unterschied: $2(2ax + 2ay + 2az + 3a^2)$
d) $O_1 = 52\ cm^2$, $O_2 = 94\ cm^2$, Unterschied: $42\ cm^2$

66) **a)** $u = (4x + 1) \cdot 4 = 16x + 4$ $\quad A = (4x + 1)^2 - 4x^2 = 12x^2 + 8x + 1$
b) $u = 6x + 12$ $\quad A = 2x^2 + 4x + 2$
c) $u = 18x - 4$ $\quad A = 24x - 12$

4 Gleichungen und Formeln

(Seite 22, 23)

67) **a)**
$3x - 22 = 6{,}5 \quad |+22$
$3x = 28{,}5 \quad |:3$
$x = 9{,}5$

b)
$17 - 3y = -28 \quad |+3y$
$17 = -28 + 3y \quad |+28$
$45 = 3y \quad |:3$
$y = 15$

c)
$6z + 7 = 4z - 5 \quad |-4z$
$2z + 7 = -5 \quad |-7$
$2z = -12 \quad |:2$
$z = -6$

68) **a)**
$\frac{5x}{2} + 12 = \frac{87}{4} \quad |\cdot 4$
$10x + 48 = 87 \quad |-48$
$10x = 39 \quad |:10$
$x = 3{,}9$
Probe: $\frac{87}{4}$

b)
$\frac{4y}{3} - \frac{51}{6} = \frac{49}{3} \quad |\cdot 6$
$8y - 51 = 98 \quad |+51$
$8y = 149 \quad |:8$
$y = 18\frac{5}{8}$
Probe: $\frac{49}{3}$

c)
$\frac{2z}{3} + \frac{75}{4} = \frac{145}{2} \quad |\cdot 12$
$8z + 225 = 870 \quad |-225$
$8z = 645 \quad |:8$
$z = 80\frac{5}{8}$
Probe: $\frac{145}{2}$

69) **a)** r = 58 **e)** e = 6 **i)** d = 0,9 **m)** w = –2,5
b) e = 40 **f)** p = 10 **j)** e = 0 **n)** n = –5
c) w = 17 **g)** g = 2 **k)** s = 8 **o)** o = 11
d) i = 7 **h)** k = –18 **l)** l = –1 **p)** o = –4
Lösungstext: KNOWLEDGE IS POWER

70) richtig: **B**, **E**, falsch: **A** $\left(a + \frac{b}{3} = \frac{c}{3}\right)$, **C** $\left(y = \frac{x}{4} - z\right)$, **D** $(6x - z = 6y)$
Lösungswort: SMART

71) **a)** $y = \frac{1}{3}(x - z)$
$z = x - 3y$

b) $a = \frac{u - c}{2} - b$
$b = \frac{u - c}{2} - a$
$c = u - 2(a + b)$

c) $b = \frac{1}{x}(z + y)$
$x = \frac{1}{b}(z + y)$
$y = b \cdot x - z$

d) $x = t - \frac{y}{z}$
$y = (t - x) \cdot z$
$z = \frac{y}{t - x}$

e) $a = \frac{c \cdot d}{b}$
$b = \frac{c \cdot d}{a}$
$c = \frac{a \cdot b}{d}$

f) $a = 3m - 2b$
$b = \frac{1}{2}(3m - a)$

72) **a)** $\frac{x}{3} + \frac{x}{5} = \frac{x}{2} + 2$; Zahl = 60
b) $(x + 4) \cdot x = x^2 + 160$; Seite des Quadrats = 40 cm
c) $x + 4x + 5x = 150$; erste Zahl = 15
d) $x + x + \frac{3}{2}x = 56$; Basis des Dreiecks = 24 cm
e) $1\,500 + 18x = 2\,400$; Masse eines Fasses = 50 kg
f) $1{,}4x + (30 - x) \cdot 1{,}1 = 39{,}6$; 22 kg Tomaten
g) $\frac{x}{3} + 12 = \frac{x + 12}{2}$; Herr Drechsler ist 36 Jahre alt.
h) $\frac{9x}{2} = \frac{7(x + 4)}{2}$; Diagonale der ursprünglichen Raute = 14 cm
i) $0{,}45x + 0{,}38(270 - x) = 111$; Es wurden 120 Eier der Größe L verkauft.
Lösungswort: EXCELLENT

Merkenswertes – Algebra

(Seite 24)

■ Ein Term ist ein Rechenausdruck, in dem Zahlen, Variable, Rechenzeichen und Vorzeichen auftreten können. Für das Rechnen mit Variablen und Termen gelten dieselben Regeln wie für das Rechnen mit Zahlen.
Bei Addition und Subtraktion können nur gleiche Variablen zusammengefasst werden; verschiedene Variablen kann man beim Addieren oder Subtrahieren nicht zusammenfassen.
Klammern, vor denen ein Pluszeichen steht, können weggelassen werden. Klammern, vor denen ein Minuszeichen steht, werden aufgelöst, indem die Rechenzeichen Plus und Minus, die innerhalb der Klammer waren, geändert werden.
Terme werden miteinander multipliziert, indem man jedes Glied des einen Terms mit jedem Glied des anderen Terms multipliziert. Dabei sind die Vorzeichenregeln zu beachten.
Kommt in allen Gliedern eines Terms ein gemeinsamer Faktor vor, kann man ihn herausheben. Durch Herausheben können Terme oft einfacher geschrieben werden.

■ Eine Potenz ist ein Produkt gleicher Faktoren: $a \cdot a \cdot a \cdot a = a^4$
a heißt Grundzahl oder Basis, 4 heißt Hochzahl oder Exponent.
Das Bilden der Potenz heißt Potenzieren. Das Potenzieren ist eine Rechnungsart dritter Stufe. Es ist daher vor den Rechnungsarten erster und zweiter Stufe durchzuführen.
Man multipliziert Potenzen mit gleicher Basis, indem man die Exponenten addiert und die Basis beibehält. $\quad a^r \cdot a^s = a^{r+s}$
Bei der Division von Potenzen mit gleicher Basis werden die Hochzahlen subtrahiert. $\quad a^r : a^s = a^{r-s}$
Ein Produkt wird potenziert, indem man jeden Faktor potenziert.
$(a \cdot b)^n = a^n \cdot b^n$
Ein Quotient wird potenziert, indem man Zähler und Nenner potenziert.
$\left(\frac{a}{b}\right)^n = \frac{a^n}{b^n}$

■ Merke dir die binomischen Formeln gut!
$(a + b)^2 = a^2 + 2ab + b^2 \quad (a - b)^2 = a^2 - 2ab + b^2 \quad (a - b)(a + b) = a^2 - b^2$

Lösungstext: „DIE MATHEMATIK IST DAS ALPHABET, MIT DEM GOTT DIE WELT GESCHRIEBEN HAT." GALILEO GALILEI

D VERHÄLTNISSE UND PROPORTIONEN

1 Verhältnisse von Größen und Zahlen

(Seite 25–27)

1)

	Verhältnis	6	12	24	30	36	60	80
a)	8	4 : 3	2 : 3	1 : 3	4 : 15	2 : 9	2 : 15	1 : 10
b)	4	2 : 3	1 : 3	1 : 6	2 : 15	1 : 9	1 : 15	1 : 20
c)	24	4 : 1	2 : 1	1 : 1	4 : 5	2 : 3	2 : 5	3 : 10
d)	40	20 : 3	10 : 3	5 : 3	4 : 3	10 : 9	2 : 3	1 : 2

2) **a)** c : d = 1 : 3 **b)** e : f = 2 : 5 **c)** g : h = 3 : 4

3) **a)**
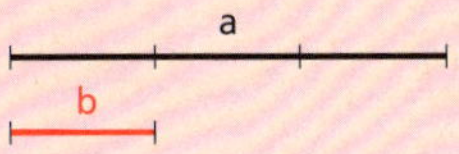

b)
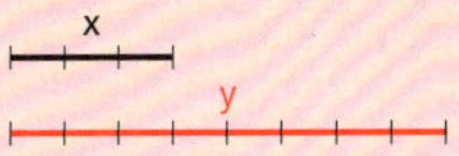

c)
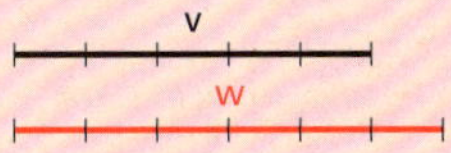

4)

	a)	b)	c)	d)	e)	f)
Verhältnis der Zahlen	3 : 5	5 : 6	3 : 8	7 : 13	3 : 4	5 : 9
1. Zahl	45	120	750	35	99	60
2. Zahl	75	144	2 000	65	132	108

5) **a)**

Tierart	Sprungweite s	Körperlänge k	Verhältnis s : k
Floh	0,6 m	3 mm	200 : 1
Heuschrecke	2 m	6,5 cm	400 : 13
Waldmaus	0,7 m	8,75 cm	8 : 1
Ochsenfrosch	2 m	20 cm	10 : 1
Fuchs	2,8 m	70 cm	4 : 1
Impala	9 m	1,5 m	6 : 1
Känguru	10 m	1,6 m	25 : 4
Rothirsch	10,8 m	2,4 m	9 : 2

b) Der Mensch könnte 350 m weit springen.

6) **a)** 3 : 2, **b)** 6 : 1, **c)** 5 : 2, **d)** 3 : 20, **e)** 11 : 3, **f)** 8 : 9, **g)** 9 : 2, **h)** 7 : 5

7) **a)** 100 : 1 **c)** 100 : 1 **e)** 3600 : 1
b) 100 : 1 **d)** 100000 : 1 **f)** 1000000 : 1

8) **a)** 750 : 1000 = 3 : 4 **c)** 85 : 280 = 17 : 56 **e)** 3000 : 150 = 20 : 1
b) 1200 : 3500 = 12 : 35 **d)** 20000 : 75 = 800 : 3 **f)** 285 : 90 = 19 : 6

2 Proportionen
(Seite 26, 27)

9)

	a)	b)	c)
Maßstab	1 : 500	1 : 25 000	1 : 50 000
Länge im Plan (r)	8 cm	4,8 cm	2,4 cm
Proportion	1 : 500 = r : 4 000	1 : 25 000 = r : 120 000	1 : 50 000 = 2,4 : s
	r = 8 cm	r = 4,8 cm	s = 120 000 cm = 1 200 m = 1,2 km
Länge in der Wirklichkeit (s)	40 m = 4 000cm	1,2 km = 120 000 cm	1,2 km

10)

	a)	b)	c)
Länge im Plan (r)	7 mm	1 cm	4 mm
Länge in der Wirklichkeit (s)	700 m = 700 000 mm	25 km = 2 500 000 cm	200 m = 200 000 mm
Proportion	7 : 700 000 = 1 : x	1 : 2 500 000 = 1 : x	4 : 200000 = 1 : x
	x = 100 000	x = 2 500 000	x = 50 000
Maßstab	1 : 100 000	1 : 2 500 000	1 : 50 000

11)

	r	s	u	v
a)	5	4	10	8
b)	6	3	7	$3\frac{1}{2}$
c)	1 250	750	750	450

12) a) $42 : 28 \neq 4 : 8$; $28 \cdot 4 \neq 42 \cdot 8$
b) $12 : 2 = 18 : 3$; $12 \cdot 3 = 2 \cdot 18$
c) $9 : 72 = 2 : 16$; $9 \cdot 16 = 2 \cdot 72$
d) $4 : 10 \neq 3 : 12$; $4 \cdot 12 \neq 3 \cdot 10$
e) $4{,}5 : 12{,}5 \neq 9{,}5 : 18{,}5$; $4{,}5 \cdot 18{,}5 \neq 12{,}5 \cdot 9{,}5$
f) $20 : 16 = 100 : 80$; $20 \cdot 80 = 16 \cdot 100$

13) a) $60x = 120$
$x = 2$
Probe: $5 : 2 = 60 : 24$
$120 = 120$
$x \neq 0$

b) $80y = 192$
$y = 2{,}4$
Probe: $80 : 32 = 6 : 2{,}4$
$192 = 192$
$y \neq 0$

c) $111z = 444$
$z = 4$
Probe: $111 : 37 = 12 : 4$
$444 = 444$
$z \neq 0$

d) $\frac{1}{5}v = \frac{1}{10}$
$v = \frac{1}{2}$
Probe: $\frac{1}{5} : \frac{1}{6} = \frac{3}{5} : \frac{1}{2}$
$\frac{1}{10} = \frac{1}{10}$
$v \neq 0$

14) a) $x + 9 = 0$
$x = -9 \rightarrow x \neq -9$
$(6 - x) : (x + 9) = 3 : 2$
$12 - 2x = 3x + 27$
$5x = -15$
$= -3$

b) $5y + 2 = 0$
$y = -\frac{2}{5} \rightarrow y \neq -\frac{2}{5}$
$(y - 2) : (5y + 2) = 1 : 7$
$7y - 14 = 5y + 2$
$2y = 16$
$y = 8$

c) $2z + 1 = 0$
$z = -0{,}5 \rightarrow z \neq -0{,}5$
$(17 - 3z) : (32z + 1) = 11 : 5$
$85 - 15z = 22z + 11$
$74 = 37z$
$z = 2$

d) $6v + 4 = 0$
$v = -\frac{2}{3} \rightarrow v \neq -\frac{2}{3}$
$(4v + 5) : (6v + 4) = 3 : 4$
$16v + 20 = 18v + 12$
$2v = 8$
$v = 4$

15) Susanne soll 80 Maschen anschlagen.

16) Die Zahlen sind 200, 160.

17) 900 cm = 9 m, 540 cm = 5,4 m

18) a) An der Abstimmung haben 1,25 Millionen Personen teilgenommen.
b) 468 750 Menschen haben mit Ja gestimmt.

19) a) 1. Person: 442,50 €, 2. Person: 619,50 €
b) 1. Person: 250 €, 2. Person: 700 €
c) 1. Person: 700€, 2. Person: 380 €

3 Direkt und indirekt proportionale Größen
(Seite 28, 29)

20) direkt: **B, E, H**; indirekt: **C, G**; weder noch: **A, D, F**
Lösung: WELL DONE!

21) a) nein b) ja; $y = 1{,}45x$ c) nein d) ja; $y = 0{,}024x$

22) 1) Preis und Warenmenge sind direkt proportional; wenn man die doppelte Menge kauft, muss man doppelt so viel bezahlen.

2)

Menge (dag)	Preis (€)
6	1,44
15	3,60
30	7,20
40	9,60
50	12

3)

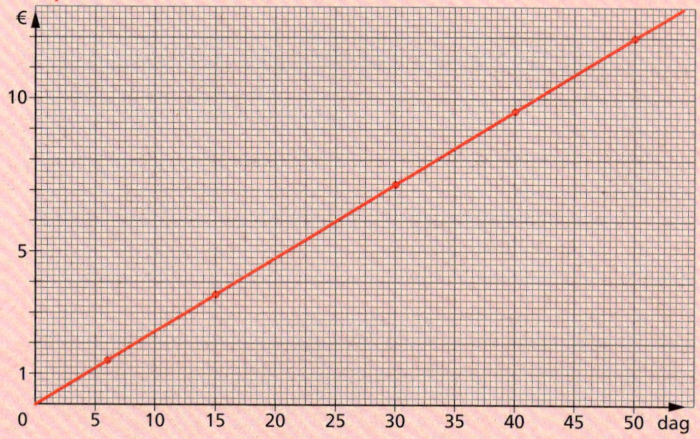

23) a) keine b) keine c) indirekt d) direkt

24) 1) Die Seite ist zur Höhe indirekt proportional, weil bei doppelter Seitenlänge die Höhe halb so groß ist.

2)

Seitenlänge in cm	Höhe in cm
2	30
4	15
5	12
6	10
8	7,5
10	6
20	3
40	1,5
60	1

3)

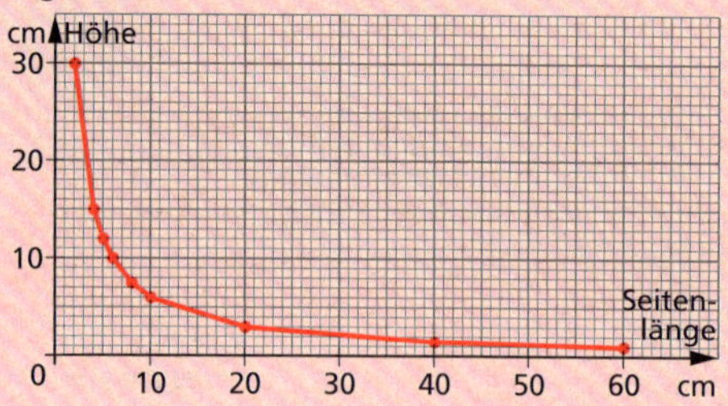

25) a) 39 min
b) 8 h
c) 1) indirekt proportional
2) Es müssen 425 Brettchen nachgeliefert werden.
d) 1) 9 Schneepflüge
2) 14,4 h
e) 35 min
f) 25 €
g) 228 Fliesen

22 €	340	11	39 min	25 €	540	250	30 min
224	7	35 min	12 min	25 min	228	430	12 min
6 h	14,4 h	25	12,4 h	230	325	8 h	5 h
9	4,12	8	40 min	24	9 h	30 €	425

Merkenswertes – Verhältnisse und Proportionen
(Seite 30)

■ Größen kann man durch die Angabe ihres Verhältnisses vergleichen. Der Quotient zweier Größen liefert der Wert ihres Verhältnisses.

zB $\frac{3}{4}$ = + 3 : 4 + = 0,75

↓ ↓ ↓

Quotient Verhältnis Wert des Verhältnisses

Das Verhältnis a : b kann auch in der Form $\frac{a}{b}$ aufgeschrieben werden.

Brüche können erweitert und gekürzt werden. Das Gleiche gilt auch für Verhältnisse von Größen bzw. von Zahlen.

zB $24 : 56 = \frac{24}{56} = \frac{24:8}{56:8} = \frac{3}{7} = \underline{3 : 7}$ $\underline{9}: \frac{1}{4} = \frac{9}{\frac{1}{4}} = \frac{9 \cdot 4}{\frac{1}{4} \cdot 4} = \frac{36}{1} = 36 : 1$

Durch Kürzen bzw. Erweitern eines Verhältnisses versucht man, dieses mit möglichst einfachen ganzen Zahlen auszudrücken.

■ Wenn zwei Verhältnisse a : b und c : d einander gleich sind, darf man sie mit einem Gleichheitszeichen verbinden. Es entsteht eine Verhältnisgleichung oder Proportion. a : b = c : d. Man sagt: „a verhält sich zu b wie c zu d."
Eine Verhältnisgleichung ist genau dann richtig, wenn gilt:
Produkt der Außenglieder = Produkt der Innenglieder

$a : b = c : d \Leftrightarrow \frac{a}{b} = \frac{c}{d} \Leftrightarrow a \cdot d = b \cdot c \quad (b, d \neq 0)$

In einer Proportion darf man die Innenglieder vertauschen.
$a : b = c : d \Leftrightarrow a : c = b : d \quad (b, c, d \neq 0)$
In einer Proportion darf man die Außenglieder vertauschen.
$a : b = c : d \Leftrightarrow \underline{d : b} = c : a \quad (a, b, d \neq 0)$
In beiden Fällen bleibt die Proportion richtig.

■ Eine Größe y ist direkt proportional zur Größe x, wenn gilt:

$y = k \cdot x \Leftrightarrow \frac{y}{x} = \underline{k}$

Der Quotient direkt proportionaler Größen ist konstant. k ist eine konstante Größe und heißt Proportionalitätsfaktor.
Eine Größe y heißt indirekt proportional zu einer Größe x, wenn gilt:

$y = \frac{k}{x} \Leftrightarrow \underline{x \cdot y} = k$

Das Produkt indirekt proportionaler Größen ist konstant.

Lösungstext: WER AUF EINEN BAUM KLETTERN WILL, FÄNGT UNTEN AN, NICHT OBEN.
Sprichwort aus Ghana

E PROZENT- UND ZINSENRECHNUNG

1 Prozentrechnung
(Seite 31, 32)

1)

Grundwert G	120	960	80	640	175
Anteil A	30	48	32	960	35
Prozentsatz p%	25 %	5 %	40 %	150 %	20 %
Grundwert G	3210	840	240	500	
Anteil A	321	420	180	600	
Prozentsatz p%	10 %	50 %	75 %	120 %	

2) **1)** p > 100 **2)** p = 100 **3)** p < 100

3) **a)** 12 **b)** 150 % **c)** 1 440

4) **1)** 540 € **2)** 90 €

5) Für den Käufer ist die Reihenfolge egal; er zahlt jeweils 216 €.

6) **a)** ≈ 23,66 % **b)** ≈ 60,27 %

7) **a)** 14 762,16 € **b)** ≈ 71,86 %

8) **1)**

Studienjahr	Gesamtanzahl	Studenten		Studentinnen	
		Anzahl	in %	Anzahl	in %
1960/61	38 533	29 668	77,0 %	8 865	23,0 %
1985/86	160 907	91 395	56,8 %	69 512	43,2 %
2010/11	319 893	148 110	46,3 %	171 783	53,7 %

2) Die Anzahl der Studierenden nimmt zu.
3) Der Anteil der Studentinnen wächst, der Anteil der Studenten fällt. Zuletzt hat die Anzahl der Studentinnen die der Studenten überholt.

9) **a)** Europa: 7,25 % **b)** China: 19,26 %

10) **a)** 93 599 Einwohner **b)** 67 766 Einwohner

11) **1)** 180 ha **2)** 15 %, 36 ha
3) 60 %, 144 ha **4)** 25 %, 60 ha

12) **1)**

Bundesland	Ackerland (in km²)
Burgenland	1 563
Kärnten	646
Niederösterreich	6 948
Oberösterreich	2 990
Salzburg	57
Steiermark	1 495
Tirol	105
Vorarlberg	30
Wien	48

2) genutzte Grünflächen: NÖ; Stmk.; Tirol; OÖ; Kärnten; Szbg.; Brgld.; Vorarlberg; Wien
Ackerflächen: NÖ; OÖ; Brgld.; Stmk.; Kärnten; Tirol; Szbg.; Wien; Vorarlberg
3) Die geographische Lage und das Klima von NÖ, OÖ und Burgenland ermöglichen vor allem den Ackerbau, in anderen gebirgigeren Bundesländern gibt es vor allem Wiesen, Weiden und Wälder.

13) **1)** Basislänge: rund 12 400 m **2)** mittlere Steigung: rund 10,27 %

2 Zinsenrechnung
(Seite 33, 34)

14) **1)** Z … Zinsen, K_0 … Anfangskapital, p % … Jahres-Zinssatz.
2) $Z = K_0 \cdot \frac{p}{100} \cdot \frac{1}{12}$ … Zinsen in 1 Monat; $\frac{1}{12}$ der Jahreszinsen
$\rightarrow Z = K_0 \cdot \frac{p}{100} \cdot \frac{m}{12}$ … Zinsen in m Monaten
$Z = K_0 \cdot \frac{p}{100} \cdot \frac{1}{360}$ … Zinsen in 1 Tag; $\frac{1}{360}$ der Jahreszinsen
$\rightarrow Z = K_0 \cdot \frac{p}{100} \cdot \frac{t}{360}$ … Zinsen in t Tagen
3) $K_1 = K_0 + K_0 \cdot \frac{p}{100} = K_0 \cdot \left(1 + \frac{p}{100}\right)$ … Guthabenstand nach 1 Jahr (Anfangskapital plus Zinsen)

15) **a)** Z = 75 € **b)** Z = 31,25 € **c)** Z = 41,67 €

16) **a)** K_0 = 1450 € **b)** p = 3,5 %

17) Anzahl der Tage im Jahr 2012: 217 Tage;
Zinsen bis zum Jahresende: 3,62 €; Guthabenstand am Jahresende: 203,62 €
Anzahl der Tage bis 14. Februar 2013: 44 Tage;
Zinsen bis zum 14. Februar: 0,75 €; Guthabenstand am 14. Februar 2013: 204,37 €
Für die Übernachtung bleiben ihm 119,57 €.

18) **1)** Kreditsteuer: 200 €, Bearbeitungsgebühr: 500 € → Auszahlung: 24 300 €
2) Zinsen: 1 250 € → Rückzahlung: 26 250 €

19) $p_{netto} = p - 25\,\%$ von $p = p - p \cdot 0{,}25 = p \cdot (1 - 0{,}25) = p \cdot 0{,}75$

20) **1)** $p_{netto} = 0{,}468\,75\,\%$ **3)** $p_{netto} = 1{,}875\,\%$
2) $p_{netto} = 1{,}312\,5\,\%$ **4)** $p_{netto} = 3\,\%$

21) **1)** 8 € **2)** 2 € **3)** 406 €

22) **1)** Nettozinssatz: 2,25 %
2)

Zeitpunkt	Guthabenstand in €	Zinsen in €
heute	5 000	0
nach 1 Jahr	5 000 · 1,0225 + 1 000 = 6 112,50	112,50
nach 2 Jahren	6 112,50 · 1,0225 + 1 000 = 7 250,03	250,03
nach 3 Jahren	7 250,03 · 1,0225 = 7 413,16	413,16
nach 4 Jahren	7 413,16 · 1,0225 = 7 579,95	579,95

23) $K_1 = K_0$ + Zinsen nach 1 Jahr $= K_0 \cdot$ Aufzinsungsfaktor $\left(1 + \frac{p}{100}\right)$
$K_2 = K_1$ + Zinsen nach 1 Jahr $= K_0$ + Zinseszinsen nach 2 Jahren $= K_0 \cdot (\text{Aufzinsungsfaktor})^2$
$K_3 = K_0$ + Zinseszinsen nach 3 Jahren $= K_0 \cdot (\text{Aufzinsungsfaktor})^3$
…
$K_n = K_0 \cdot (\text{Aufzinsungsfaktor})^n$

24) **1)** $p_{netto} = 4\,\% \cdot 0{,}75 = 3\,\%$
2) $K_{10} = 300 \cdot (1{,}03)^{10} = 403{,}17$ €
3) 103,17 €

25) **1)** **a)** $I_1 = I_0 \cdot \left(1 - \frac{10}{100}\right)^1$ **b)** $I_2 = I_0 \cdot \left(1 - \frac{10}{100}\right)^2$ **c)** $I_n = I_0 \cdot \left(1 - \frac{10}{100}\right)^n$
2) $0{,}9^5 = 0{,}590\,49 > 0{,}5$; $0{,}9^6 = 0{,}531\,44 > 0{,}5$;
$0{,}9^7 = 0{,}478\,29 < 0{,}5$ → nach 7 Scheiben

Merkenswertes – Prozent- und Zinsenrechnung

(Seite 35)

■ **Prozentrechnung**

Wesentliche Begriffe der Prozentrechnung sind: der Grundwert G, der (Prozent-)Anteil A und der Prozentsatz p %. Wenn man zwei dieser Größen kennt, kann man die dritte berechnen. Man kann diese Rechnungen entweder mit Hilfe der Schlussrechnung oder mit der Formel $A = G \cdot \frac{p}{100}$ durchführen.
Die Promillerechnung erfolgt in gleicher Weise wie die Prozentrechnung. An Stelle des Prozentsatzes p % tritt der Promillesatz p ‰.
Die Mehrwertsteuer MWSt.(auch Umsatzsteuer genannt) ist eine Abgabe, die der Verkäufer für jede verkaufte Ware an den Staat (an das Finanzamt) abliefern muss. Sie beträgt derzeit in Österreich 20 % für fast alle Waren, mit Ausnahme von Lebensmitteln, Wohnungsmieten und Büchern. Hier ist der Steuersatz 10 %. Wird der Verkaufspreis mit MWSt. angegeben, heißt dies inklusive MWSt., ohne MWSt. heißt es exklusive MWSt.

■ **Zinsenrechnung**

Mit der Formel $Z = K_o \cdot \frac{p}{100}$ werden die Zinsen für ein Jahr berechnet. Mit der Formel $Z = K_o \cdot \frac{p}{100} \cdot \frac{m}{12}$ werden Zinsen für m Monate berechnet. Mit der Formel $Z = K_o \cdot \frac{p}{100} \cdot \frac{t}{360}$ werden Zinsen für t Tage berechnet.
Im Bankwesen hat jeder Monat 30 Tage und ein Jahr 360 Tage.
Die Verzinsung beginnt mit dem auf die Einlage folgenden Werktag und endet mit dem Tag der Abhebung.
Auch Zinsen sind ein Einkommen und müssen daher versteuert werden. Diese Steuer heißt Kapitalertragsteuer (KESt.). Sie beträgt derzeit in Österreich 25 %, und wird von den Zinsen berechnet. An die Stelle des vereinbarten Zinssatzes p % p. a. tritt der jährliche Nettozinssatz p_{netto} %.
Es gilt: $p_{netto} = p \cdot 0{,}75$
Liegt ein Kapital länger als ein Jahr in der Bank, werden die Zinsen dem Kapital zugeschlagen und mitverzinst. Wir sprechen von Zinseszinsen. Mit der Formel $K_n = K_o \cdot \left(1 + \frac{p}{100}\right)^n$ wird der Guthabenstand nach n Jahren berechnet. Der Ausdruck $1 + \frac{p}{100}$ heißt Aufzinsungsfaktor.
Diese Formel gilt auch bei Wachsumsprozessen: $E = A \cdot \left(1 + \frac{p}{100}\right)^n$
Bei Zerfallsprozessen gilt: $E = A \cdot \left(1 - \frac{p}{100}\right)^n$
(E … Endwert, A … Anfangswert)

Lösungstext: ALTE SCHULD ROSTET NICHT

F STATISTIK

1 Kreuztabellen (Kontingenztafeln)

2 Klasseneinteilung

(Seite 36)

1) **1)** Mädchen besser als Buben
2) Gesamtschülerzahl: 100;
besser als Genügend: Buben: 67,24 %, Mädchen: 78,57 %
3) Genügend bzw. Nicht genügend haben 28 %

2)

Blutgruppe	absolute Häufigkeit	Rhesusfaktor „positiv“	absolute Häufigkeit Rhesus „positiv“	Rhesus „negativ“
0	35	80 %	28	7
A	40	85 %	34	6
B	15	60 %	9	6
AB	10	90 %	9	1

3) **1)** $0{,}53\ kg \leq m < 0{,}63\ kg$
2) Die Klassenmitte eines Eies der „Gewichtsklasse“ M ist 58 g und daher werden 10 Eier dieser „Gewichtsklasse“ rund 0,58 kg schwer sein.
3) Tina hat Recht. Die „Gewichtsklasse“ XL hat keine obere Klassengrenze, daher kann man nicht unmittelbar eine Klassenmitte bestimmen.

3 Histogramme

(Seite 37, 38)

4) **1)**

Klasse	Strichliste	Häufigkeit absolute	relative	prozentuelle
S	𝍸	5	0,125	12,5 %
M	𝍸 𝍸 𝍸 |||	18	0,45	45 %
L	𝍸 𝍸 𝍸 |	16	0,4	40 %
XL	|	1	0,025	2,5 %
	Summen:	40	1,000	100 %

2)

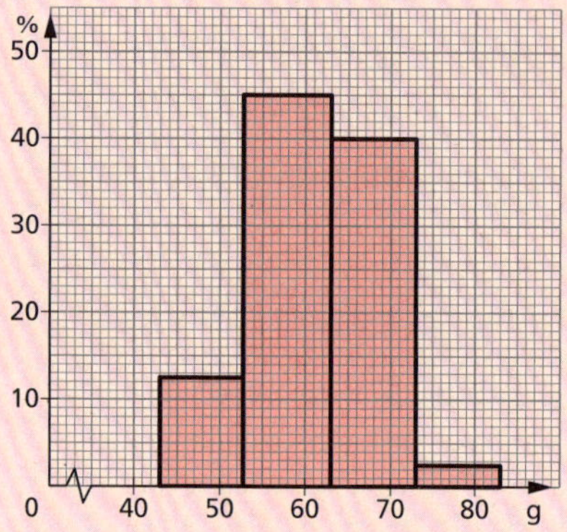

3) $\frac{2430}{40}\ g = 60{,}75\ g \approx 61\ g$

4) $\frac{48 \cdot 5 + 58 \cdot 18 + 68 \cdot 16 + 78 \cdot 1}{40}\ g = \frac{2450}{40}\ g = 61{,}25\ g \approx 61\ g$

5) **1)**

Klasse	Klassenmitte	Strichliste	Häufigkeit absolute	relative	prozentuelle
1	42,5		0	0	0 %
2	47,5	||	2	0,05	5 %
3	52,5	||||	4	0,1	10 %
4	57,5	𝍸 𝍸 |||	13	0,325	32,5 %
5	62,5	𝍸 𝍸	10	0,25	25 %
6	67,5	𝍸 |||	8	0,2	20 %
7	72,5	|||	3	0,075	7,5 %
		Summen:	40	1,000	100 %

2)

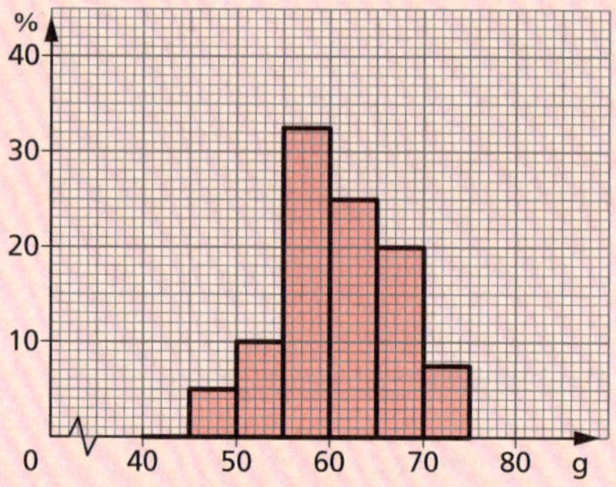

3) $\frac{42{,}5 \cdot 0 + 47{,}5 \cdot 2 + 52{,}5 \cdot 4 + 57{,}5 \cdot 13 + 62{,}5 \cdot 10 + 67{,}5 \cdot 8 + 72{,}5 \cdot 3}{40}\ g = \frac{2435}{40}\ g =$
$= 60{,}875\ g \approx 61\ g$

6) **1)**

Gewichtsklasse	Haltungsform 0	1	2	3	insgesamt
S	3	9	8	12	32
M	15	21	24	18	78
L	10	18	21	6	55
XL	2	5	6	2	15
insgesamt	30	53	59	38	180

2)

Gewichtsklasse	Haltungsform 0	1	2	3	insgesamt
S	1,67	5,00	4,44	6,67	17,78 %
M	8,33	11,67	13,33	10,00	43,33 %
L	5,56	10,00	11,67	3,33	30,56 %
XL	1,11	2,78	3,33	1,11	8,33 %
insgesamt	16,67	29,45	32,77	21,11	100,00 %

3) biologisch: 16,67 %; Freiland: 29,45 %; Boden: 32,77 %; Käfig: 21,11 %
Klasse S: 17,78 %; Klasse M: 43,33 %; Klasse L: 30,56 %; Klasse XL: 8,33 %

4 Punktwolkendiagramme

(Seite 38–40)

7) 1)

3-stündig	2 °C	4 °C	6 °C	8 °C	10 °C
gesamt	9 °C	12 °C	15 °C	19 °C	22 °C

2) Je größer der 3-stündige Temperaturrückgang nach Sonnenuntergang ist, umso tiefer sinkt die Temperatur in der folgenden Nacht.

3) gesamter Temperaturrückgang: rund 19 °C; tiefste, erreichte Temperatur: rund −17 °C

8) 1)

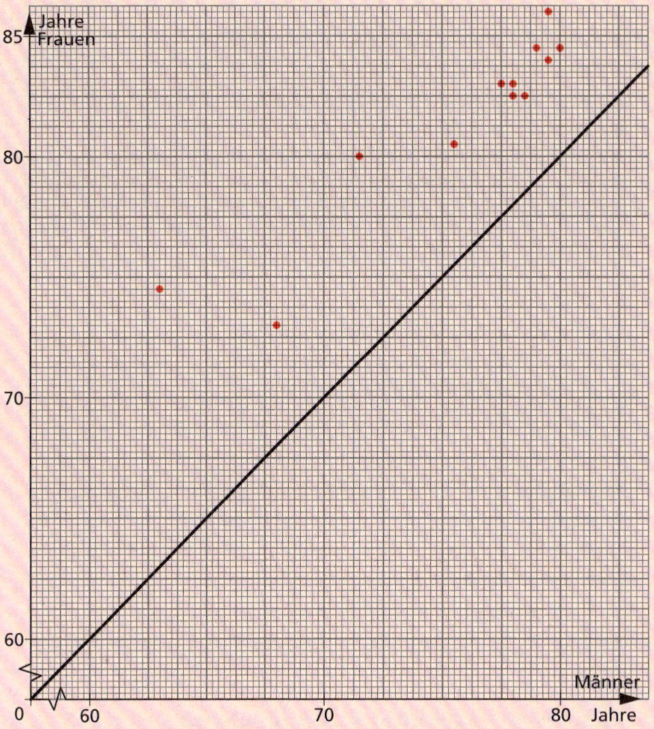

2) Die Lebenserwartung der Männer ist immer kleiner als die der Frauen.

3) Ein Punkt oberhalb der Linie bedeutet, dass die Lebenserwartung der Frauen in diesem Land höher ist als die der Männer. Wenn der Punkt unterhalb der Linie liegt, ist dies umgekehrt. Ein Punkt auf der Linie heißt, dass Frauen und Männer die gleiche Lebenserwartung haben.

4) ZB: Die Lebenserwartung der Menschen hat sich dank der Medizin, der Hygiene, der Ernährung, des Sports … in den Industriestaaten stark verbessert, nicht so in vielen Entwicklungsländern.

9) 1)

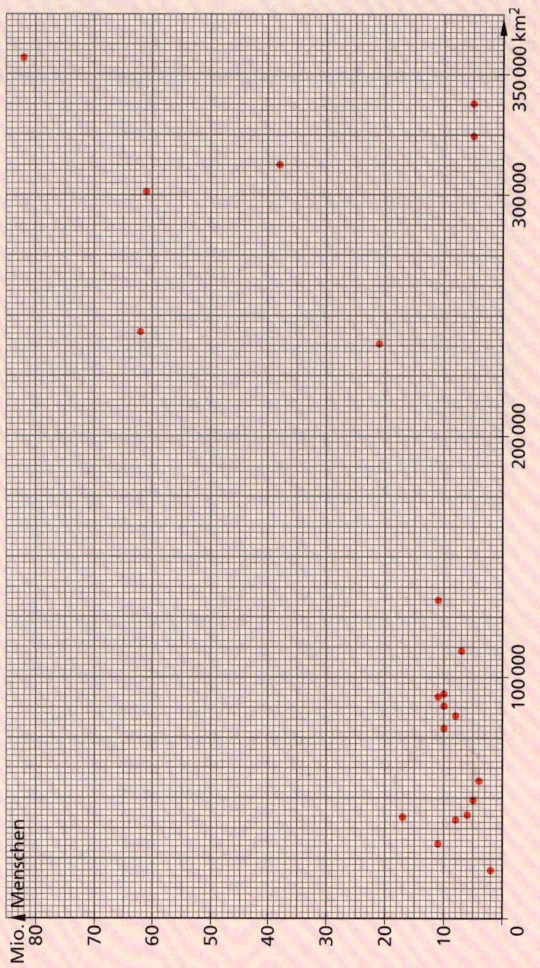

2) ZB: Im Allgemeinen haben die größeren Staaten mehr Einwohner.

3) ZB: Die Staaten sind wegen des rauen Klimas viel dünner besiedelt.

Merkenswertes – Statistik

(Seite 41)

- **Kreuztabellen** (Kontingenztafeln) werden dann aufgestellt, wenn man den Zusammenhang zweier Merkmale untersuchen will. In Kreuztabellen werden Häufigkeiten also nach zwei Merkmalen gleichzeitig ausgezählt.
- Sind die Originaldaten sehr umfangreich, liegen also viele verschiedene Werte vor, macht man eine Klasseneinteilung. Die Klassengrenzen sollten dabei so gewählt werden, dass kein Wert auf eine Klassengrenze fällt. Die Klassenmitte sollte ein typischer Vertreter der Klasse sein. Mit den Klassenmitten kann man den Mittelwert der Daten näherungsweise bestimmen.
- Die Häufigkeiten von in Klassen eingeteilten Werten kann man mit einem **Histogramm** graphisch darstellen. Die Häufigkeiten werden dabei als Höhen der Balken eingetragen. In einem Histogramm haben die Balken keine Abstände, weil alle Werte erfasst sind. Werden mehrere Klassen zusammengefasst, ist die Balkenhöhe die gemeinsame Häufigkeit dividiert durch die Anzahl der zusammengefassten Klassen.
- Will man zwei Merkmale gleichzeitig graphisch darstellen, verwendet man **Punktwolkendiagramme**.
  Wie Kreuztabellen helfen Punktwolkendiagramme, mögliche Zusammenhänge zwischen zwei Merkmalen zu erkennen.

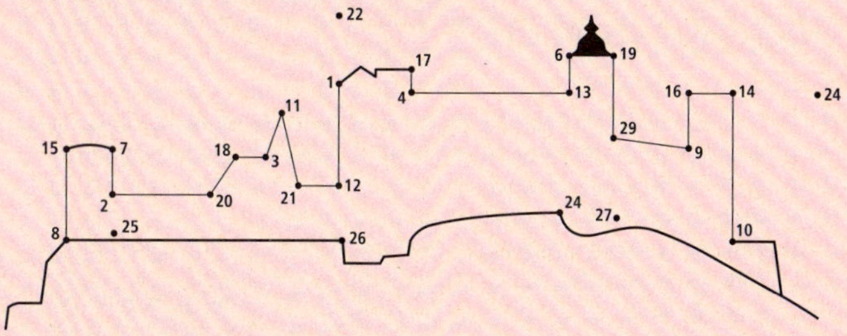

Festung Hohensalzburg

A WIEDERHOLUNG UND VERTIEFUNG

1 Wir wiederholen

2 Koordinatensystem – Erweiterung durch negative Koordinaten

(Seite 42)

1) **a)** $A = (a + b) \cdot c$ bzw. $A = a \cdot c + b \cdot c$
b) $A = (4 + 2) \cdot 3 = 6 \cdot 3 = 18$ bzw. $A = 4 \cdot 3 + 2 \cdot 3 = 12 + 6 = 18$

2) **b)** $a \approx 3{,}5$ cm, $b \approx 5{,}4$ cm → $A \approx 9{,}45$ cm²

3) **a)** A(−4|−2), B(3|−1), C(2|4), D(−3|5)
b) S(0|2)
c) ∢BAD ≈ 74°, ∢CBA ≈ 87°, ∢DCB ≈ 113°, ∢ADC ≈ 87°
Ihre Summe beträgt 360°

4) **a)** $\alpha = 49°$, $\beta = 78°$, $\gamma = 53°$; $\alpha + \beta + \gamma = 180°$
b) H(1,3|−0,6)
c) S(−0,3|−0,3)

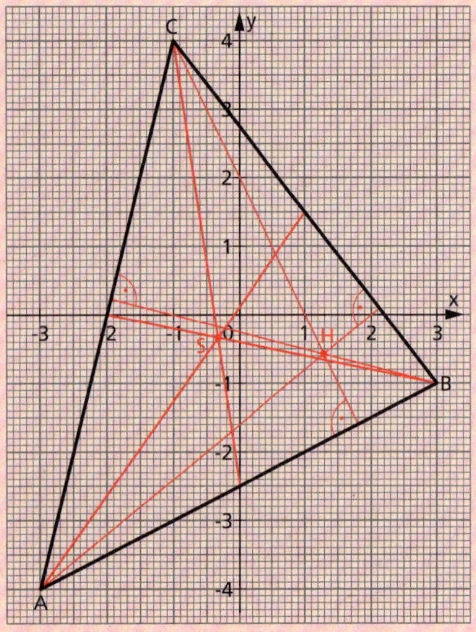

B FLÄCHENINHALT

1 Flächeninhalt des Parallelogramms

(Seite 43)

1) Zeichnet man die Höhe h_a so wie in der Figur im Eckpunkt B ein, so entsteht das rechtwinklige Dreieck BCE. Dieses ist aufgrund des Seiten-Seiten-Seiten-Satzes deckungsgleich mit dem Dreieck ADF.
Der Flächeninhalt des Parallelogramms ABCD ist also gleich groß wie der des Rechtecks ABEF. Für den Flächeninhalt jedes Rechtecks gilt: „A = Länge mal Breite". Die Länge des Rechtecks ABEF entspricht der Seite a des Parallelogramms, die Breite des Rechtecks entspricht der Höhe h_a des Parallelogramms. Den Flächeninhalt des Rechtecks ABEF und damit auch den des Parallelogramms ABCD bekommt man daher durch die Formel $A = a \cdot h_a$.
In gleicher Weise kann man zeigen, dass man den Flächeninhalt des Parallelogramms ABCD auch mit der Formel $A = b \cdot h_b$ berechnen kann.
Es gilt also ganz allgemein:
„Flächeninhalt des Parallelogramms = Seite mal zugehörige Höhe"

2) **a)** $A = 31{,}2$ cm² **b)** $A = 89{,}28$ cm²

3) $h_a \approx 4{,}3$ cm → $A_1 = a \cdot h_a \approx 27{,}52$ cm²; $h_b \approx 6{,}1$ cm → $A_2 = b \cdot h_b \approx 27{,}45$ cm²
Mittelwert: $A = (A_1 + A_2) : 2 \approx 27{,}5$ cm²

4) Isaak hat Recht. Die vier Parallelogramme haben alle denselben Flächeninhalt, weil sie dieselbe Seite AB und dieselbe Höhe h_a haben.

5) **a)** $A = a \cdot h_a$ → $h_a = A : a$ **b)** $h_a = 8{,}5$ cm

6) **a)** $A = b \cdot h_b$ → $b = A : h_b$ **b)** $b = 8{,}4$ cm

2 Flächeninhalt des Dreiecks

(Seite 44)

7) **a)** K: Das dargestellte Parallelogramm ABCD ist durch Parallelverschieben der Seiten AB und BC entstanden. Aufgrund des Seiten-Seiten-Seiten-Satzes sind die beiden Dreiecke ABC und ACD kongruent und das Dreieck halb so groß wie das Parallelogramm.
b) Für das Parallelogramm gilt „Flächeninhalt = Seite mal zugehörige Höhe". Die „Seite" ist hier die Seite c des Dreiecks ABC, die „zugehörige Höhe" ist die Höhe h_c des Dreiecks. Daher ist der Flächeninhalt dieses Parallelogramms $A = c \cdot h_c$ und der des Dreiecks ABC $A = \frac{c \cdot h_c}{2}$.
c) „Flächeninhalt des Dreiecks = Seite mal zugehörige Höhe durch 2"

8) **a)** Beginne zB mit dem rechten Winkel bei C und dem Winkel α ($\alpha = 90° - \beta$).
b) $a \approx 4{,}7$ cm → $A = 12{,}69$ cm²
c) $c \approx 7{,}2$ cm, $h_c \approx 3{,}5$ cm → $A = 12{,}6$ cm²
d) … Ungenauigkeit von Messungen bzw. Zeichnungen.

9) **a)** $c \approx 7{,}0$ cm, $h_a \approx 6{,}5$ cm, $h_b \approx 5{,}2$ cm, $h_c \approx 5{,}4$ cm
b) $A_1 \approx 18{,}85$ cm², $A_2 \approx 18{,}98$ cm², $A_3 \approx 18{,}9$ cm²
c) Mittelwert $A \approx 18{,}9$ cm²

10) **a)** $h_c = \frac{A \cdot 2}{c}$ **b)** $h_c = 3{,}2$ cm

3 Flächeninhalt von Deltoid, Rhombus und Quadrat

(Seite 45)

11) Die Seiten des Rechtecks EFGH sind parallel zu den Diagonalen e und f des Deltoids. Seine Seiten sind genau so lang wie die beiden Diagonalen e und f. Der Flächeninhalt des Rechtecks EFGH kann daher mit $A = e \cdot f$ berechnet werden. Die vier kleinen Teilrechtecke, in die das Rechteck EFGH durch die Diagonalen e und f geteilt wird, zeigen, dass der Flächeninhalt des Deltoids ABCD genau halb so groß wie der des Rechtecks EFGH ist.
Daraus folgt für den Flächeninhalt des Deltoids: $A = (e \cdot f) : 2$ $\left(\text{oder } A = \frac{e \cdot f}{2}\right)$

12) $A = 202{,}76$ cm²

13) **a)** Aus $A = \frac{e \cdot f}{2}$ → $2 \cdot A = e \cdot f$ → $e = \frac{2 \cdot A}{f}$
b) Um die fehlende Diagonalenlänge zu erhalten, verdoppelt man den Flächeninhalt und dividiert dieses Ergebnis durch die andere Diagonalenlänge.
c) $e = 14{,}5$ cm

14)

	a)	b)	c)	d)	e)	f)
e (in cm)	25	35	220	12,5	15,6	215
f (in cm)	18	204	45	32,0	240	6,3
A (in cm²)	225	3570	4950	200	1872	677,25

Lösungswort: MARONI

15) **1)** $u = a \cdot 4$ → $a = u : 4 = \frac{u}{4}$ **2)** $A = a \cdot h_a$ → $h_a = A : a = \frac{A}{a}$

16) Die Seitenlänge a beträgt 10,8 cm, die Höhe h_a ist 8,5 cm lang.

17) **a)** a = 9 cm **b)** a = 25 cm **c)** d = 4 cm **d)** d = 12 cm

18) $A_{Wand} = 20{,}48$ m² = 204 800 cm² $A_{Rhombus} = 200$ cm²
$A_{Wand} : A_{Rhombus} = 204\,800$ cm² : 200 cm² = 1 024
Man benötigt mindestens 1 024 rhombenförmige Platten.

4 Flächeninhalt des Trapezes

5 Flächeninhalt von allgemeinen Vierecken und Vielecken

(Seite 46)

19) **1)** $A = \frac{(a + c) \cdot h}{2} = \frac{(51 + 22) \cdot 25}{2} = 912{,}5$ → $A = 912{,}5$ cm²
2) $A = \frac{11 \cdot 25}{2} + 22 \cdot 25 + \frac{18 \cdot 25}{2} = 912{,}5$ → $A = 912{,}5$ cm²

20) $h = \frac{A \cdot 2}{(a + c)} = \frac{450 \cdot 2}{72} = 12{,}5$ → $h = 12{,}5$ cm

21) $(a + c) = \frac{A \cdot 2}{h}$ → $c = \frac{A \cdot 2}{h} - a$ → $c = \frac{630 \cdot 2}{35} - 28 = 8$ c = 8 cm

22) $A_{Viereck} = A_I + A_{II} + A_{III} + A_{IV}$
$\frac{7 \cdot 4}{2} + \frac{4 \cdot 3}{2} + \frac{4 \cdot 3}{2} + \frac{1 \cdot 4}{2} = 14 + 6 + 6 + 2 = 28$ $A_{Viereck} = 28$ cm²

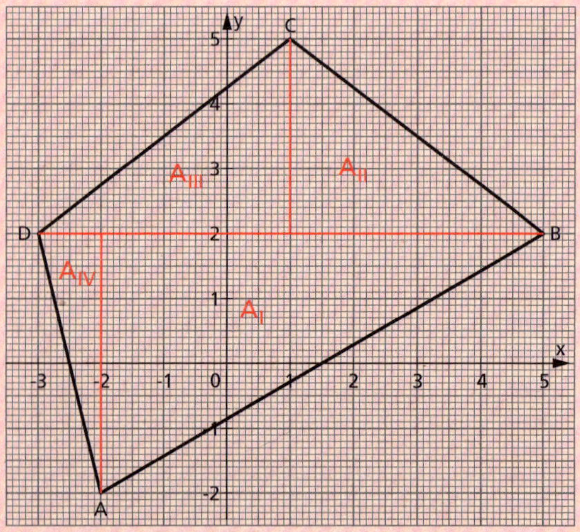

Merkenswertes – Flächeninhalt
(Seite 47)

- Flächeninhalt des Parallelogramms ABCD: $A = a \cdot \underline{h_a}$ oder $A = \underline{b} \cdot h_b$
Kurzsprechweise: Flächeninhalt = Seite mal zugehörige Höhe

- Flächeninhalt des Dreiecks ABC: $A = \frac{a \cdot h_a}{2}$ oder $A = \frac{b \cdot h_b}{2}$ oder $A = \frac{c \cdot h_c}{2}$
Kurzsprechweise: Flächeninhalt = Seite mal zugehörige Höhe durch 2

- Flächeninhalt des Rhombus ABCD: $A = a \cdot h_a$ + oder $A = \frac{e \cdot f}{2} = \frac{1}{2} \cdot e \cdot f$

- Flächeninhalt des Deltoids ABCD: + $A = \frac{e \cdot f}{2} = \frac{1}{2} \cdot e \cdot f$
Kurzsprechweise: Flächeninhalt = Diagonale mal Diagonale durch 2

- Flächeninhalt des Quadrats ABCD: $A = a \cdot a = a^2$ oder $A = \frac{d \cdot d}{2} = \frac{1}{2} \cdot d^2$

- Flächeninhalt des Trapezes ABCD: $A = \frac{(a+c) \cdot h}{2} = \frac{1}{2} \cdot (a+c) \cdot h$
Kurzsprechweise: Flächeninhalt = Summe der Parallelseiten mal Höhe durch 2

- Den Flächeninhalt allgemeiner Vierecke und Vielecke ermittelt man durch Zerlegen in Teilfiguren, zB in Dreiecke und Trapeze.

Lösungswort: WACHOLDERDROSSEL

C ÄHNLICHKEIT
1 Ähnliche Figuren
(Seite 48)

1) 1. Einander entsprechende Winkel müssen gleich groß sein.
2. Einander entsprechende Längenstücke müssen zueinander im gleichen Verhältnis stehen.
$c_1 : 35 = 4 : 5 \rightarrow 5 \cdot c_1 = 35 \cdot 4 \rightarrow c_1 = 28$ m
$d_1 : 20 = 4 : 5 \rightarrow 5 \cdot d_1 = 20 \cdot 4 \rightarrow d_1 = 16$ m

2) **a)** Rechteck und Quadrat
Erfüllt ist Bedingung 1.
Nicht erfüllt ist Bedingung 2.
b) Quadrat und Rhombus
Erfüllt ist Bedingung 2.
Nicht erfüllt ist Bedingung 1.

3) Zwei Dreiecke sind ähnlich wenn entweder einander entsprechende Winkel gleich groß sind oder einander entsprechende Längenstücke zueinander im gleichen Verhältnis stehen.
Dreieck A ~ Dreieck E Dreieck B ~ Dreieck D Dreieck C ~ Dreieck F

4) $\triangle ABC \sim \triangle FBC$, weil beide einen rechten Winkel und den Winkel β gemeinsam haben.
$\triangle AFC \sim \triangle FBC$, weil beide einen rechten Winkel haben und die Winkel $\sphericalangle ACF$ und β gleich groß sind (ebenso gilt: $\sphericalangle FCB = \alpha$).

2 Strahlensatz
(Seite 49)

5) **a)** Es entsprechen einander die Seiten PQ und PS, ebenso die Seiten QR und ST sowie die Seiten PR und PT.
b) $\overline{QR} : \overline{ST} = \overline{PR} : \overline{PT}$ $\overline{PQ} : \overline{QR} = \overline{PS} : \overline{ST}$ $\overline{PQ} : \overline{QS} = \overline{PR} : \overline{RT}$

6) $x : 27 = 8 : 36 \rightarrow x = 6$ cm $y : 18 = 44 : 36 \rightarrow y = 22$ cm

7) **a)** (verkleinert)
b) $\rightarrow x = 0{,}9$ cm $\rightarrow \overline{AT} = 4{,}5$ cm, $\overline{TB} = 2{,}7$ cm
Messung: $\overline{AT} \approx 4{,}5$ cm, $\overline{TB} \approx 2{,}7$ cm

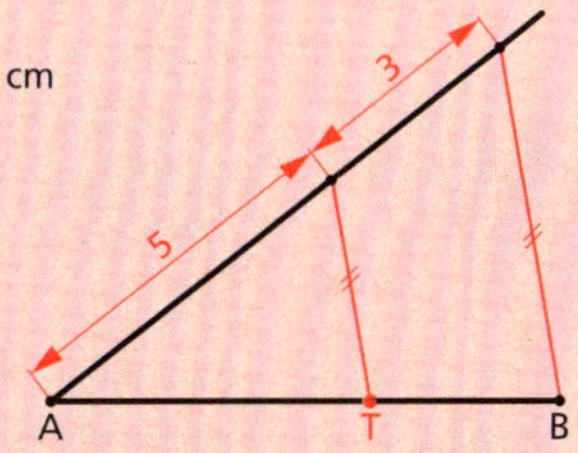

8) **a)** (verkleinert)
Messung: $b \approx 2{,}4$ cm
b) $b = 2{,}4$ cm

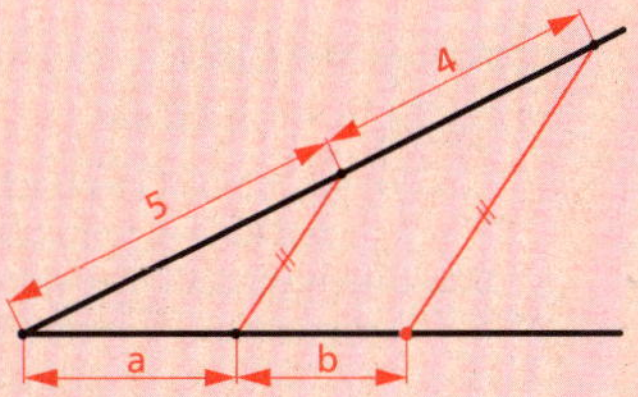

9) **a)** $a_2 : a_1 = 35 : 42 = 5 : 6 \rightarrow b_2 : 48 = 5 : 6 \rightarrow b_2 = 40$ mm
$c_2 : 66 = 5 : 6 \rightarrow c_2 = 55$ mm
b) $u_1 = 156$ mm, $u_2 = 130$ mm $\rightarrow u_2 : u_1 = 130 : 156 = 10 : 12 = 5 : 6$
c) $A_2 : A_1 = a_2^2 : a_1^2 = 35^2 : 42^2 = 5^2 : 6^2 = 25 : 36$
Die Flächeninhalte verhalten sich wie 25 zu 36.

3 Lägen- und Flächenbeziehung bei ähnlichen Figuren
4 Praktische Anwendungen der Ähnlichkeit
(Seite 50)

10) **a)** Eileen hat Recht. Sie verwendet die Eigenschaft, dass in ähnlichen Dreiecken einander entsprechende Seitenlängen im gleichen Verhältnis stehen.
b) $h \approx 21$ m Der Turm ist ungefähr 21 m hoch.
c) $1{,}75 : 1{,}05 = 200 : s \rightarrow s = 120$ m
Der Schatten ist ca. 120 m lang.

11) **a)** (verkleinert)

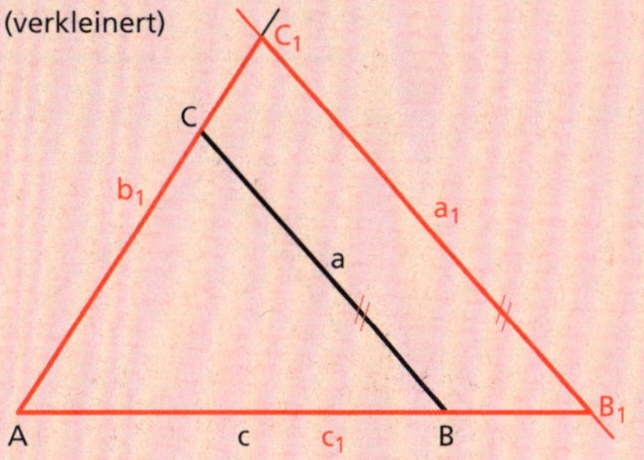

b) $a_1 \approx 7{,}2$ cm $\rightarrow a : a_1 = 5{,}4 : 7{,}2 = 3 : 4$
$b_1 \approx 6{,}4$ cm $\rightarrow b : b_1 = 4{,}8 : 6{,}4 = 3 : 4$
$c_1 \approx 8{,}4$ cm $\rightarrow c : c_1 = 6{,}3 : 8{,}4 = 3 : 4$
c) $h_c \approx 4{,}0$ cm, $h_{c_1} \approx 5{,}3$ cm
$h_c : h_{c_1} \approx 4{,}0 : 5{,}3 \approx 1 : 1{,}325$
$a : a_1 = 3 : 4 = 1 : 1{,}33333$

Merkenswertes – Ähnlichkeit
(Seite 51)

- Zwei **Vielecke** sind **ähnlich**, wenn einander entsprechende Winkel gleich groß sind und einander entsprechende Längenstücke zueinander im gleichen Verhältnis stehen.

- Zwei **Dreiecke** sind schon **ähnlich**, wenn nur eine der beiden Bedingungen erfüllt ist, dh., wenn einander entsprechende Winkel gleich groß sind oder einander entsprechende Längenstücke zueinander im gleichen Verhältnis stehen. Daraus folgt: Wenn zwei Dreiecke in zwei Winkeln übereinstimmen, dann sind sie ähnlich.

- In allen ähnlichen Figuren verhalten sich die Umfänge genau so wie einander entsprechende Streckenlängen. Die Flächeninhalte verhalten sich wie die Quadrate einander entsprechender Streckenlängen.

- Werden zwei Strahlen mit dem gemeinsamen Anfangspunkt S von zueinander parallelen Geraden geschnitten, so gilt: Die Längen zweier Abschnitte auf dem einen Strahl verhalten sich wie die Längen der entsprechenden Abschnitte auf dem anderen Strahl **(1. Strahlensatz)**.
$\overline{SA_1} : \overline{SA_2} = \overline{SB_1} : \overline{SB_2}$ $\overline{SA_1} : \overline{A_1A_2} = \overline{SB_1} : \overline{B_1B_2}$
Die von S ausgehenden Streckenlängen verhalten sich wie die Längen der entsprechenden Abschnitte auf den parallelen Geraden **(2. Strahlensatz)**:
$\overline{SA_1} : \overline{SA_2} = \overline{A_1B_1} : \overline{A_2B_2}$ $\overline{SB_1} : \overline{SB_2} = \overline{A_1B_1} : \overline{A_2B_2}$

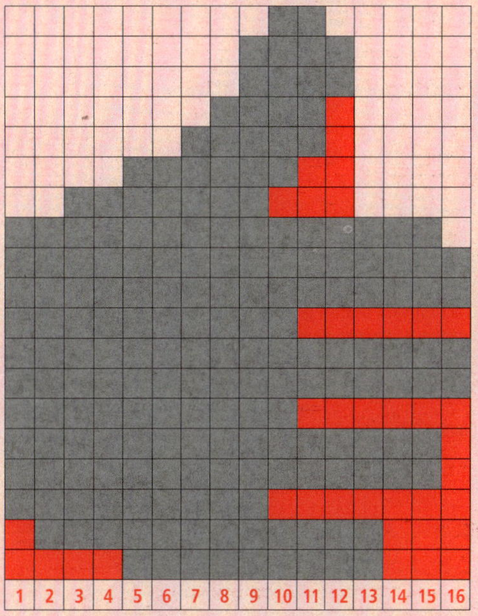

D LEHRSATZ DES PYTHAGORAS

1 Rechtwinkliges Dreieck – Satz von Pythagoras
2 Berechnungen mit dem Satz von Pythagoras – Quadratwurzel
(Seite 52, 53)

1) **a)** (verkleinert)
b) $a \approx 6{,}0$ cm, $b \approx 4{,}5$ cm, $c \approx 7{,}5$ cm
c) $a^2 + b^2 = 6{,}0^2 + 4{,}5^2 = 56{,}25$
$c^2 = 56{,}25$

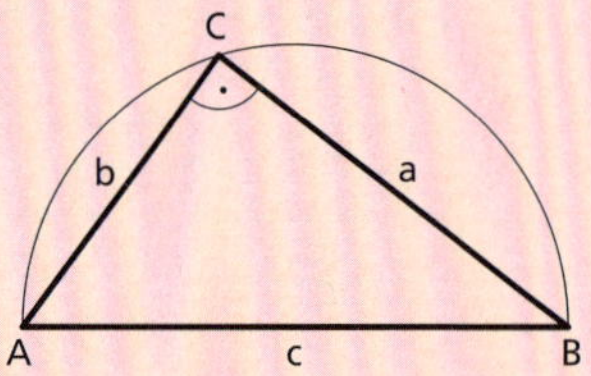

2) **a)** (verkleinert)
b) $6{,}8^2 + 5{,}1^2 = 46{,}24 + 26{,}01 = 72{,}25$
$8{,}5^2 = 72{,}25$
c) $\gamma = 90°$

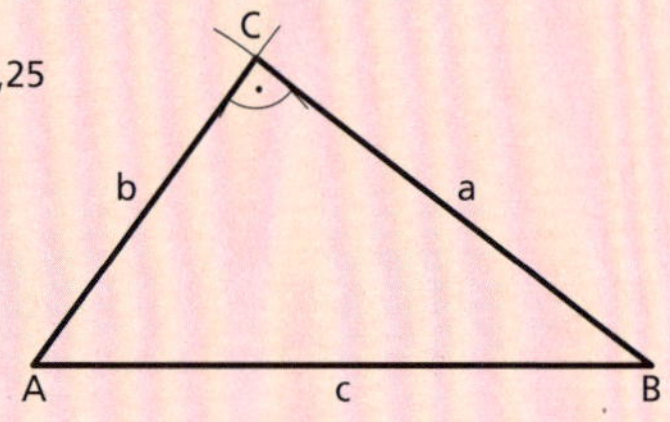

3) **a)** $12^2 + 35^2 = 144 + 1\,225 = 1\,369$ $37^2 = 1\,369$
b) $24^2 + 70^2 = 576 + 4\,900 = 5\,476$ $74^2 = 5\,476$
c) $60^2 + 175^2 = 3\,600 + 30\,625 = 34\,225$ $185^2 = 34\,225$
d) $(12 \cdot x)^2 + (35 \cdot x)^2 = 144 \cdot x^2 + 1\,225 \cdot x^2 = 1\,369 \cdot x^2$ $(37 \cdot x)^2 = 1\,369 \cdot x^2$

4) 27, 123, 120; 76, 95, 57; 12, 35, 37; 234, 250, 88; 72, 75, 21

5) **a)** $c^2 = a^2 + b^2 = 10{,}5^2 + 3{,}6^2 = 123{,}21 \rightarrow c = 11{,}1$ cm
b) $b^2 = c^2 - a^2 = 15{,}0^2 - 14{,}4^2 = 17{,}64 \rightarrow b = 4{,}2$ cm
c) $a^2 = c^2 - b^2 = 83{,}1^2 - 34{,}5^2 = 5\,715{,}36 \rightarrow a = 75{,}6$ cm

6) **a)** $a = \frac{2 \cdot A}{b} \rightarrow a = 5{,}1$ cm
b) K: $c \approx 8{,}5$ cm, $h_c \approx 4{,}1$ cm
(verkleinert)
c) $c = 8{,}5$ cm
d) $h_c = \frac{2 \cdot A}{c}$
$h_c = 4{,}08$ cm $\approx 4{,}1$ cm

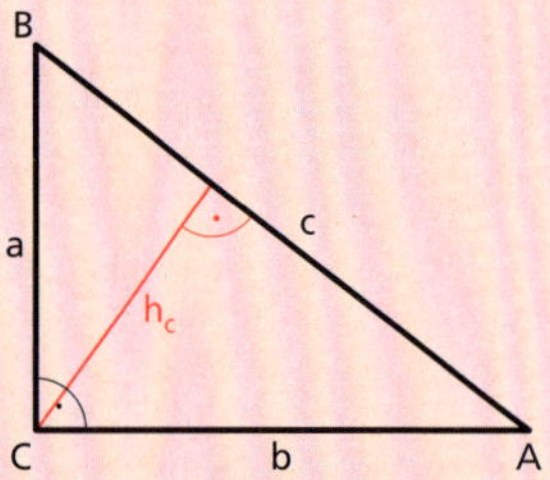

7) $x^2 = y^2 + z^2$ $q^2 = p^2 - r^2$ $b^2 = d^2 + m^2$ $h^2 = f^2 - g^2$

8) **a)** Der Höhenunterschied h ist die Differenz der Seehöhen von Berg- und Talstation. Die waagrechte Entfernung w berechnet man mit dem Satz von Pythagoras. Dabei entspricht die Länge l des Liftes der Länge der Hypotenuse, der Höhenunterschied h der Länge einer Kathete und die waagrechte Entfernung w der Länge der anderen Kathete des rechtwinkligen Dreiecks.
b) $h = 205$ m, $w^2 = 585^2 - 205^2 = 300\,200 \rightarrow w = 547{,}90\ldots \approx 548$ m
$\rightarrow \frac{h}{w} = 0{,}3741\ldots \approx 37{,}4\%$
Die mittlere Neigung beträgt rund 37,4 %.

9) richtig ist 6,30 m

3 Anwendungen des pythagoreischen Lehrsatzes
(Seite 54)

10) **a)** $d^2 = a^2 + b^2 = 12{,}45^2 + 5{,}38^2 = 183{,}9469 \rightarrow d \approx 13{,}56$ m
b) Quadrat mit $a = 7{,}25$ m: $d^2 = 2 \cdot a^2 = 105{,}125 \rightarrow d \approx 10{,}25$ m

11) **a)** Die Höhe des Giebeldreiecks teilt das gleichschenklige Dreieck in zwei rechtwinklige Dreiecke.

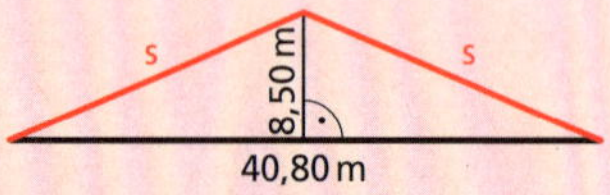

Die schrägen Dachkanten bilden jeweils die Hypotenuse eines solchen Dreiecks. Die beiden Katheten eines dieser rechtwinkligen Dreiecke entsprechen der Höhe bzw. der halben Basis des Giebeldreiecks. Die gesuchten Längen kann man daher mit dem Satz von Pythagoras berechnen.
b) Die schrägen Dachkanten sind jeweils 22,1 m lang.

12) **Zusammenfassung:**
In jedem rechtwinkligen Dreieck gilt der Satz von Pythagoras. Ist c die Hypotenuse und sind a und b die Katheten, dann gilt:
$a^2 + b^2 = c^2$
Eine mögliche Kurzsprechweise ist:
„Kathete a zum Quadrat plus Kathete b zum Quadrat gleich Hypotenuse c zum Quadrat"
Für die einzelnen Seitenlängen im rechtwinkligen Dreieck gilt:
$c = \sqrt{a^2 + b^2}$ bzw. $a = \sqrt{c^2 - b^2}$ bzw. $b = \sqrt{c^2 - a^2}$
Für die Länge der Diagonale d eines Rechtecks mit den Seitenlängen a und b gilt:
$d^2 = a^2 + b^2 \rightarrow d = \sqrt{a^2 + b^2}$
Für die Länge der Diagonale d eines Quadrats mit der Seitelänge a gilt:
$d^2 = 2 \cdot a^2 \rightarrow d = \sqrt{2 \cdot a^2}$
Lösungswort: ARBEITSBLÄTTER

E KÖRPER

1 Prisma
(Seite 55–57)

1)

Gerades fünfseitiges Prisma	G	Liegendes fünfseitiges Prisma	C
Schiefes dreiseitiges Prisma	E	Gerades vierseitiges Prisma	H
Liegendes vierseitiges Prisma	F	Schiefes vierseitiges Prisma	B
Gerades sechsseitiges Prisma	D	Gerades dreiseitiges Prisma	A

2) **a)**

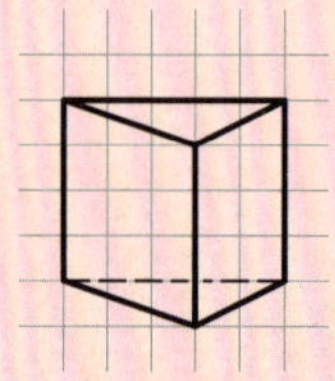

c)

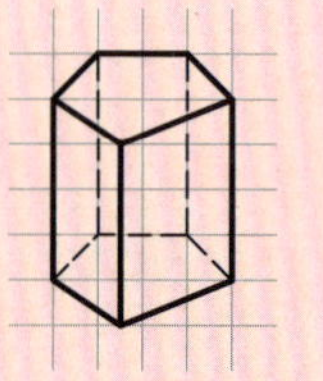

b)

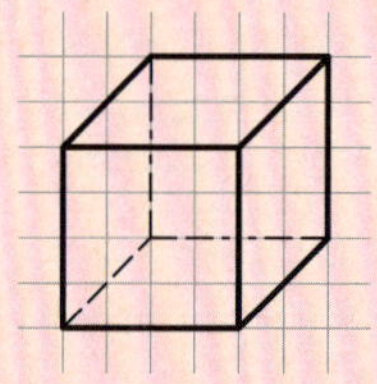

d)

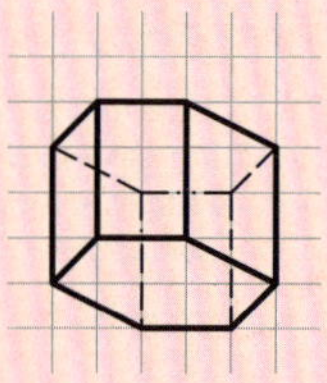

3) $2{,}4 \text{ cm} \cdot \frac{3}{4} = 1{,}8$ cm
Die Kante b muss 1,8 cm lang gezeichnet werden.
(verkleinert)

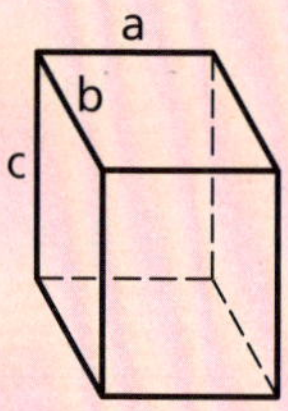

4) **a)** $d_1^2 = a^2 + b^2 = 10{,}8^2 + 8{,}1^2 = 182{,}25 \rightarrow d_1 = 13{,}5$ cm
$d_2^2 = a^2 + c^2 = 10{,}8^2 + 4{,}5^2 = 136{,}89 \rightarrow d_2 = 11{,}7$ cm
$d_3^2 = b^2 + c^2 = 8{,}1^2 + 4{,}5^2 = 85{,}86 \rightarrow d_3 = 9{,}266\ldots \approx 9{,}3$ cm
b) $V = a \cdot b \cdot c \rightarrow V = 393{,}66 \text{ cm}^3 = 0{,}393\,66 \text{ dm}^3 = 0{,}000\,393\,66 \text{ m}^3$
$\rightarrow m = 0{,}000\,393\,66 \cdot 400 = 0{,}157\,464 \text{ kg} \approx 15{,}7$ dag

5)

$V = a^2 \cdot h$	regelmäßiges vierseitiges Prisma
$V = \frac{a \cdot b}{2} \cdot h$	dreiseitiges Prisma mit einem rechtwinkligen Dreieck als Grundfläche
$V = \frac{c \cdot h_c}{2} \cdot h$	dreiseitiges Prisma mit einem allgemeinen Dreieck als Grundfläche
$V = a \cdot b \cdot h$	vierseitiges Prisma mit einem Rechteck als Grundfläche
$V = \frac{e \cdot f}{2} \cdot h$	vierseitiges Prisma mit einem Rhombus als Grundfläche

6) **a)** $A = \frac{6 \cdot 6}{2} \rightarrow A = 18 \text{ m}^2$
b) $A = 32 \cdot 6 \rightarrow A = 192 \text{ m}^2$
c) Um den Rauminhalt des Dachbodens zu ermitteln, berechnet man mit $V = G \cdot h$ den Rauminhalt des liegenden dreiseitigen Prismas, dessen Grundfläche G dem Giebeldreieck und dessen „Höhe" h der Länge des Dachbodens entspricht. $\rightarrow V = 576 \text{ m}^3$
d) $c^2 = 6^2 + 6^2 = 72 \rightarrow$ Die Grundkante ist rund 8,5 m lang.

7) Judith sagt: „Ich fasse die Halle als liegendes vierseitiges Prisma auf. Die Grundfläche ist dann ein Trapez, von dem ich die beiden Parallelseiten und die Höhe kenne.
Die Höhe des Prismas entspricht der Länge der Halle."
Caro meint: „Ich berechne zuerst den Rauminhalt des Quaders, der den unteren Teil der Halle bildet. Seine Kantenlänge entnehme ich aus der Zeichnung.
Dann berechne ich den Rauminhalt des darüberliegenden dreiseitigen Prismas. Die Grundfläche dieses liegenden Prismas ist ein rechtwinkliges Dreieck. Die Längen seiner beiden Katheten kann ich ebenfalls der Zeichnung entnehmen. Die Höhe des Prismas entspricht der Länge der Halle."

8) $V = 3\,744\ m^3$.

9) 9 kg
($V = 30 \cdot 30 \cdot 5 = 4500$; $4500\ cm^3 = 0{,}0045\ m^3 \rightarrow 0{,}0045 \cdot 2000 = 9$)

10) $V = G \cdot h \quad G = A_{(Dreieck)} = 1\,152\ cm^2$
$V = 172\,800\ cm^3 = 172{,}8\ dm^3 = 0{,}172\,8\ m^3$
Masse $m = V \cdot \rho = 1\,347{,}84\ kg \approx 1\ t\ 348\ kg$

11) Die Flüssigkeit im Becken bildet ein quadratisches Prisma. Von diesem Prisma sind die Grundkante und das Volumen bekannt.
$V = G \cdot h = a^2 \cdot h \rightarrow h = V : a^2 \rightarrow h = 1{,}73611\ldots\ m$
Die Höhe der Flüssigkeit im Becken beträgt rund 1,74 m (auf Zentimeter gerundet).

12) $V = m : \rho \rightarrow V = 0{,}01312\ m^3 = 13{,}12\ dm^3 = 13\,120\ cm^3$
$h = V : G \quad G = a \cdot b \rightarrow G = 820\ cm^2 \rightarrow h = 16$
Der Glasquader ist 16 cm hoch.

2 Pyramide
(Seite 57, 58)

13) Die Grundfläche einer regelmäßigen Pyramide ist ein regelmäßiges Vieleck. Ihre Spitze befindet sich über dem Umkreismittelpunkt der Grundfläche. Ihre Seitenkanten sind alle gleich lang.
Die Mantelfläche einer regelmäßigen Pyramide besteht aus lauter kongruenten gleichschenkligen Dreiecken.

14) a)
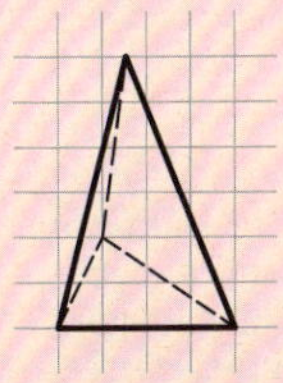
b)
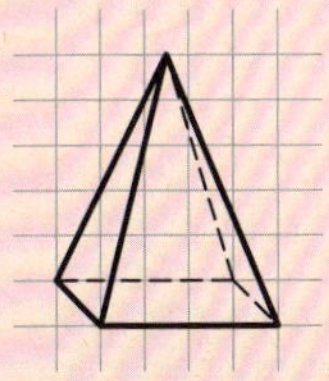
c)
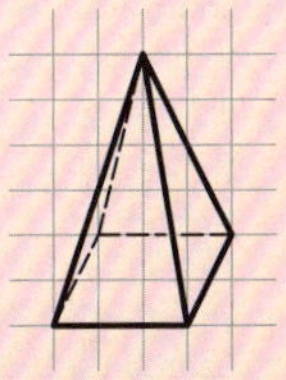

15) a) Das Dreieck AFS ist rechtwinklig, mit dem rechten Winkel beim Punkt F. Zwischen seinen Seiten $\frac{d}{2}$, h und s besteht folgender Zusammenhang: $\left(\frac{d}{2}\right)^2 = s^2 - h^2$

b) Auch das Dreieck FES ist rechtwinklig, mit dem rechten Winkel beim Punkt F.
Für seine Seiten $\frac{a}{2}$, h und h_1 gilt $\left(\frac{a}{2}\right)^2 = h_1^2 - h^2$.

c) Ebenso ist das Dreieck BES rechtwinklig. Der rechte Winkel befindet sich beim Punkt E.
Für seine Seiten $\frac{a}{2}$, h_1 und s gilt $\left(\frac{a}{2}\right)^2 = s^2 - h_1^2$

16) a) $V = \frac{a^2 \cdot h}{3} \rightarrow V = 291{,}6\ cm^3$

b) $h_1^2 = h^2 + \left(\frac{a}{2}\right)^2 \rightarrow h_1 = 11{,}7$ cm.

c) Die Oberfläche der Pyramide setzt sich zusammen aus der Grundfläche G und der Mantelfläche M.
Die Grundfläche G ist ein Quadrat mit der Flächeninhaltsformel $G = a^2$.
Die Mantelfläche M besteht aus 4 kongruenten gleichschenkligen Dreiecken.
Den Flächeninhalt eines solchen Dreiecks kann man mit der Formel $A = \frac{a \cdot h_1}{2}$ berechnen.
Für den Flächeninhalt der Mantelfläche M gilt demnach:
$M = 4 \cdot \frac{a \cdot h_1}{2} = 2 \cdot a \cdot h_1$.
$O = G + M = a^2 + 2 \cdot a \cdot h_1 \rightarrow O = 291{,}6\ cm^2$

17)

	Pyramide 1	Pyramide 2	Pyramide 3	Pyramide 4
a in cm	19,2	7,2	14,4	8,8
h in cm	11,0	16,0	13,5	11,7
h_1 in cm	14,6	16,4	15,3	12,5
V in cm^3	1351,68	276,48	933,12	302,016
O in cm^2	929,28	288,00	648,00	297,44

Lösungswort: DACHDECKEREI

18) $M = 4 \cdot \frac{a \cdot h_1}{2} = 2 \cdot a \cdot h_1 \rightarrow M = 129{,}6\ m^2 \qquad s^2 = \left(\frac{a}{2}\right)^2 + h_1^2 \rightarrow s = 12{,}3$ m.

19) a) $h = \frac{V \cdot 3}{a^2} \rightarrow h = 18$ cm

b) $a^2 = \frac{V \cdot 3}{h} \rightarrow a^2 = 1\,296 \rightarrow a = 36$ cm

Merkenswertes – Körper
(Seite 59)

■ **Prismen** werden von zwei deckungsgleichen (= kongruenten) Vielecken begrenzt, die zueinander parallel liegen. Diese beiden Flächen sind die Grundfläche G und Deckfläche D. Ihren Abstand nennt man die Höhe h des Prismas.
Die Seitenkanten sind gleich lang und zueinander parallel. Beim **geraden Prisma** stehen sie normal zu Grund- und Deckfläche. Die Figur oben zeigt ein gerades dreiseitiges Prisma (bzw. dessen Netz).
Als **regelmäßige Prismen** bezeichnet man gerade Prismen, deren Grund- und Deckfläche regelmäßige Vielecke sind (gleichseitiges Dreieck, Quadrat, regelmäßiges Fünfeck oder Sechseck usw.).
Die **Oberfläche** eines Prismas setzt sich aus Grund- und Deckfläche und der Mantelfläche M zusammen. Die Mantelfläche M gerader Prismen besteht aus Rechtecken. Für den Flächeninhalt der Oberfläche O gilt die Formel $O = 2 \cdot G + M$.
Für das Volumen V des Prismas gilt $V = G \cdot h$.
Für die **Dichte** von Körpern gilt Dichte = Masse durch Volumen $\left(\rho = \frac{m}{V}\right)$.

Lösungswort: GEOMETRISCHE GRUNDFORM

■ Die Seitenflächen von **Pyramiden** sind Dreiecke, die Grundfläche (= Basis) ist ein Vieleck. Als Höhe der Pyramide bezeichnet man den Normalabstand der Spitze S von der Grundfläche.
Die Grundfläche einer **regelmäßigen Pyramide** ist ein regelmäßiges Vieleck. Ihre Spitze befindet sich über dem Umkreismittelpunkt der Grundfläche. In der Figur rechts ist eine regelmäßige vierseitige Pyramide dargestellt.
Die **Oberfläche** einer Pyramide setzt sich aus der Grundfläche G und der Mantelfläche M zusammen.
Die Mantelfläche einer regelmäßigen Pyramide besteht aus kongruenten gleichschenkligen Dreiecken.
Für den Inhalt der Oberfläche gilt die Formel $O = G + M$.
Für das Volumen gilt $V = \frac{G \cdot h}{3}$.

Lösungswort: SCHRAEGRISSE

ABSCHLUSSTEST 1

(Seite 60, 61)

1) **1)** $-\frac{1}{6}$ **2)** $\frac{1}{18}$ **3)** $-\frac{8}{45}$ **4)** $-\frac{2}{5}$

2) **a)** $(a-5)\cdot(a-5)=a^2-105$; a = 13 cm
b) $x+5x=90°$; $x=15°$
Winkel des Dreiecks: 15°; 75°, 90°

3) **a)** $-3a-8b+9$; Probe: −16
b) $2(-25a^2-9ab+11b^2)$, Probe: −470

4) **a)** $-\frac{1}{4}$ **b)** $-\frac{27}{64}$ **c)** 81 **d)** 0 **e)** $25a^{11}b^7$ **f)** $\frac{2x^2}{y}$

5) **a)** $(x+y)(3x-2y)$ **b)** $6b(a^2-1)$ **c)** $\frac{5s-2r}{3-4s}$

6) **a)** $1\frac{3}{5}:5=8:25$; $7:1{,}4=5:1$; $\frac{5}{4}:\frac{3}{8}=10:3$
b) $3\,m^2:12\,dm^2=25:1$; $6\,m^3:50\,dm^3=120:1$;
11,5 kg : 750 g = 50 : 3

7) Maßstab 1 : 250 000

8) **1)**

Klasse (in €)	Strichliste	Häufigkeit absolute	Häufigkeit relative
0 bis 800	||||| |||||	10	0,370
800 bis 1 600	||||| ||||	9	0,333
1 600 bis 2 400	||||| |||	8	0,296
	Summe	27	0,999

2)

Klasse (in €)	Strichliste	Häufigkeit absolute	Häufigkeit relative
0 bis 600	||||	4	0,148
600 bis 1 200	||||| ||	7	0,259
1 200 bis 1 800	||||| |||	8	0,296
1 800 bis 2 400	||||| |||	8	0,296
	Summe	27	0,999

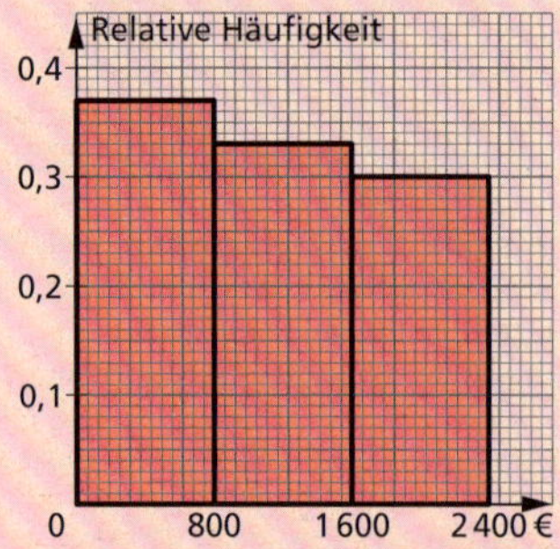

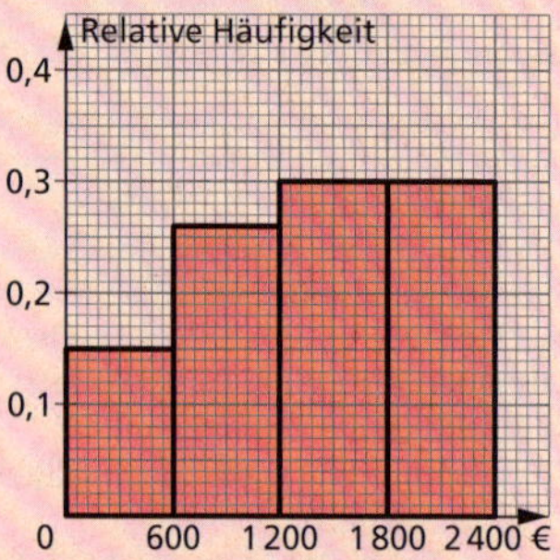

3) Die Darstellungen vermitteln sehr unterschiedliche Eindrücke; bei 1) sind die Säulen mit den niederen Gehältern höher, bei 2) gerade umgekehrt; so sind alle Interpretationen möglich. Die Arbeitgeberseite wird Histogramm 2) wählen, weil es zeigt, dass die höheren Gehälter überwiegen. Die Arbeitnehmerseite wird Histogramm 1) wählen, weil es zeigt, dass die niedrigen Gehälter überwiegen.

9) 48 Liter

10) Jährlicher Nettozinssatz: 3,375 %

Zeitpunkt	Guthaben in €	Zinsen in €
heute	7 500	0
nach 1 Jahr	7 500 · 1,033 75 + 7 500 = 15 253,13	253,13
nach 12 Jahren	$15\,253{,}13\cdot 1{,}03375^{11}$ = 21 975,04	6 975,04

11) $A_{Deltoid}=\frac{e\cdot f}{2}\rightarrow A=21{,}84\,m^2=2\,184\,dm^2=218\,400\,cm^2$
$A_{Rhombus}=a\cdot h_a\rightarrow A=96\,cm^2$
Man benötigt mindestens 2 275 Plättchen.

12) $A_{Trapez}=\frac{(a+c)\cdot h}{2}+\frac{(3{,}4+2{,}6)\cdot 2{,}4}{2}=7{,}2\rightarrow A=7{,}2\,m^2$

13) **a)**

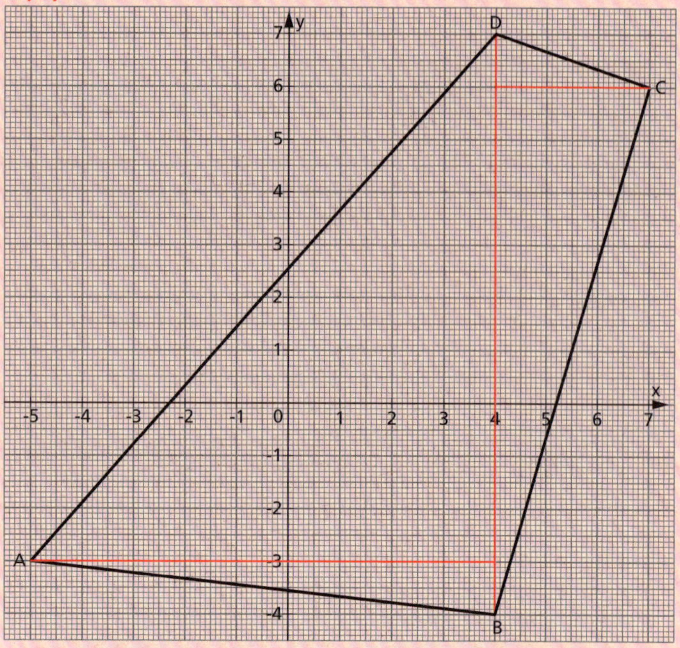

b) Die Diagonale BD teilt das Viereck in zwei Teildreiecke. Da B und D die gleiche x-Koordinate haben, kann man die Länge der Diagonale BD direkt ablesen: $\overline{BD}$ = 11 cm. Ebenso lassen sich die zur Seite BD zugehörigen Höhen beider Teildreiecke direkt ablesen (h_a = 9 cm, h_c = 3 cm).
Der Flächeninhalt des Vierecks ABCD ist also mit $A=\frac{\overline{BD}\cdot h_a}{2}+\frac{\overline{BD}\cdot h_c}{2}$ exakt berechenbar.
c) $A_{Viereck\ ABCD}=66\,cm^2$

14 **a)** △PQS ~ ΔPRT
b) In den beiden Dreiecken sind alle einander entsprechenden Winkel gleich groß (Parallelwinkel).
c) $x:24=15:36\rightarrow x=10$ cm
$y:68=36:51\rightarrow y=48$ cm

15 **a)** Die Höhe h_c teilt das gleichschenklige Dreieck in zwei kongruente rechtwinklige Teildreiecke. Die Hypotenuse entspricht dabei jeweils einem Schenkel des gegebenen Dreiecks. Die eine Kathete wird von der halben Basis des gleichschenkligen Dreiecks gebildet. Die andere Kathete ist die gesuchte Höhe h_c. Diese kann man daher mit dem Satz von Pythagoras berechnen: $h_c^2=a^2-\left(\frac{c}{2}\right)^2$.
Die Höhe $h_a=h_b$ kann man über den Flächeninhalt des gleichschenkligen Dreiecks ermitteln:
Man berechnet ihn zunächst mit $A=\frac{c\cdot h_c}{2}$ und formt dann die andere Formel $A=\frac{a\cdot h_a}{2}$ so um, dass man h_a erhält: $h_a=\frac{A\cdot 2}{a}=h_b$
b) $h_c=8{,}4$ cm, $A=29{,}4\,cm^2\rightarrow h_a=h_b=6{,}461\ldots\,cm\approx 6{,}5$ cm

16 **a)** richtig ist dreiseitiges Prisma
b) $h_c=15{,}2\,m\rightarrow A(Dreieck)=G=524{,}4\,m^2\rightarrow V=78\,660\,m^3$

ABSCHLUSSTEST 2

(Seite 62, 63)

1) **1)** −21 **2)** +3 **3)** 63 **4)** 39

2) **a)** $x = 4$; Probe: 476
b) $y = 9$; Probe: 4512

3) **a)** $(4x - 15) \cdot 2 + 2x = 170$; $x = 20 \rightarrow$ Breite 20 cm, Länge 65 cm
b) $(x + 8)^2 = x^2 + 256$
Seitenlänge des ursprünglichen Quadrats 12 cm

4) **a)** $(x - y)(2x - 3y)$ **d)** $(p - q)(4x + 5y)$
b) $5a(b^2 - 1)$ **e)** $(3e - 2f) \cdot (v + 3w)$
c) $\frac{2s - 5r}{4s - 3}$ **f)** $\frac{x^2}{2y}$

5) **a)** −1 **c)** 81 **e)** $9a^7b^9$
b) $\frac{25}{4}$ **d)** 0 **f)** $\frac{x^2}{2y}$

6) **a)** $(4x + 5)^2 = 16x^2 + 40x + 25$ **b)** $(3z - 8)^2 = 9z^2 - 48z + 64$

7) **1)**

Klasse	Klassenmitte	Strichliste	Häufigkeit absolut	relativ	prozentuell
D	16,75	𝍸	5	0,10	10 %
C	18,25	𝍸 ‖	7	0,14	14 %
B	20	𝍸 ‖‖	9	0,18	18 %
A	22	𝍸 ‖	7	0,14	14 %
AA	24	𝍸 ‖‖‖	8	0,16	16 %
AAA	26,5	𝍸 ‖‖	9	0,18	18 %
AAAA	29,5	𝍸	5	0,10	10 %
		Summe	50	1,00	100 %

2)

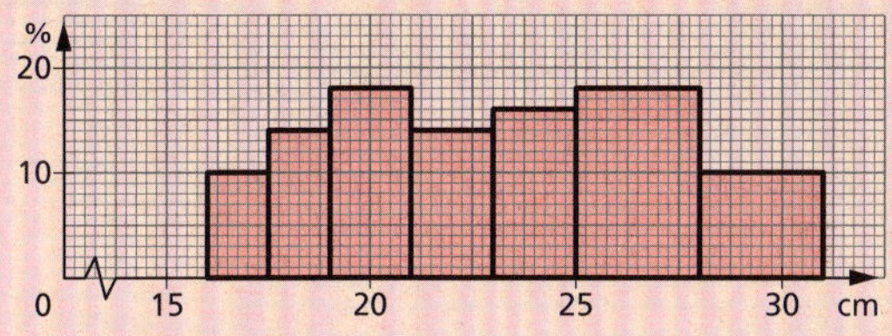

3) $\frac{1097}{50}$ cm = 21,94 cm ≈ 22 cm

4) $\frac{29{,}5 \cdot 5 + 26{,}5 \cdot 9 + 24 \cdot 8 + \ldots + 16{,}75 \cdot 5}{50}$ cm = $\frac{1123{,}5}{50}$ cm = 22,47 cm ≈ 22 cm

8) Maßstab: 1 : 250 000

9) Er braucht 2,4 h = 2 Stunden 24 Minuten. Er müsste mit 102 km/h fahren.

10) **a)** 4 m : 2 cm = 200 : 1 **d)** 0,24 : 0,36 = 2 : 3
b) 12 kg : 4 g = 3000 : 1 **e)** 1 500 kg : 2,5 t = 3 : 5
c) 35 m³ : 7 dm³ = 5000 : 1 **f)** $1\frac{1}{4}$ h zu 45 min = 5 : 3

11) 348,17 %

12) **a)** Das Rechteck, dessen Seiten durch die Eckpunkte des Deltoids verlaufen, hat den Flächeninhalt $A = e \cdot f$. Das Deltoid nimmt genau die Hälfte des Rechtecks ein: $A = \frac{e \cdot f}{2}$
b) e = 13,2 cm

13) $A_{Fußboden} = \frac{d \cdot d}{2} \rightarrow A = 76{,}88\ m^2 = 768\,800\ cm^2$
$A_{Trapez} = 147\ cm^2$
768 800 cm² : 147 cm² = 5 229,9…
Man benötigt mindestens 5 230 Fliesen.

14) **a)**

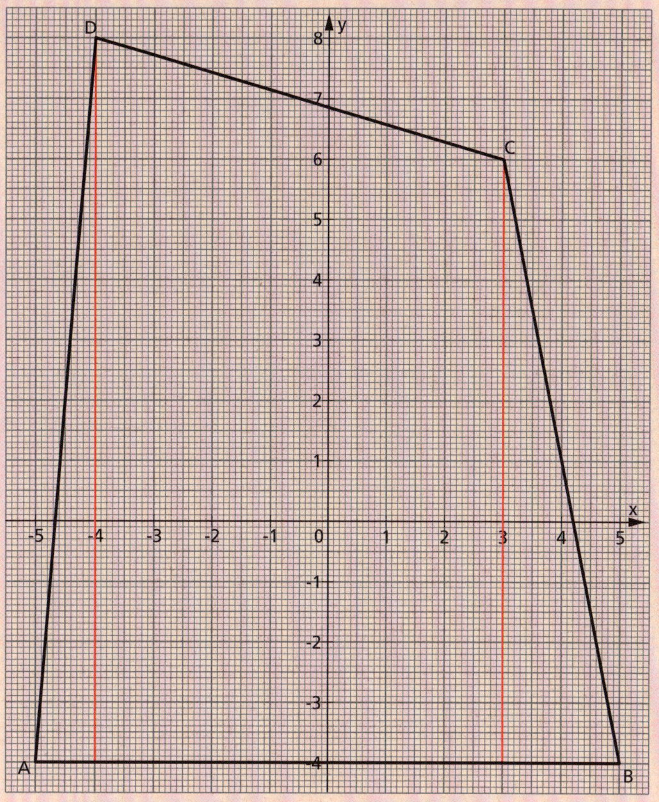

b) Zeichnet man in den Punkten C und D jeweils die Normale auf die Seite AB, so wird das allgemeine Viereck in zwei rechtwinklige Dreiecke und ein Trapez unterteilt. Alle Katheten der Dreiecke sowie die Parallelseiten des Trapezes liegen parallel zu den Koordinatenachsen. Ihre Längen lassen sich daher ebenso wie die Trapezhöhe direkt aus den Koordinaten der Eckpunkte A, B, C und D ablesen.

c) $A_{Viereck\ ABCD} = \frac{1 \cdot 12}{2} + \frac{(12 + 10) \cdot 7}{2} + \frac{2 \cdot 10}{2} = 93\ cm^2$

15) **a)** K: b ≈ 9,8 cm
(verkleinert)

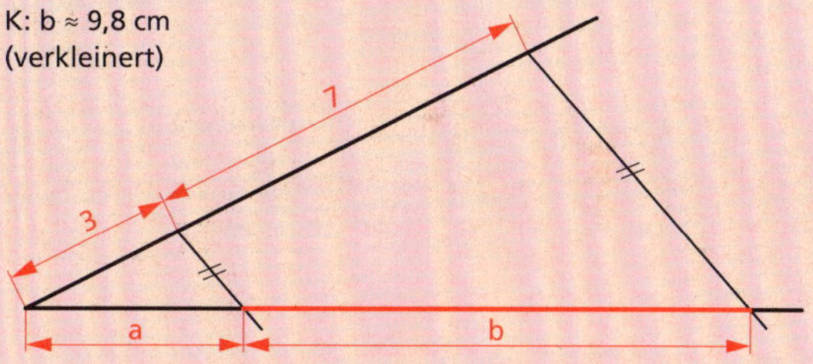

b) 4,2 : b = 3 : 7 → b = 9,8 cm

16 **a)** K: a ≈ 4,0 cm, h_c ≈ 3,5 cm
(verkleinert)

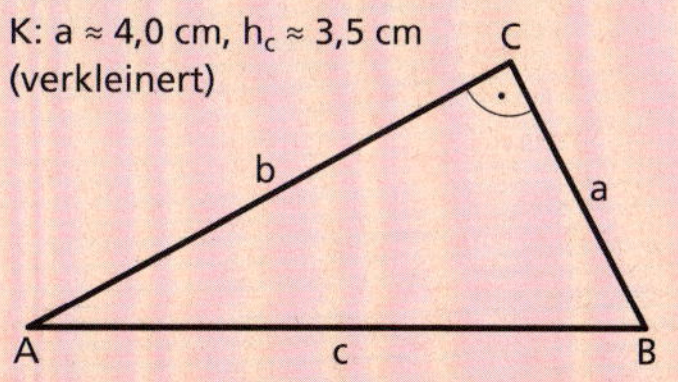

b) a = 4,0 cm, A = 15 cm², h_c = 3,529… ≈ 3,5 cm

17) **a)** Die Höhe h_c teilt das gleichschenklige Dreieck in zwei rechtwinklige Teildreiecke mit der Hypotenuse a = b und den Katheten h_c und $\frac{c}{2}$.
Mit Hilfe des Satzes von Pythagoras kann man $\frac{c}{2}$ berechnen:
$\left(\frac{c}{2}\right)^2 = a^2 - h_c^2 \rightarrow c = 2 \cdot \sqrt{a^2 - h_c^2}$
Für den Umfang gilt: $u = a \cdot 2 + c$
Den Flächeninhalt erhält man durch $A = \frac{c \cdot h_c}{2}$.
b) c = 10,8 cm → u = 28,8 cm, A = 38,88 cm²

18) **a)** richtig ist: vierseitiges Prisma
b) $V = G \cdot h$ $G = A_{Trapez} = 39{,}68\ m^2 \rightarrow V = 476{,}16\ m^3$

ZUORDNUNG ZU DEN KOMPETENZBEREICHEN

Seit 2009 gibt es im österreichischen Mathematikunterricht der Unterstufe die **Standards M8** (Mathematik 8. Schulstufe) mit dem zugehörigen **Kompetenzmodell**. Jenes Wissen/Können, das Schülerinnen und Schüler in der Unterstufe erwerben und das ihnen nachhaltig zur Verfügung stehen soll, wird durch Kompetenzen beschrieben. Man unterscheidet dabei vier Handlungs- und vier Inhaltsbereiche (neben drei Komplexitätsbereichen, auf die wir hier nicht näher eingehen).

Handlungsbereiche:
- **H1:** Darstellen, Modellbilden
- **H2:** Rechnen, Operieren
- **H3:** Interpretieren
- **H4:** Argumentieren, Begründen

Inhaltsbereiche:
- **I1:** Zahlen und Maße
- **I2:** Variable, funktionale Abhängigkeiten
- **I3:** Geometrische Figuren und Körper
- **I4:** Statistische Darstellungen und Kenngrößen

Im Arbeitsheft ist zur besseren Orientierung bei allen Aufgaben am Rand der Handlungsbereich (H1 bis H4) angegeben. Der Inhaltsbereich ergibt sich i. A. aus dem jeweiligen Kapitel. Obwohl bei jeder Aufgabe nur jeweils ein Handlungsbereich angeführt ist, wären – je nach Sichtweise und Schwerpunktsetzung – oft auch Mehrfachnennungen möglich. In der folgenden Auflistung sind zum Teil zwei Handlungsbereiche angegeben (zB H13).

	Einstiegstest	A	Mathematik macht Spaß	B	Ganze und rationale Zahlen	B	Ganze und rationale Zahlen	C	Algebra	C	Algebra	C	Algebra	D	Verhältnisse und Proportionen	E	Prozent- und Zinsenrechnung	F	Statistik
1	I1,H4	1	I1,H2	1	I1,H2	26	I1,H1	1	I2,H3	26	I2,H12	51	I2,H2	1	I2,H2	1	I1,H2	1	I4,H24
2	I1,H3	2	I3,H3	2	I1,H2	27	I1,H3	2	I2,H1	27	I2,H2	52	I2,H2	2	I2,H3	2	I1,H3	2	I4,H2
3	I1,H2	3	I1,H3	3	I1,H3	28	I1,H1	3	I2,H2	28	I2,H2	53	I2,H3	3	I2,H1	3	I1,H2	3	I4,H24
4	I2,H1	4	I1,H2	4	I1,H1	29	I1,H1	4	I2,H2	29	I2,H2	54	I2,H2	4	I2,H2	4	I1,H2	4	I4,H12
5	I1,H2	5	I2,H1	5	I1,H3	30	I1,H4	5	I2,H12	30	I2,H2	55	I2,H1	5	I2,H12	5	I1,H12	5	I4,H12
6	I4,H13	6	I2,H1	6	I1,H1	31	I1,H2	6	I2,H3	31	I2,H2	56	I2,H2	6	I2,H2	6	I1,H1	6	I4,H2
7	I1,H2			7	I1,H2	32	I1,H2	7	I2,H3	32	I2,H2	57	I2,H2	7	I2,H2	7	I1,H1	7	I4,H3
8	I1,H1			8	I1,H1	33	I1,H2	8	I2,H12	33	I2,H2	58	I2,H2	8	I2,H2	8	I4,H3	8	I4,H13
9	I1,H2			9	I1,H1	34	I1,H4	9	I2,H1	34	I2,H2	59	I2,H2	9	I2,H2	9	I1,H2	9	I4,H13
10	I1,H2			10	I2,H4	35	I1,H1	10	I2,H1	35	I2,H2	60	I2,H2	10	I2,H2	10	I1,H2		
11	I3,H4			11	I1,H2	36	I1,H3	11	I2,H3	36	I2,H2	61	I2,H3	11	I2,H2	11	I1,H2		
12	I3,H3			12	I1,H2	37	I1,H4	12	I2,H1	37	I2,H2	62	I2,H2	12	I2,H2	12	I14,H2		
13	I3,H24			13	I1,H2	38	I1,H4	13	I2,H1	38	I2,H2	63	I2,H2	13	I2,H2	13	I1,H12		
14	I3,H3			14	I1,H1	39	I1,H2	14	I2,H2	39	I2,H1	64	I2,H2	14	I2,H2	14	I1,H4		
15	I3,H2			15	I1,H4	40	I1,H2	15	I2,H2	40	I2,H2	65	I2,H1	15	I2,H1	15	I1,H2		
				16	I1,H2	41	I1,H2	16	I2,H2	41	I2,H1	66	I2,H1	16	I2,H1	16	I1,H2		
				17	I1,H2	42	I1,H2	17	I2,H23	42	I2,H1	67	I2,H2	17	I2,H1	17	I1,H12		
				18	I1,H2	43	I1,H2	18	I2,H1	43	I2,H2	68	I2,H2	18	I2,H2	18	I1,H2		
				19	I1,H2	44	I1,H3	19	I2,H2	44	I2,H2	69	I2,H2	19	I2,H1	19	I1,H4		
				20	I2,H4	45	I1,H3	20	I2,H2	45	I2,H1	70	I2,H12	20	I2,H3	20	I1,H2		
				21	I1,H4	46	I1,H2	21	I2,H2	46	I2,H2	71	I2,H2	21	I2,H1	21	I1,H2	A	Wiederholung und Vertiefung
				22	I1,H2	47	I1,H2	22	I2,H2	47	I2,H2	72	I2,H1	22	I2,H14	22	I1,H2	1	I3,H12
				23	I1,H3	48	I1,H2	23	I2,H2	48	I2,H2			23	I2,H3	23	I2,H3	2	I3,H2
				24	I1,H1	49	I1,H4	24	I2,H1	49	I2,H3			24	I2,H14	24	I1,H2	3	I3,H2
				25	I1,H2			25	I2,H2	50	I2,H1			25	I2,H12	25	I1,H1	4	I3,H2

B	Flächeninhalt	B	Flächeninhalt	C	Ähnlichkeit	D	Lehrsatz des Pythagoras	E	Körper	E	Körper	1	Abschlusstest	1	Abschlusstest	2	Abschlusstest	2	Abschlusstest
1	I3,H4	13	I3,H13	1	I3,H2	1	I3,H2	1	I3,H3	13	I3,H3	1	I1,H2	13	I3,H3	1	I1,H2	13	I3,H1
2	I3,H2	14	I3,H2	2	I3,H3	2	I3,H2	2	I3,H2	14	I3,H2	2	I2,H2	14	I3,H3	2	I2,H2	14	I3,H3
3	I3,H2	15	I3,H4	3	I3,H3	3	I13,H4	3	I3,H2	15	I3,H3	3	I2,H1	15	I3,H3	3	I2,H1	15	I3,H2
4	I3,H34	16	I3,H2	4	I3,H4	4	I3,H2	4	I3,H2	16	I3,H23	4	I2,H2	16	I3,H3	4	I2,H2	16	I3,H2
5	I23,H2	17	I3,H2	5	I3,H3	5	I3,H2	5	I3,H3	17	I3,H2	5	I2,H1			5	I1,H2	17	I3,H3
6	I23,H2	18	I3,H3	6	I3,H2	6	I23,H2	6	I3,H12	18	I3,H12	6	I1,H2			6	I2,H2	18	I3,H3
7	I3,H4	19	I3,H2	7	I3,H2	7	I3,H3	7	I3,H13	19	I3,H2	7	I1,H2			7	I4,H2		
8	I3,H2	20	I3,H2	8	I3,H2	8	I3,H1	8	I3,H2			8	I4,H14			8	I3,H1		
9	I3,H2	21	I23,H2	9	I3,H2	9	I3,H1	9	I3,H2			9	I1,H1			9	I1,H1		
10	I23,H2	22	I3,H2	10	I3,H1	10	I3,H2	10	I3,H12			10	I1,H2			10	I1,H2		
11	I3,H4			11	I3,H2	11	I3,H13	11	I3,H13			11	I3,H1			11	I1,H2		
12	I3,H2					12	I3,H3	12	I3,H2			12	I3,H1			12	I3,H4		

H 4 **14** **1)** Die Formel für die Berechnung der Jahreszinsen lautet: $Z = K_0 \cdot \frac{p}{100}$

Beschreibe die Variablen! ______

2) Wie kann man die Zinsen berechnen, die in m Monaten bzw. in t Tagen anfallen?

______

3) Begründe die Formel $K_1 = K_0 \cdot \left(1 + \frac{p}{100}\right)$ für die Berechnung des Guthabenstandes nach 1 Jahr!

______

H 2 **15** Berechne die Zinsen Z, die ein Kapital K_0 von 2 500 € bei einem Zinssatz von 3 % p. a. bringt!

a) in 1 Jahr ______ **b)** in 5 Monaten ______ **c)** in 200 Tagen ______

H 2 **16** **a)** Welches Kapital liefert bei einem Zinssatz von 2,5 % p. a. in einem Jahr 36,25 € Zinsen? ______

b) Wie groß ist der Zinssatz p. a., wenn ein Kapital von 4200 € in einem Jahr 147 € Zinsen liefert?

______

H 1 **17** Von 4.–17. Februar 2013 fanden in Schladming die alpinen Schiweltmeisterschaften 2013 statt. Georg wollte unbedingt am Freitag, dem 15. Februar 2013, nach Schladming fahren. Er hatte zu seinem Geburtstag am Mittwoch, dem 23. Mai 2012, von seinen Eltern 200 € bekommen und noch am selben Tag in der Sparkasse eingelegt, die die Einlage mit 3 % p. a. verzinst. Wie viel Geld konnte er am Donnerstag, dem 14. Februar 2013 maximal abheben um den Aufenthalt zu bezahlen? Die Bahnfahrt kostet hin und zurück jeweils 27,40 €, der Eintritt kostet 30 €. Wie viel Geld bleibt ihm für die Übernachtung? Berechne zunächst die Zinsen bis zum Jahresende 2012. Schlage dann die Zinsen zum Kapital dazu und berechne schließlich den Guthabenstand am Tag der Abhebung des Geldbetrages!

Bemerkung: Die Verzinsung beginnt mit dem auf die Einlage folgenden Werktag und endet mit dem Tag der Abhebung. Die KESt. kannst du hier vernachlässigen.

______

H 2 **18** Familie Lehner hat in einer Bank für den Umbau ihrer Wohnung ein Darlehen von 25000 € aufgenommen, das sie nach 10 Monaten zurückzahlen muss. Die Bank verrechnet einen Zinssatz von 6 % p. a. Darüber hinaus hat Familie Lehner eine Kreditsteuer von 0,8 % und 2 % Bearbeitungsgebühr zu entrichten. Kreditsteuer und Bearbeitungsgebühr werden von der Bank gleich bei der Gewährung des Darlehens einbehalten. Für alle Gebühren und für die Rückzahlung gilt 25000 € als Grundwert.

1) Mit wie viel Euro kann Familie Lehner am Tag der Kreditauszahlung rechnen? ______

2) Wie viel Euro muss Familie Lehner nach 10 Monaten zurückzahlen? ______

H 4 **19** Die Kapitalertragsteuer (KESt.) auf Zinsen von Spareinlagen beträgt derzeit (2012) in Österreich 25 % und wird gleich von der Bank einbehalten. An Stelle des vereinbarten Zinssatzes von p % p. a. tritt der so genannte jährliche Nettozinssatz p_{netto} %.
Warum gilt für den verbleibenden jährlichen Nettozinssatz $p_{netto} = p \cdot 0{,}75$?

______

H 2 20 Berechne den jeweiligen Nettozinssatz p_{netto} % p.a. für die Kapitalsparbücher mit unterschiedlich langen Laufzeiten!

1) 6 Monate Laufzeit .... 0,625 % p_{netto} =

2) 17 Monate Laufzeit .... 1,75 % p_{netto} =

3) 24 Monate Laufzeit .... 2,5 % p_{netto} =

4) 84 Monate Laufzeit .... 4 % p_{netto} =

H 2 21 Julia legt 400 € auf ihr Sparbuch ein. Die Bank vereinbart mit ihr einen Zinssatz von 2 % p.a.

1) Wie viel Euro würden die Zinsen nach einem Jahr ohne KESt. betragen? ______________

2) Wie viel Euro macht die Kapitalertragsteuer aus? ______________

3) Welchen Guthabenstand hat Julia nach einem Jahr? ______________

H 2 22 Florians Mutter legt Anfang Jänner 5000 € auf ein Sparbuch mit 3 % p.a. vereinbarter Verzinsung ein. Nach 1 Jahr und nach 2 Jahren erhöht sie die Einlage noch jeweils um 1000 €.

1) Wie hoch ist der jährliche Nettozinssatz? ______________

2) Vervollständige die folgende Tabelle! Berechne den Guthabenstand und die tatsächlich anfallenden Zinsen nach 2 Jahren, nach 3 Jahren und nach 4 Jahren!

Zeitpunkt	Guthabenstand in €	Zinsen in €
heute	5000	0
nach 1 Jahr	$5000 \cdot 1{,}0225 + 1000 =$ 6112,50	112,50
nach 2 Jahren		
nach 3 Jahren		
nach 4 Jahren		

H 3 23 Wenn ein Kapital länger als 1 Jahr in einer Bank liegt, werden am Ende jedes Jahres die Zinsen zum Kapital dazugeschlagen und bringen auf diese Weise wieder Zinsen (Zinseszinsen).
Erkläre Schritt für Schritt die Herleitung der Zinseszinsformel!

$K_1 = K_0 + K_0 \cdot \frac{p}{100} = K_0 \cdot \left(1 + \frac{p}{100}\right)$ ______________

$K_2 = K_1 + K_1 \cdot \frac{p}{100} = K_1 \cdot \left(1 + \frac{p}{100}\right) = K_0 \cdot \left(1 + \frac{p}{100}\right)^2$ ______________

$K_3 = K_2 + K_2 \cdot \frac{p}{100} = K_2 \cdot \left(1 + \frac{p}{100}\right) = K_0 \cdot \left(1 + \frac{p}{100}\right)^3$ ______________

...

$K_n = K_0 \cdot \left(1 + \frac{p}{100}\right)^n$ ______________

H 2 24 Hans legt 300 € auf sein Sparbuch ein. Die Bank vereinbart mit ihm einen Zinssatz von 4 % p.a.

1) Wie groß ist der jährliche Nettozinssatz? ______________

2) Wie groß ist sein Guthabenstand nach 10 Jahren? ______________

3) Mit wie viel Euro Zinsen kann er rechnen? ______________

H 1 25 Beim Durchgang durch eine Glasplatte verliert das Licht 10 % seiner Helligkeit. Die Helligkeit des einfallenden Lichtstrahls ist I_0.

1) Wie groß ist die Helligkeit **a)** nach 1 Scheibe, **b)** nach 2 Scheiben, **c)** nach n Scheiben?

a) $I_1 = I_0 \cdot \left(1 - \frac{10}{100}\right)^1 = I_0 \cdot 0{,}9$ **b)** ______________ **c)** ______________

2) Nach wie vielen Scheiben ist die Helligkeit des durchgelassenen Lichtes unter die Hälfte der Anfangshelligkeit gesunken? Experimentiere mit dem TR!

Ansatz: $\cancel{I_0} \cdot 0{,}9^n < \frac{\cancel{I_0}}{2} \rightarrow 0{,}9^n < 0{,}5 \rightarrow$ ZB: $0{,}9^3 = 0{,}729 > 0{,}5$; $0{,}9^4 = 0{,}6561 > 0{,}5$ usw.

____

Wähle zum Füllen der Lücken aus den rechts stehenden Möglichkeiten die passenden aus! Trage die Buchstaben in der Reihenfolge der Lücken in den Lösungstext ein!

Prozentrechnung

Wesentliche Begriffe der ____________________ sind: der Grundwert G, der (Prozent-)Anteil A und der ________________ p %. Wenn man _________ dieser Größen kennt, kann man die ____________ berechnen.

Man kann diese Rechnung entweder mit Hilfe der Schlussrechnung oder mit der ________________ $A = G \cdot \frac{p}{100}$ durchführen.

Die Promillerechnung erfolgt in gleicher Weise wie die Prozentrechnung. An Stelle des Prozentsatzes p % tritt der ________________ p ‰.

Die __________________ MWSt. (auch Umsatzsteuer genannt) ist eine Abgabe, die der Verkäufer für jede verkaufte Ware an den Staat (an das Finanzamt) abliefern muss. Sie beträgt derzeit in Österreich 20 % für fast alle Waren, mit Ausnahme von Lebensmitteln, Wohnungsmieten und Büchern. Hier gilt der Steuersatz von 10 %. Wird der Verkaufspreis _________ MWSt. angegeben, heißt dies inklusive MWSt., ohne MWSt. heißt es ___________ MWSt.

Zinsenrechnung

Mit der Formel $Z = K_0 \cdot \frac{p}{100}$ werden die Zinsen für ein ___________ berechnet.
Mit der Formel $Z = K_0 \cdot \frac{p}{100} \cdot \frac{m}{12}$ werden Zinsen für m ____________ berechnet.
Mit der Formel $Z = K_0 \cdot \frac{p}{100} \cdot \frac{t}{360}$ werden Zinsen für t ___________ berechnet.
Im Bankwesen hat jeder Monat _______ Tage und ein Jahr _______ Tage. Die Verzinsung beginnt mit dem auf die Einlage _____________ Werktag und endet mit dem Tag der ____________.

Auch Zinsen sind ein Einkommen und müssen daher versteuert werden. Diese Steuer heißt ____________________ (KESt.). Sie beträgt derzeit in Österreich 25 % und wird von den _______________ berechnet. An die Stelle des vereinbarten Zinssatzes p % p. a. tritt der jährliche ________________ p_{netto} %.

Es gilt: $p_{netto} = p \cdot 0{,}75$

Liegt ein Kapital länger als ein Jahr in der Bank, werden die Zinsen dem Kapital zugeschlagen und mitverzinst. Wir sprechen von ________________.

Mit der Formel $K_n = K_0 \cdot \left(1 + \frac{p}{100}\right)^n$ wird der ____________________ nach n Jahren berechnet. Der Ausdruck $1 + \frac{p}{100}$ heißt Aufzinsungsfaktor.

Diese Formel gilt auch bei Wachstumsprozessen: $E = A \cdot \left(1 + \frac{p}{100}\right)^n$

Bei Zerfallsprozessen gilt: $E = A \cdot \left(1 - \frac{p}{100}\right)^n$ (E … Endwert, A … Anfangswert)

25 %	Z
30	S
360	T
Abhebung	T
dritte	E
exklusive	L
folgenden	E
Formel	S
Grundwert	F
Guthabenstand	T
Jahr	D
Jahreszinsen	R
Kapitalertragsteuer	N
Mehrwertsteuer	H
mit	U
Monate	R
Nettozinssatz	C
Promillerechnung	S
Promillesatz	C
Prozentpunkten	H
Prozentrechnung	A
Prozentsatz	L
Sparbuch	Z
sparen	M
Staat	L
Steuer	N
Tage	O
Zinsen	I
Zinseszinsen	H
Zinssatz	R
zwei	T

Lösungstext: _ _ _ _ _ _ _ _ _ _ _ _ _ _ _ _ _ _ _ _ _.

H 2 **1** In der nebenstehenden Kreuztabelle ist die Anzahl der Schülerinnen und Schüler aller vier 2. Klassen einer Schule des letzten Schuljahres angeführt sowie die Anzahl der Mädchen und Buben dieser Klassen, die in Mathematik ein besseres Ergebnis als Genügend erreicht haben.

	Gesamtanzahl	Note besser als 4
Buben	58	39
Mädchen	42	33

1) Haben die Buben oder die Mädchen besser abgeschnitten? Was vermutest du?

____

2) Begründe deine Vermutung, indem du die Prozentsätze der Schülerinnen bzw. Schüler der Schule ermittelst, die eine bessere Note als Genügend erreicht haben!

____

3) Wie hoch ist der Prozentsatz der Schülerinnen und Schüler dieser Schule insgesamt, die in der 2. Klasse ein Genügend oder ein Nicht genügend bekommen haben? __________ %

H 2 **2** Der Österreicher Karl Landsteiner erhielt 1930 für die Entdeckung der menschlichen Blutgruppen den Nobelpreis für Medizin.
Von 100 Personen wurden die Blutgruppen mit den Rhesusfaktoren (positiv oder negativ) festgestellt. In der Tabelle ist die Anzahl der Personen mit den Blutgruppen 0, A, B und AB sowie die prozentuelle Häufigkeit des positiven Rhesusfaktors angeführt.
Wie hoch sind die absoluten Häufigkeiten der Personen mit Rhesusfaktor „positiv" bzw. „negativ"? Trage diese Zahlen in die Kreuztabelle ein!

Blutgruppe	absolute Häufigkeit	Rhesusfaktor „positiv"	absolute Häufigkeit	
			Rhesus „positiv"	Rhesus „negativ"
0	35	80 %		
A	40	85 %		
B	15	60 %		
AB	10	90 %		

H 4 **3** Die folgende Tabelle zeigt die gesetzliche Einteilung von Eiern nach „Gewichtsklassen".
Dabei bedeutet zB die Aufschrift „Gewichtsklasse S" (Small), dass es sich um Eier mit einer Masse von weniger als 53 g handelt.

Gewichtsklassen	Masse (Merkmal x)	Ungleichung(skette) in g
S (Small)	weniger als 53 g	$x < 53$
M (Medium)	von 53 g bis weniger als 63 g	$53 \leq x < 63$
L (Large)	von 63 g bis weniger als 73 g	$63 \leq x < 73$
XL (extra Large)	mindestens 73 g	$73 \leq x$

Frau Claudia kauft 10 Eier der Größe M. Zu Hause wiegt sie die 10 Eier ab.

1) Zwischen welchen Grenzen muss die Gesamtmasse aller dieser Eier liegen? __________

2) Warum wird die Masse dieser 10 Eier rund 0,58 kg betragen?

____

____

3) Tina meint, dass man für die Masse von 10 Eiern der Größe XL nicht so einfach einen Schätzwert angeben kann. Hat sie Recht? Begründe!

____

H 1 **4** Familie Erbler hat sich auf die Lieferung von Freilandeiern spezialisiert. Nach dem Einsammeln der Eier müssen die Eier gewogen werden, um schließlich in die vier „Gewichtsklassen“ (➔ Aufgabe 3) eingeteilt zu werden. Die folgende Urliste enthält die Massen der Eier in Gramm:

51 63 62 59 56 62 57 58 63 59 60 65 67 55 59 64 57 66 63 64
68 57 58 68 52 65 64 49 59 53 52 74 69 55 48 72 62 65 71 59

1) Sortiere die Eier nach den „Gewichtsklassen“ und fülle die Klassenübersichtstabelle aus!

Klasse	Merkmal x	Klassenmitte	Strichliste	Häufigkeit		
				absolute	relative	prozentuelle
S	x < 53 g					
M	53 g ≤ x < 63 g	58 g				
L	63 g ≤ x < 73 g	68 g				
XL	73 g ≤ x					
			Summen			

2) Veranschauliche die prozentuellen Klassenhäufigkeiten durch ein Histogramm!
Nimm für die Klasse S als untere Klassengrenze **43 g** und für die Klasse XL als obere Klassengrenze **83 g**!

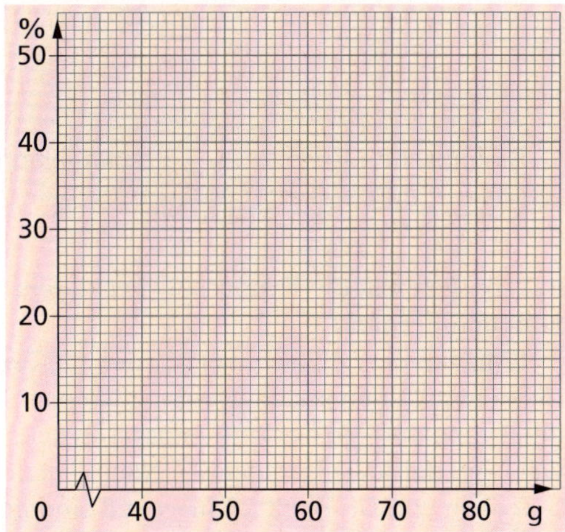

3) Berechne den Mittelwert der Massen aller Eier!

____

4) Berechne den Mittelwert mit Hilfe der Klassenmitten aller Gewichtsklassen und vergleiche dieses Ergebnis mit dem Ergebnis aus Aufgabe 3)!
Wähle für die offene Klasse S die Klassenmitte **48 g** und für die Klasse XL die Klassenmitte **78 g**!

____

H 1 **5** Bis zum Jahr **1997** wurden in Österreich Eier nach ihrem Gewicht in **7** Klassen (**1** bis **7**) eingeteilt.
Verwende die Urliste der Massen der Eier aus Aufgabe **4**!

1) Sortiere nach Gewichtsklassen und fülle die Klassenübersichtstabelle aus!

Klasse	Merkmal x	Klassenmitte	Strichliste	Häufigkeit		
				absolute	relative	prozentuelle
1	x < 45 g					
2	45 g ≤ x < 50 g					
3	50 g ≤ x < 55 g					
4	55 g ≤ x < 60 g					
5	60 g ≤ x < 65 g					
6	65 g ≤ x < 70 g					
7	70 g ≤ x					
			Summen			

2) Zeichne ein Histogramm für die prozentuellen Häufigkeiten!
Verwende **40 g** bzw. **75 g** als Grenzen der offenen Klassen!

3) Berechne den Mittelwert mit Hilfe der Klassenmitten!
Verwende **42,5 g** bzw. **72,5 g** als Klassenmitten der offenen Klassen!

____

____

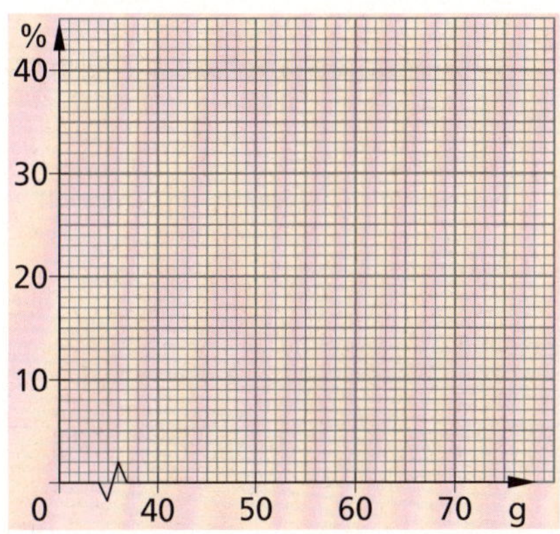

H 2 **6** Die nebenstehende Kreuztabelle zeigt die Klasseneinteilung einer Stichprobe von Eiern nach den Merkmalen „Haltungsform“ (0 = biologisch, 1 = Freiland, 2 = Boden, 3 = Käfig) und Masse (S, M, L, XL).

1) Ergänze in der gegebenen Tabelle die Zeilen- und Spaltensummen und führe so eine Kontrolle durch!

2) Ersetze die Tabelle mit den absoluten Häufigkeiten durch die mit den prozentuellen Häufigkeiten (auf zwei Nachkommastellen gerundet)!

3) Gib jeweils den Prozentanteil, gemessen an der Gesamtzahl der Eier, an!

Gewichtsklasse	Haltungsform				
	0	1	2	3	insgesamt
S	3	9	8	12	
M	15	21	24	18	
L	10	18	21	6	
XL	2	5	6	2	
insgesamt					

Gewichtsklasse	Haltungsform				
	0	1	2	3	insgesamt
S					
M					
L					
XL					
insgesamt					

Biologische Eier: ____ %; Freilandeier: ____ %; Bodenhaltung: ____ %; Käfighaltung: ____ %

Klasse S: ____ %; Klasse M: ____ %; Klasse L: ____ %; Klasse XL: ____ %

H 3 **7** Bekanntlich fällt die Temperatur bei klarem Wetter nach Sonnenuntergang.
In Tamsweg (Land Salzburg) wurden die Temperaturrückgänge in den ersten drei Stunden nach Sonnenuntergang und die Gesamttemperaturrückgänge während der jeweils folgenden Nächte gemessen (Arbeiten von Dr. D. Litschauer) und sind im Punktwolkendiagramm rechts graphisch dargestellt.

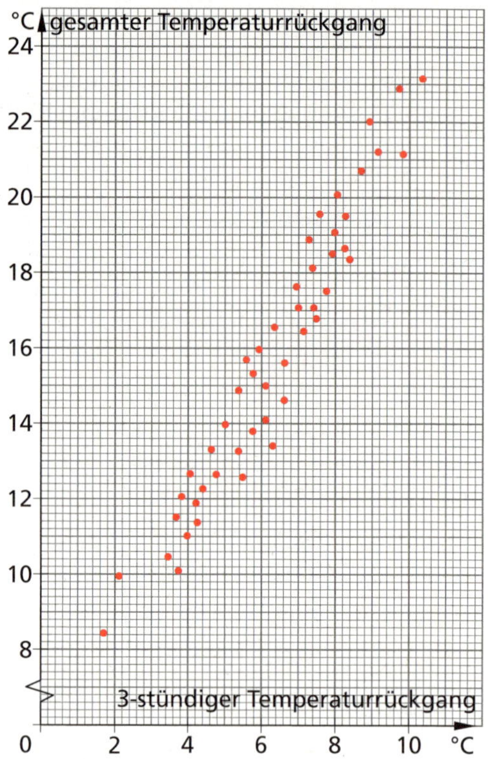

1) Lies aus dem Punktwolkendiagramm die den angeführten **3-stündigen** Temperaturrückgängen entsprechenden ungefähren Temperaturrückgänge in den folgenden Nächten ab und trage diese Werte in der Tabelle ein!

3-stündig	2 °C	4 °C	6 °C	8 °C	10 °C
gesamt					

2) Kann man aus dem **3-stündigen** Temperaturrückgang nach Sonnenuntergang auf den gesamten Temperaturrückgang der folgenden Nacht und damit auf die tiefste in der Nacht zu erwartende Temperatur schließen? Antworte mit eigenen Worten!

____

____

3) Rund welcher Gesamttemperaturrückgang ist zu erwarten, wenn die Temperatur 3 Stunden nach Sonnenuntergang von +2 °C auf –6 °C gesunken ist?

rund ____ °C

Rund welche tiefste Temperatur wird dann erreicht?

rund ____ °C

H 3 **8** Das folgende Streifendiagramm zeigt die durchschnittliche Lebenserwartung von Frauen und Männern in einigen ausgewählten Staaten der Erde. (Quelle: Statistik Austria 2012)

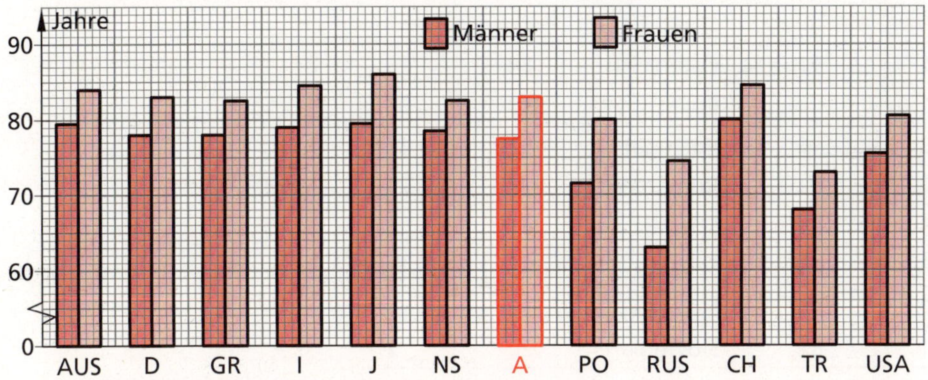

1) Zeichne das zugehörige Punktwolkendiagramm!

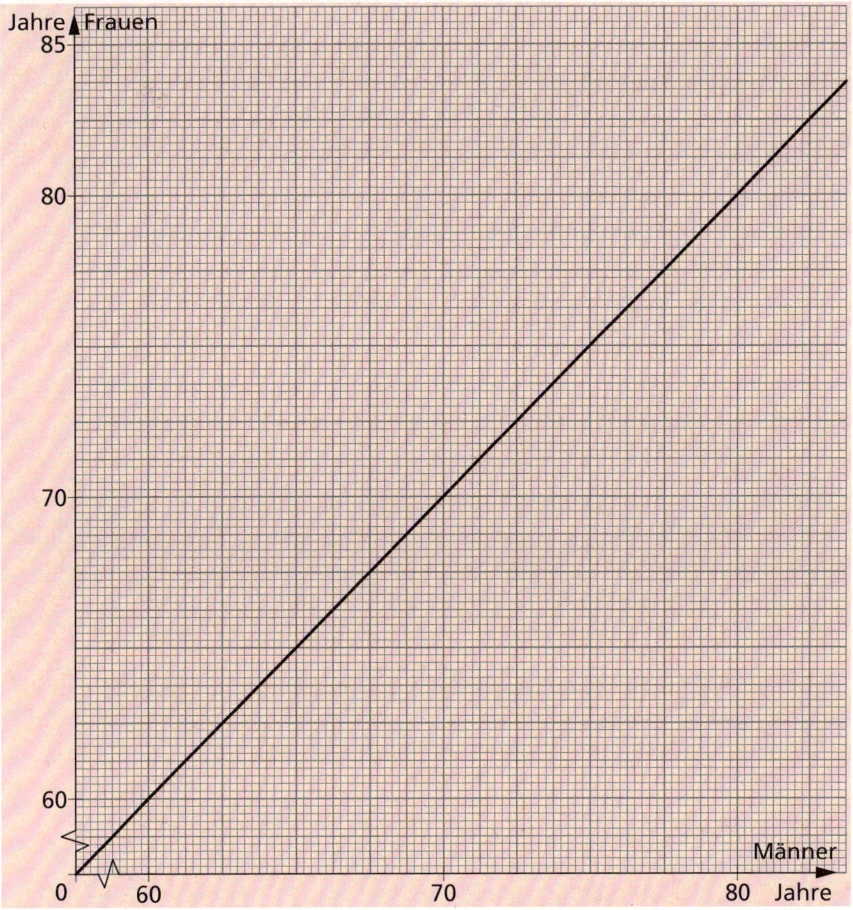

2) Vergleiche die Lebenserwartung von Frauen und Männern! Wer wird in allen angeführten Ländern älter?

____

3) In der Graphik ist eine Linie eingezeichnet. Was bedeutet es, wenn ein Punkt oberhalb, unterhalb oder auf der Linie liegt?

____

____

4) Weißt du, wie sich die Lebenserwartung der Menschen in den letzten 100 Jahren geändert hat? Gib Gründe für diese Entwicklung an!

____

____

H 1 **9** In der Tabelle sind die Größe (Flächeninhalt in 1 000 km²) und die Einwohnerzahl (in Mio.) einer Reihe von Staaten Europas gerundet angeführt (Quelle: Statistik Austria, 2012).

Staat	Fläche	Einwohner	Staat	Fläche	Einwohner
Belgien	31	11	Österreich	84	8
Bulgarien	111	7	Polen	313	38
Dänemark	43	6	Portugal	92	11
Deutschland	357	82	Rumänien	238	21
England	243	62	Schweiz	41	8
Finnland	338	5	Serbien	88	10
Griechenland	132	11	Slowakei	49	5
Italien	301	61	Slowenien	20	2
Kroatien	57	4	Tschechien	79	10
Niederlande	42	17	Ungarn	93	10
Norwegen	324	5			

1) Zeichne das zugehörige Punktwolkendiagramm!

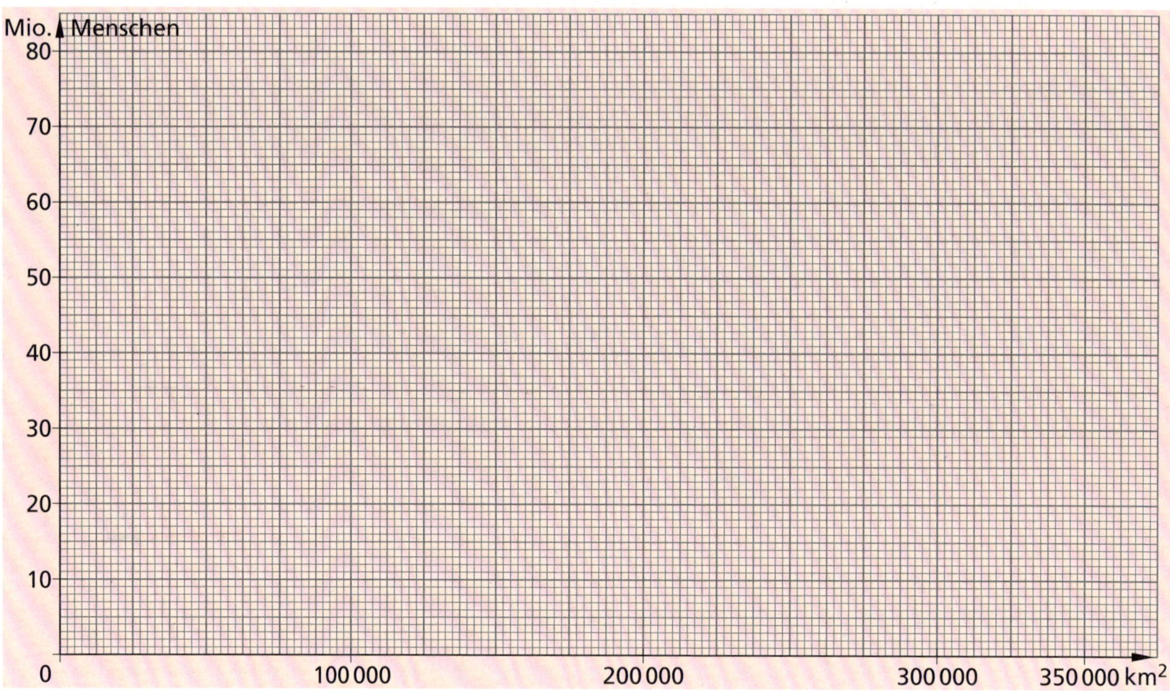

2) Kannst du einen Zusammenhang zwischen der Größe und der Einwohnerzahl bei den europäischen Staaten erkennen?

____

____

3) Warum sind die Einwohnerzahlen skandinavischer Staaten, wie Finnland, Norwegen etc. so klein?

____

____

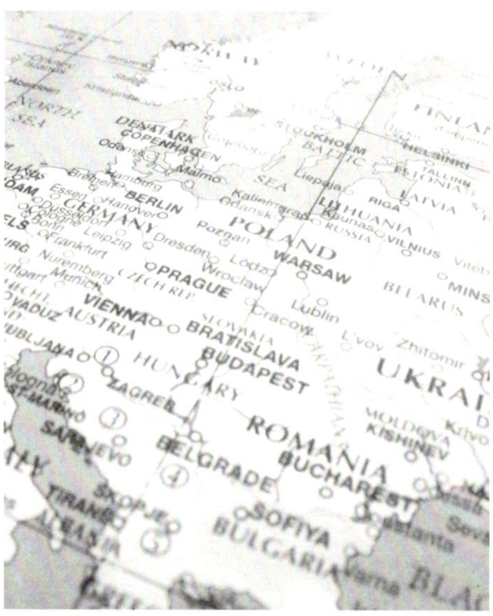

Wähle zum Füllen der Lücken aus den rechts stehenden Wörtern die passenden aus!
Verbinde die Zahlen im Lösungsbild in der Reihenfolge der Lücken!

■ **Kreuztabellen** (____________________) werden dann aufgestellt, wenn man den __________________ zweier Merkmale untersuchen will. In __________________ werden Häufigkeiten also nach zwei ______________ gleichzeitig ausgezählt.

■ Sind die ______________ sehr umfangreich, liegen also viele __________________ Werte vor, macht man eine ______________________. Die Klassengrenzen sollten dabei so gewählt werden, dass ______ Wert auf eine __________________ fällt. Die Klassenmitte sollte ein ___________ Vertreter der ________ sein. Mit den ________________ kann man den Mittelwert der Daten _____________________ bestimmen.

■ Die Häufigkeiten von in Klassen eingeteilten Werten kann man mit einem **Histogramm** graphisch darstellen. Die __________________ werden dabei als Höhen der ____________ eingetragen. In einem ______________ haben die Balken keine Abstände, weil alle Werte erfasst sind. Werden mehrere Klassen ________________, ist die Balkenhöhe die gemeinsame Häufigkeit ___________ durch die Anzahl der zusammengefassten Klassen.

■ Will man zwei Merkmale ____________ graphisch darstellen, verwendet man **Punktwolkendiagramme**.
Wie Kreuztabellen helfen ______________________, mögliche ____________________ zwischen zwei Merkmalen zu erkennen.

- Anzahl 25
- Balken 6
- dividiert 9
- getrennt 5
- gleichzeitig 16
- Häufigkeiten 13
- Histogramm 19
- kein 11
- Klasse 1
- Klasseneinteilung 3
- Klassengrenze 21
- Klassenmitten 17
- Kontingenztafeln 8
- Kreuztabellen 7
- Merkmalen 2
- näherungsweise 4
- Originaldaten 20
- Punktwolkendiagramme 14
- Säulendiagramm 23
- Strichliste 26
- typischer 12
- verschiedene 18
- zusammengefasst 29
- Zusammenhang 15
- Zusammenhänge 10

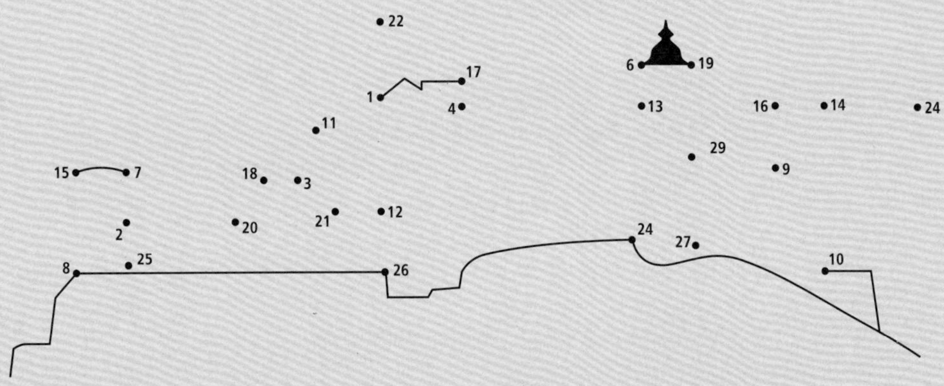

Erkennst du die Burg?

H 1 **1**

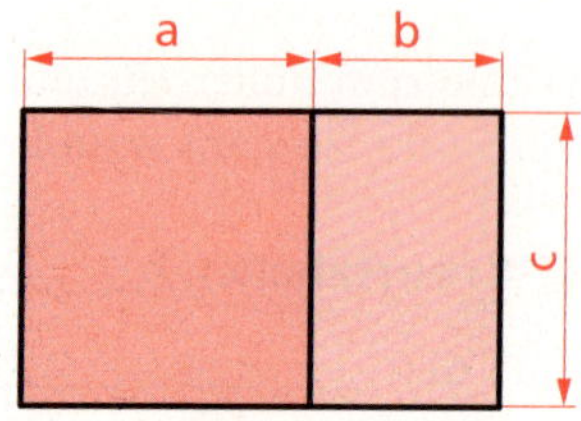

a) Gib zwei verschiedene Formeln für den Gesamtflächeninhalt des Rechtecks an!

A = ___ bzw. A = ___

b) Setze in beiden Formeln für die Variablen $a = 4$, $b = 2$ und $c = 3$ ein und überprüfe die Richtigkeit deiner Formeln!

A = ___ = ___ = ___ bzw. A = ___ = ___ = ___

H 2 **2**

a) Konstruiere das rechtwinklige Dreieck ABC ($\gamma = 90°$) mit $c = 6{,}4$ cm und $\beta = 57°$!
Die Seite c ist schon vorgezeichnet.
Verwende den Satz von Thales!

b) Miss die Längen der beiden Katheten a und b und berechne den Flächeninhalt des Dreiecks!

a ≈ ___ cm, b ≈ ___ cm → A ≈ ___ cm^2

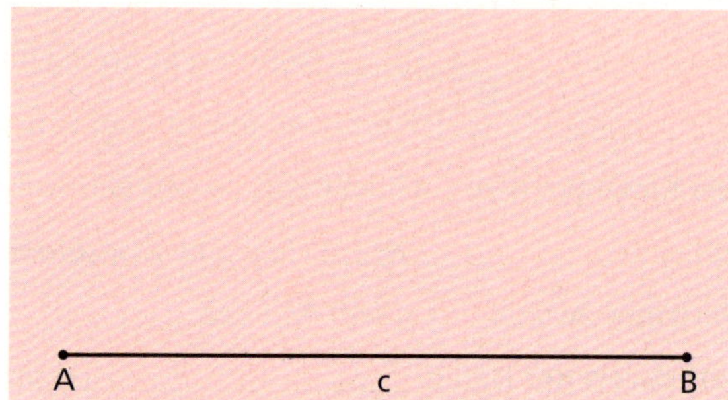

H 2 **3**

a) Welche Koordinaten haben die Eckpunkte des Vierecks ABCD?

A(___ | ___), B(___ | ___),
C(___ | ___), D(___ | ___)

b) Zeichne die Diagonalen AC und BD ein! Bezeichne ihren Schnittpunkt mit S!

Seine Koordinaten sind S(___ | ___).

c) Miss die Größen der vier Winkel:

∢BAD ≈ ___°, ∢CBA ≈ ___°,
∢DCB ≈ ___°, ∢ADC ≈ ___°

Ihre Summe beträgt ___°.

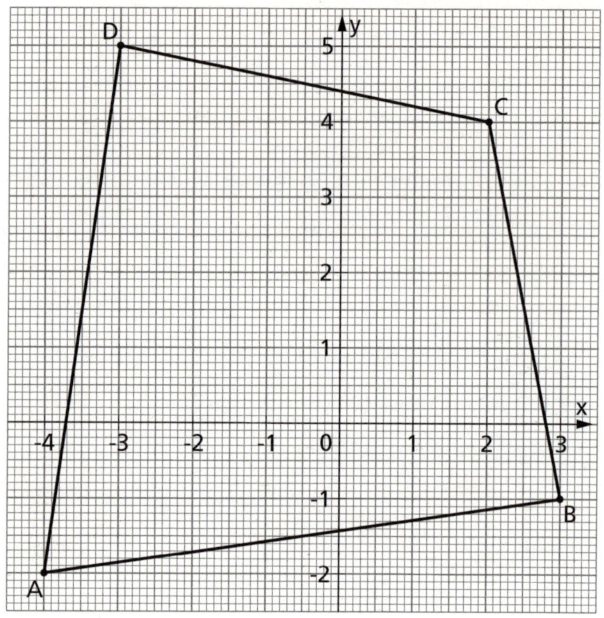

H 2 **4**

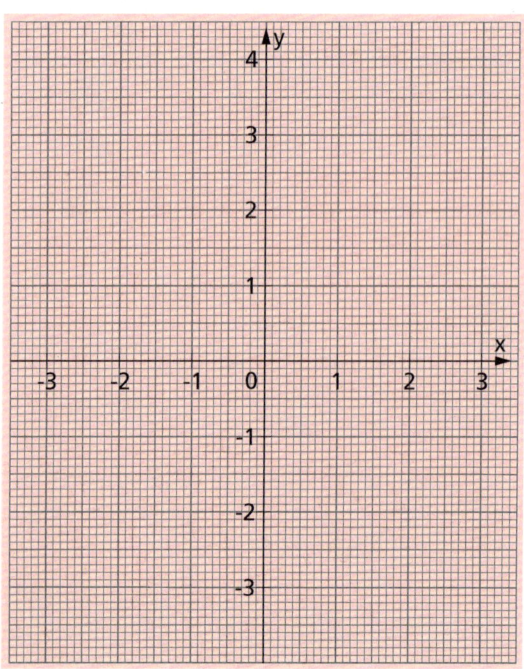

Zeichne das Dreieck ABC mit A(−3|−4), B(3|−1) und C(−1|4)!

a) Miss die Größe der Winkel und kontrolliere die Winkelsumme im Dreieck:

α = ___°, β = ___°, γ = ___°

$\alpha + \beta + \gamma$ = ___°

b) Zeichne die drei Höhen ein und gib die Koordinaten des Höhenschnittpunktes an!

H(___ | ___)

c) Zeichne die drei Schwerlinien ein und gib die Koordinaten des Schwerpunktes an!

S(___ | ___)

H 4 **1** Erkläre, wie man den Flächeninhalt des abgebildeten Parallelogramms ABCD berechnen kann!

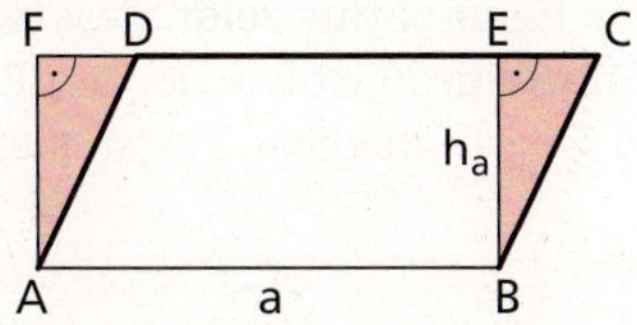

Zeichnet man die Höhe h_a so wie in der Figur im Eckpunkt B ein, so entsteht das ________________ Dreieck BCE. Dieses ist auf Grund des ____________________- Satzes ______________ mit dem Dreieck ADF.

Der Flächeninhalt des Parallelogramms ABCD ist also _______________ wie der des Rechtecks ABEF.

Für den Flächeninhalt jedes Rechtecks gilt: „A = __________ mal __________"

Die Länge des Rechtecks ABEF entspricht der Seite ____ des Parallelogramms, die Breite des Rechtecks entspricht der ________________ des Parallelogramms. Den Flächeninhalt des Rechtecks ABEF und damit auch den des Parallelogramms ABCD bekommt man daher durch die Formel A = ________ .

In gleicher Weise kann man zeigen, dass man den Flächeninhalt des Parallelogramms ABCD auch mit der Formel $A = b \cdot$ _______ berechnen kann. Es gilt also ganz allgemein:

„Flächeninhalt des Parallelogramms = ________ mal zugehörige _______"

H 2 **2** Berechne den Flächeninhalt des Parallelogramms, von dem eine Seitenlänge und eine Höhe bekannt sind!

a) $a = 6{,}5$ cm, $h_a = 4{,}8$ cm A = ____ cm^2 **b)** $b = 12{,}4$ cm, $h_b = 7{,}2$ cm A = ____ cm^2

H 2 **3** **a)** Konstruiere das Parallelogramm ABCD mit $a = 6{,}4$ cm, $b = 4{,}5$ cm und $\alpha = 71°$! Die Seite $a = \overline{AB}$ ist schon vorgezeichnet.

b) Miss die Höhen h_a und h_b und berechne den Flächeninhalt des Parallelogramms auf zweifache Weise!

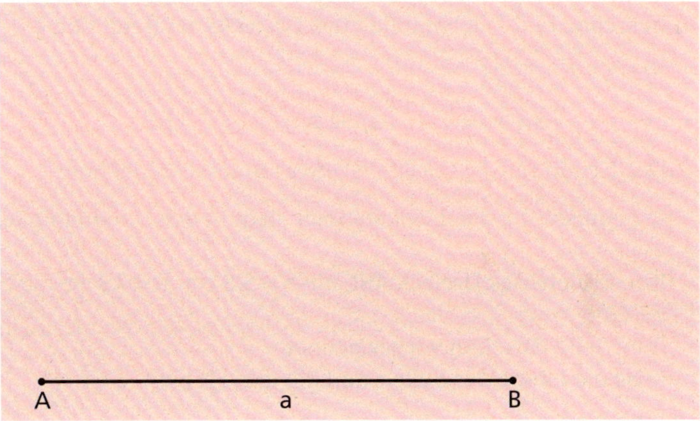

$h_a \approx$ ____ cm

$\rightarrow A_1 = a \cdot h_a \approx$ ____ cm^2

$h_b \approx$ ____ cm

$\rightarrow A_2 = b \cdot h_b \approx$ ____ cm^2

Mittelwert: $A = (A_1 + A_2) : 2 \approx$ ______ cm^2

H 4 **4** Isaak behauptet: Die vier Parallelogramme in der Figur rechts haben alle denselben Flächeninhalt. Kreuze an und begründe deine Entscheidung!

☐ Isaak hat Recht ☐ Isaak irrt sich

____

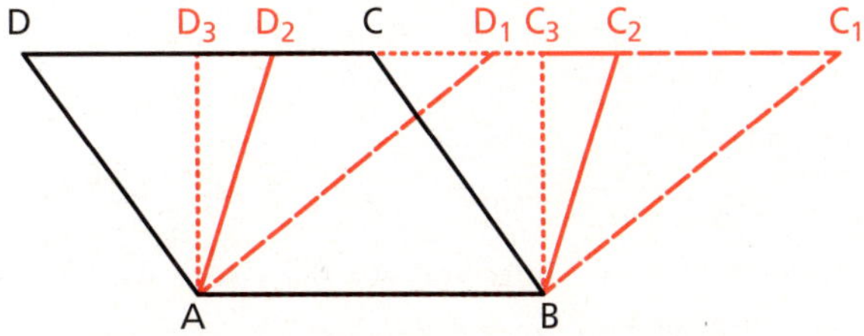

H 2 **5** **a)** Forme die Flächeninhaltsformel $A = a \cdot h_a$ für das Parallelogramm ABCD so um, dass du h_a berechnen kannst, wenn A und a bekannt sind! $A = a \cdot h_a \rightarrow h_a =$ ____

b) Berechne h_a: $A = 147{,}9\ cm^2$, $a = 17{,}4$ cm $\rightarrow h_a =$ ____ cm

H 2 **6** **a)** Forme die Flächeninhaltsformel $A = b \cdot h_b$ für das Parallelogramm ABCD so um, dass du b berechnen kannst, wenn A und h_b bekannt sind! $A = b \cdot h_b \rightarrow b =$ ____

b) Berechne b: $A = 30{,}24\ m^2$, $h_b = 3{,}6$ m $\rightarrow b =$ ____ m

H 4 **7** Die Figur rechts zeigt, dass der Flächeninhalt des Dreiecks ABC genau halb so groß ist wie der des Parallelogramms ABCD.

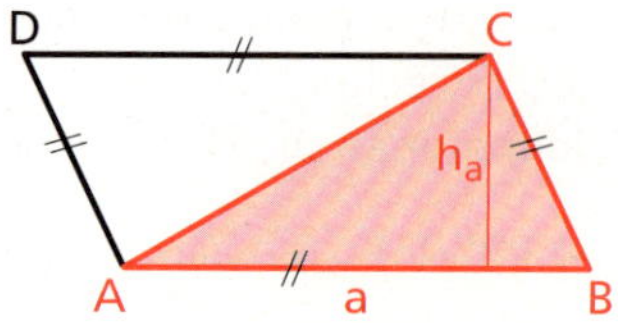

a) Begründe diese Feststellung in eigenen Worten!

____

b) Leite aus der Flächeninhaltsformel für das Parallelogramm mit Hilfe der Figur die Formel $A = \frac{c \cdot h_c}{2}$ für das Dreieck her!

____

c) In gleicher Weise kann man zeigen, dass für den Flächeninhalt des Dreiecks ABC auch die Formeln $A = \frac{a \cdot h_a}{2}$ und $A = \frac{b \cdot h_b}{2}$ gelten. Man kann also kurz sagen:
„Flächeninhalt des Dreiecks = ________ mal zugehörige ________ durch 2"

H 2 **8** **a)** Konstruiere das rechtwinklige Dreieck ABC ($\gamma = 90°$) mit $b = 5{,}4$ cm und $\beta = 49°$! Die Seite b ist schon vorgezeichnet. Überlege anhand einer Skizze, wie du bei der Konstruktion vorgehen kannst!

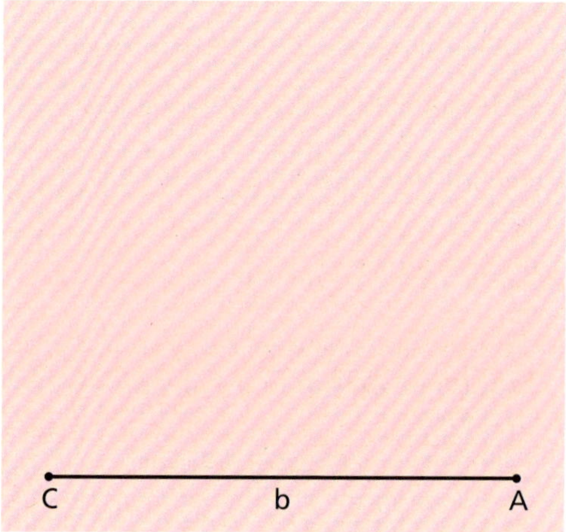

b) Miss die Länge der Kathete a und berechne den Flächeninhalt des Dreiecks mit der Formel $A = \frac{a \cdot b}{2}$!

$a \approx$ ____ cm → $A \approx$ ____ cm^2

c) Miss die Länge der Hypotenuse c und die Höhe h_c und berechne den Flächeninhalt des Dreiecks auch mit der Formel $A = \frac{c \cdot h_c}{2}$!

$c \approx$ ____ cm, $h_c \approx$ ____ cm → $A \approx$ ____ cm^2

d) Der Grund für die (meistens) etwas unterschiedlichen Ergebnisse für den Flächeninhalt liegt in der Ungenauigkeit von ________ bzw. ________.

H 2 **9** **a)** Konstruiere das Dreieck ABC mit $a = 5{,}8$ cm, $b = 7{,}3$ cm, $\gamma = 63°$!
Eine Seite ist schon vorgezeichnet.
Miss die Länge der Seite c und die drei Höhen!

$c \approx$ ____ cm,

$h_a \approx$ ____ cm, $h_b \approx$ ____ cm, $h_c \approx$ ____ cm

b) Berechne den Flächeninhalt auf drei Arten:

$A_1 = \frac{a \cdot h_a}{2} \approx$ ____ cm^2

$A_2 = \frac{b \cdot h_b}{2} \approx$ ____ cm^2

$A_3 = \frac{c \cdot h_c}{2} \approx$ ____ cm^2

c) Berechne den Mittelwert $A = (A_1 + A_2 + A_3) : 3$!

$A \approx$ ____ cm^2

H 2 **10** **a)** Forme die Formel $A = \frac{c \cdot h_c}{2}$ so um, dass man die Höhe h_c berechnen kann!

$h_c =$ ____

b) Berechne h_c, wenn $A = 10{,}24\ cm^2$ und $c = 6{,}4$ cm bekannt sind!

$h_c =$ ____ cm

H 4 **11** Begründe mit Hilfe der Darstellung rechts, dass man den Flächeninhalt des Deltoids ABCD mit der Formel $A = \frac{e \cdot f}{2}$ berechnen kann!

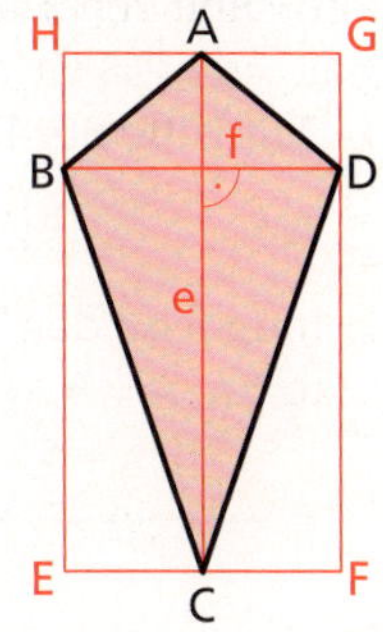

____

____

H 2 **12** Der Flächeninhalt eines Deltoids mit den Diagonalenlängen e = 27,4 cm und f = 14,8 cm beträgt A = ____ cm².

H 1 **13** **a)** Forme die Formel für den Flächeninhalt des Deltoids $A = \frac{e \cdot f}{2}$ so um, dass man die Länge der Diagonale e berechnen kann, wenn man den Flächeninhalt A und die Diagonalenlänge f kennt! e = ____

b) Gib das Ergebnis von a) in Worten wieder: Um die fehlende Diagonalenlänge zu erhalten, verdoppelt man den ____________ und __________dieses Ergebnis durch die andere ______________ .

c) Wie lang ist e, wenn man A = 69,6 cm² und f = 9,6 cm kennt? e = ____ cm

H 2 **14** Von einem Rhombus ABCD kennt man zwei der drei Größen e, f und A. Berechne jeweils die dritte Größe! Wenn du die angegebenen Zahlen richtig zuordnest, ergibt sich der Name einer Frucht!

	a)	b)	c)	d)	e)	f)
e (in cm)	25	35		12,5	15,6	
f (in cm)	18		45	32,0		6,3
A (in cm²)		3 570	4 950		1 872	677,25

200 O | 220 R | 204 A | 225 M | 210 D | 240 N | 215 I | 250 E

Lösungswort: _ _ _ _ _ _

H 4 **15** Nimm an, dass man von einem Rhombus den Umfang und den Flächeninhalt kennt. Beschreibe, wie man aus diesen Angaben **1)** die Seitenlänge a und **2)** die Höhe h_a des Rhombus ermitteln kann!

1) Für den Umfang gilt: u = ____ → a = ____

2) Für den Flächeninhalt gilt: A = ____ → h_a = ____

H 2 **16** Ein Rhombus ABCD hat einen Umfang von 43,2 cm und einen Flächeninhalt von 91,8 cm².
Die Seitenlänge a beträgt ____ cm, die Höhe h_a ist ____ cm lang.

H 2 **17** Für das Quadrat gibt es die zwei Flächeninhaltsformeln $A = a \cdot a$ und $A = \frac{d \cdot d}{2}$. Löse durch Probieren:

a) Ein Quadrat hat den Flächeninhalt A = 81 cm²; für seine Seitenlänge a gilt dann: a = ____ cm

b) Ein Quadrat hat den Flächeninhalt A = 625 cm²; für seine Seitenlänge a gilt dann: a = ____ cm

c) Ein Quadrat hat den Flächeninhalt A = 8 cm²; für seine Diagonalenlänge d gilt dann: d = ____ cm

d) Ein Quadrat hat den Flächeninhalt A = 72 cm²; für seine Diagonalenlänge d gilt dann: d = ____ cm

H 3 **18** Eine quadratische Wand mit der Diagonalenlänge d = 6,40 m soll zur Gänze mit rhombenförmigen Platten ausgelegt werden. Die Diagonalen der Rhomben sind 25 cm und 16 cm lang.
Wie viele derartige Platten benötigt man für die Wand mindestens?

$A_{Wand} = \frac{d \cdot d}{2}$ = ____ m² = ____ cm²

$A_{Rhombus} = \frac{e \cdot f}{2}$ = ____ cm²

$A_{Wand} : A_{Rhombus}$ = ____ cm² : ____ cm² = ____

Man benötigt mindestens ________ rhombenförmige Platten.

H 2 19 Berechne den Flächeninhalt des Trapezes ABCD auf zwei Arten!

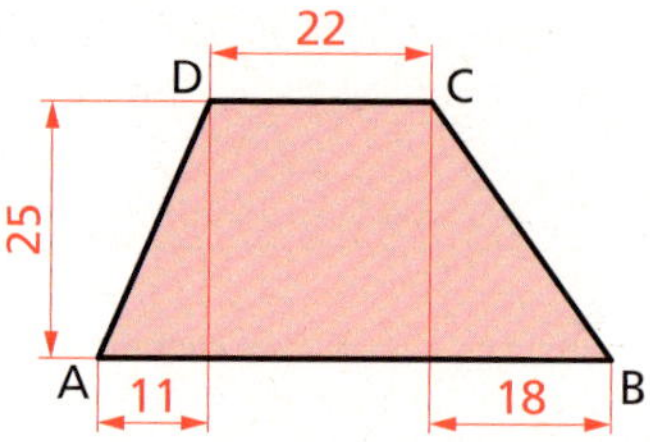

1) Mit Hilfe der Formel $A = \frac{(a + c) \cdot h}{2} = \frac{(\_\_\_ + \_\_\_) \cdot \_\_\_}{2} = \_\_\_$

$A =$ ___ cm²

2) Indem du das Trapez in zwei Dreiecke und in ein Rechteck unterteilst: $A = A_{\text{linkes Dreieck}} + A_{\text{Rechteck}} + A_{\text{rechtes Dreieck}} =$

$= \frac{\_\_\_ \cdot \_\_\_}{2} + \_\_\_ \cdot \_\_\_ + \frac{\_\_\_ \cdot \_\_\_}{2} = \_\_\_ \rightarrow A = \_\_\_$ cm²

H 2 20 Ein Trapez ABCD hat 450 cm² Flächeninhalt. Die beiden Parallelseiten sind $a = 45$ cm und $c = 27$ cm lang. Wie groß ist die Höhe h des Trapezes?

Forme zunächst die Formel $A = \frac{(a + c) \cdot h}{2}$ so um, dass du h berechnen kannst! $h = \frac{A \cdot 2}{\_\_\_}$

Setze nun die gegebenen Größen ein und berechne h! $h =$ ___ cm

H 2 21 Ein 35 cm hohes Trapez ABCD hat 630 cm² Flächeninhalt, die Parallelseite a ist 28 cm lang. Wie lang ist die andere Parallelseite c?

Forme dazu die Formel $A = \frac{(a + c) \cdot h}{2}$ um! Gehe dabei in zwei Schritten vor: $a + c = \frac{A \cdot 2}{\_\_\_}$

Drücke dann c aus: $c =$ ___

Setze nun die gegebenen Größen ein und berechne c! $c =$ ___ cm

H 2 22 Das allgemeine Viereck ABCD ist durch die Koordinaten seiner Eckpunkte gegeben:
A(–2|–2), B(5|2), C(1|5), D(–3|2)
Zeichne das Viereck und berechne seinen Flächeninhalt!
Unterteile das Viereck dazu so in rechtwinklige Dreiecke, dass du die benötigten Seitenlängen aus den gegebenen Koordinaten ablesen kannst!

$A_{\text{Viereck}} = A_I + A_{II} + A_{III} + A_{IV} =$

$= \frac{\_\_\_ \cdot \_\_\_}{2} + \frac{\_\_\_ \cdot \_\_\_}{2} + \frac{\_\_\_ \cdot \_\_\_}{2} + \frac{\_\_\_ \cdot \_\_\_}{2}$
$=$

$= \_\_\_ + \_\_\_ + \_\_\_ + \_\_\_ = \_\_\_$

$A_{\text{Viereck}} =$ ___ cm²

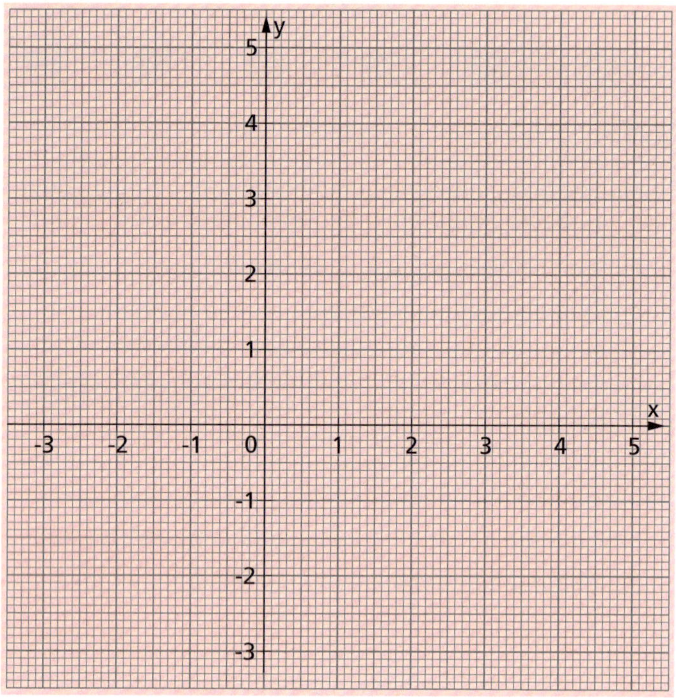

Felder haben oft die Form allgemeiner Vierecke

Wähle zum Füllen der Lücken aus den rechts stehenden Wörtern, Formeln und Variablen die passenden aus! Die Zahlen zeigen dir in der Reihenfolge der Lücken den Weg durch das Spinnennetz.

■ Flächeninhalt des Parallelogramms ABCD:

$A = a \cdot$ ____ oder $A =$ ____ $\cdot h_b$

Mögliche Kurzsprechweise:

Flächeninhalt = Seite mal zugehörige ______

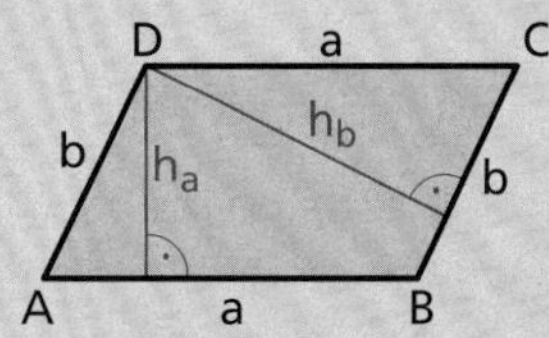

■ Flächeninhalt des Dreiecks ABC:

$A = \frac{a \cdot h_a}{2}$ oder $A = \frac{b \cdot h_b}{2}$ oder $A =$ ______

Mögliche Kurzsprechweise:

Flächeninhalt = Seite mal zugehörige Höhe _________

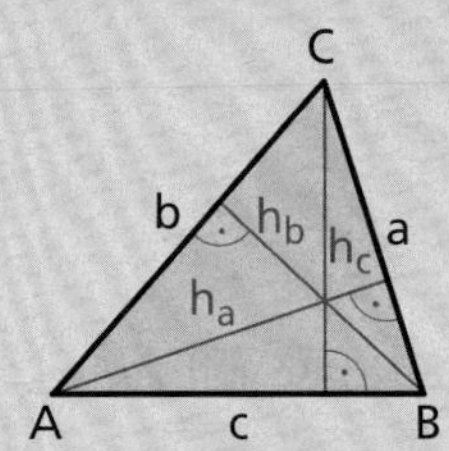

■ Flächeninhalt des Rhombus ABCD:

$A = a \cdot h_a$ oder $A = \frac{e \cdot f}{2} = \frac{1}{2} \cdot$ ______

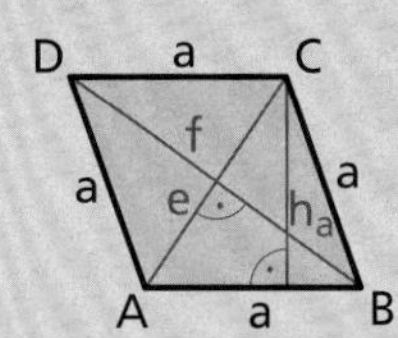

■ Flächeninhalt des Deltoids ABCD:

$A = \frac{e \cdot f}{2} = \frac{1}{2} \cdot e \cdot f$

Mögliche Kurzsprechweise:

Flächeninhalt = ________________ mal Diagonale durch 2

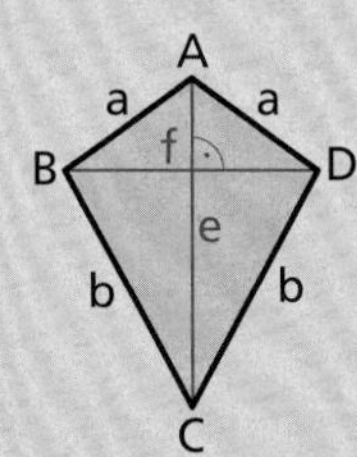

- a^2 42
- $(a + c) \cdot h$ 56
- b 2
- $\frac{c \cdot h_c}{2}$ 52
- Diagonale 18
- Dreiecke 61
- durch 2 15
- $e \cdot f$ 37
- h_a 24
- Höhe 17
- Seite 3
- Summe 1
- Vielecke 16
- Vierecke 25
- Zerlegen 4
- 2 32
- $\frac{1}{2} \cdot d^2$ 19
- 3 47

■ Flächeninhalt des Quadrats ABCD:

$A = a \cdot a =$ ____ oder $A = \frac{d \cdot d}{2} =$ ______

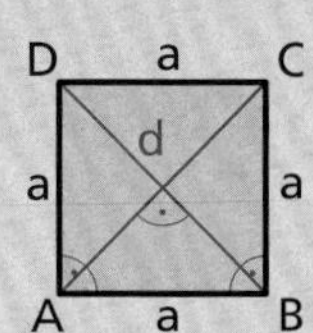

■ Flächeninhalt des Trapezes ABCD:

$A = \frac{(a + c) \cdot h}{2} = \frac{1}{2} \cdot$ _________

Mögliche Kurzsprechweise: Flächeninhalt =

= _________ der Parallelseiten mal Höhe durch __

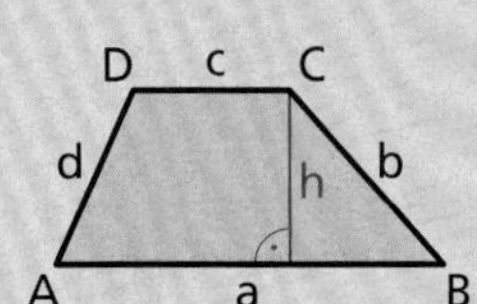

■ Den Flächeninhalt allgemeiner _________ und Vielecke ermittelt man durch ___________ in Teilfiguren, zB in _________ und Trapeze.

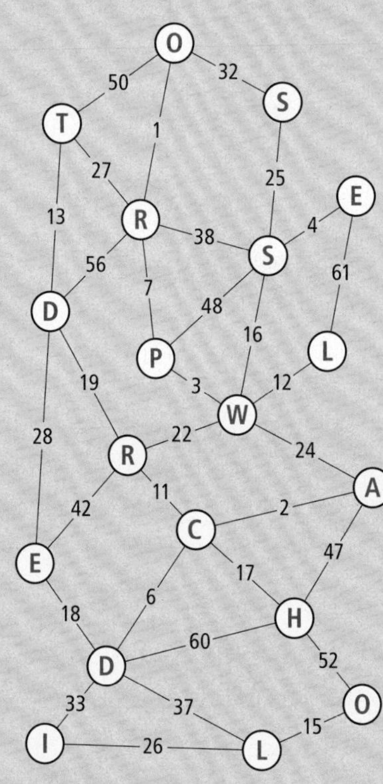

Lösungswort: W __ __ __ __ __ __ __ __ __ __ __ __ __ __ __

H 2 **1** Ergänze!

Zwei Vielecke heißen ähnlich, wenn die folgenden zwei Bedingungen erfüllt sind:

1. Einander entsprechende Winkel müssen ___________ sein.

2. Einander entsprechende Längenstücke müssen zueinander im ______________________ stehen.

Die beiden rechts dargestellten Figuren sind ähnlich (Maße in Meter). Berechne die nicht angegebenen Seitenlängen b_1, c_1 und d_1!

$a_1 : a = 20 : 25 =$ **4 : 5**

$b_1 : 45 =$ **4 : 5** → **$5 \cdot b_1 = 45 \cdot 4$** → **$b_1 = 36$ m**

$c_1 : 35 =$ **4 : 5** → ____ = ____ → $c_1 =$ ____ m

$d_1 : 20 =$ ____ : ____ → ____ = ____ → $d_1 =$ ____ m

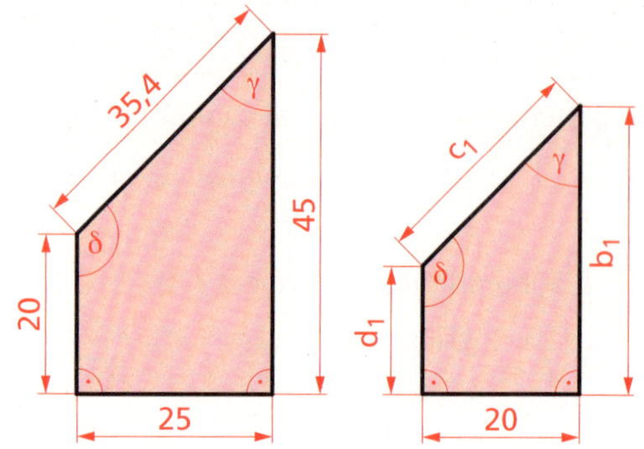

H 3 **2** Die beiden dargestellten Vierecke sind jeweils nicht ähnlich zueinander. Welche der beiden Bedingungen, die in Aufgabe **1** angeführt sind, erfüllen die beiden Figuren, welche nicht?

a) Rechteck

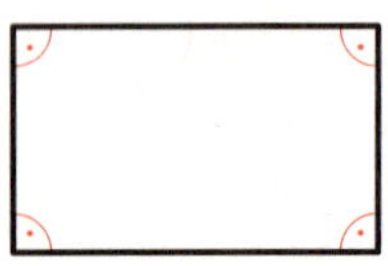

Quadrat

erfüllt ist Bedingung___,

nicht erfüllt ist Bedingung ___

b) Quadrat

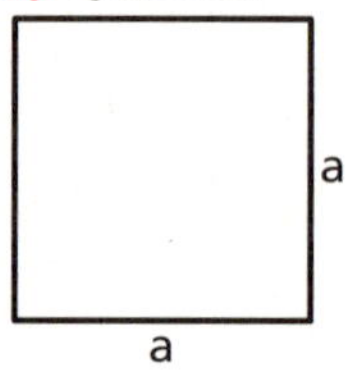

Rhombus

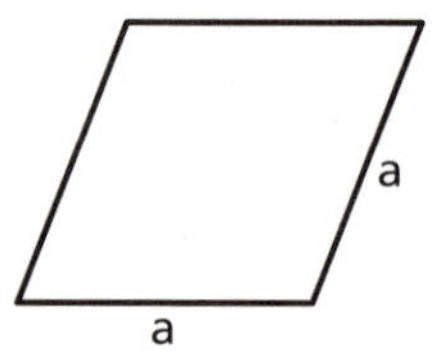

erfüllt ist Bedingung___,

nicht erfüllt ist Bedingung ___

H 3 **3** **a)** Ergänze!

Zwei Dreiecke sind ähnlich, wenn einander entsprechende ____________ gleich groß sind **oder** einander entsprechende ____________________ zueinander im gleichen Verhältnis stehen.

Für Dreiecke genügt also bereits eine der beiden Bedingungen für die Ähnlichkeit.

b) Unter den dargestellten Dreiecken sind jeweils zwei ähnlich zueinander. Welche sind es?

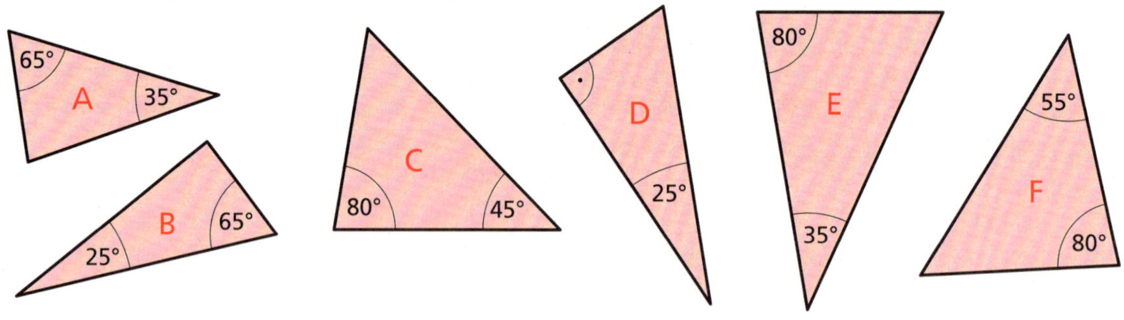

Dreieck A ~ Dreieck ____   Dreieck B ~ Dreieck ____   Dreieck ____ ~ Dreieck ____

H 4 **4** In der Figur rechts gilt:

△ABC ~ △AFC, weil beide **einen rechten Winkel** und den Winkel **α** gemeinsam haben.

△ABC ~ △FBC, weil beide ____________________ und den Winkel ____ gemeinsam haben.

△AFC ~ △FBC, weil beide ____________________ haben und die Winkel ∢ACF und ____ gleich groß sind (ebenso gilt: ∢FCB = ____).

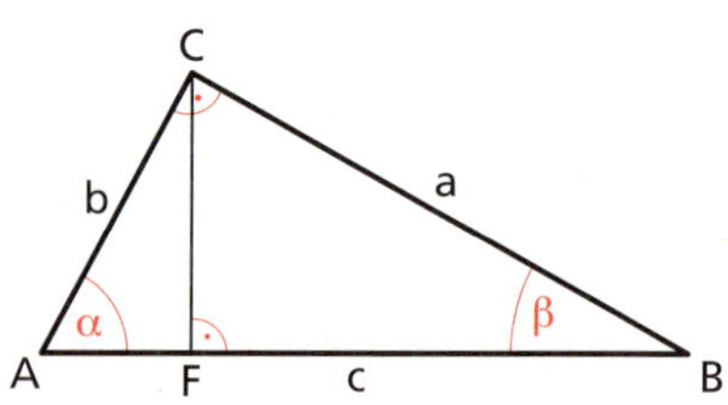

H3 **5** In der Figur rechts sind die Dreiecke PQR und PST ähnlich.

a) Es entsprechen einander die Seiten PQ und PS, ebenso die Seiten QR und ______ sowie die Seiten PR und ______ .

b) Es gelten zB folgende Proportionen:

$\overline{PQ} : \overline{PS} =$ PR : PT $\qquad \overline{QR} : \overline{ST} = \overline{PR} :$ ___

$\overline{PQ} : \overline{QR} =$ ___ : ___ $\qquad \overline{PQ} : \overline{QS} =$ ___ : ___

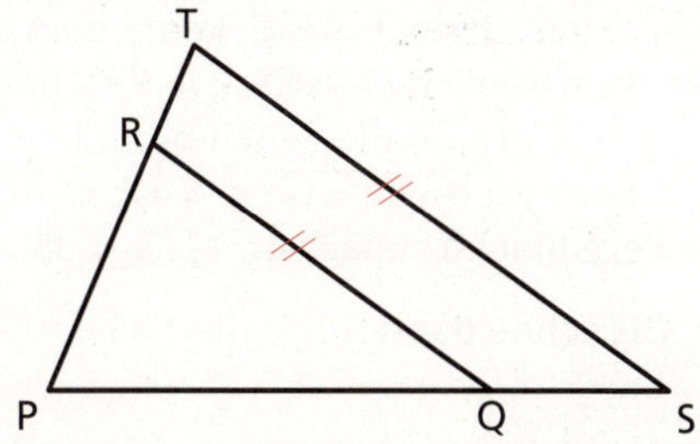

H2 **6** Berechne die Längen der Strecken x und y in der Figur rechts (Maße in cm)!

x : 27 = ___ : ___ → x = ___ cm

y : 18 = ___ : ___ → y = ___ cm

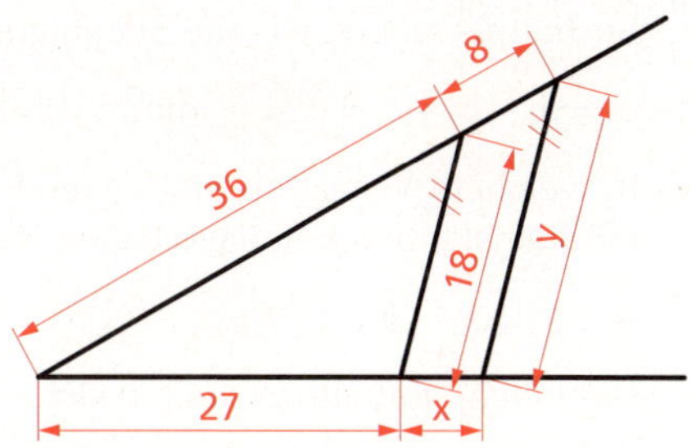

H2 **7** **a)** Konstruiere den Teilungspunkt T der 7,2 cm langen Strecke AB in der Figur so, dass das Streckenverhältnis $\overline{AT} : \overline{TB} = 5 : 3$ gilt!

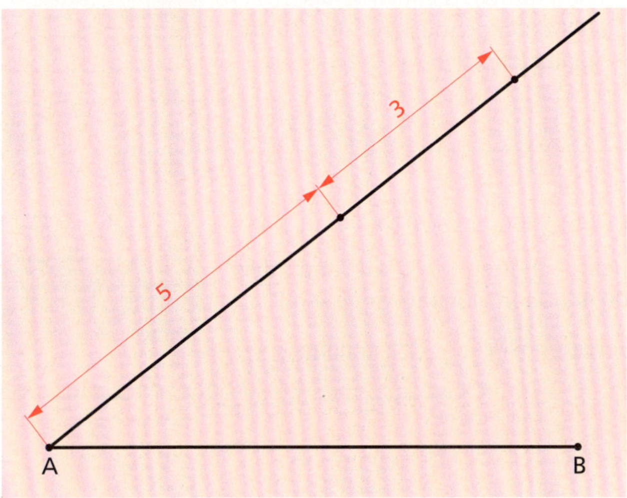

b) Kontrolle durch Rechnen und Messen:
Aus $\overline{AT} : \overline{TB} = 5 : 3$ folgt, dass die Teilstrecke AT 5 Teilen entspricht und die Teilstrecke TB 3 Teilen. Die gegebene Strecke AB entspricht daher 8 Teilen.
Wir schreiben: $\overline{AT} = 5 \cdot x$, $\overline{TB} = 3 \cdot x$, $\overline{AB} = 7{,}2$ cm $= 8 \cdot x$ → x = ___ cm

$\overline{AT} =$ ___ cm, $\overline{TB} =$ ___ cm

Messung: $\overline{AT} \approx$ ___ cm, $\overline{TB} \approx$ ___ cm

H2 **8** Zwei Strecken a und b stehen im Längenverhältnis 5 : 4. Die Strecke a ist 3 cm lang.

a) Ermittle mit Hilfe der Figur rechts die Länge der Strecke b durch Konstruktion und miss ab!

Messung: b ≈ ___ cm

b) Berechne die Länge der Strecke b und kontrolliere damit deine Konstruktion!
a : b = 5 : 4 → 3 : b = 5 : 4

→ b = ___ cm

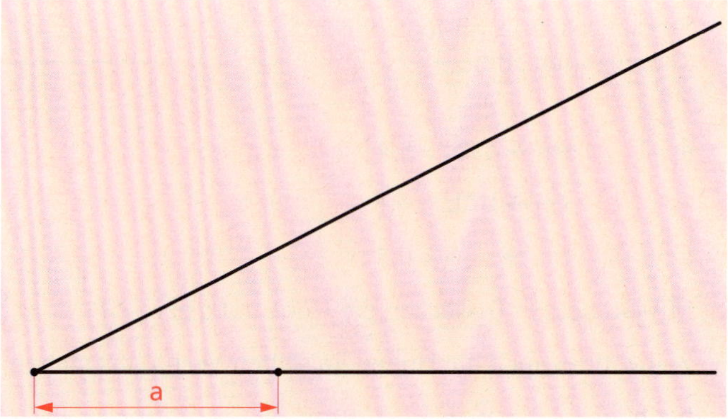

H 2 **9** Von einem Dreieck $A_1B_1C_1$ kennt man die Seitenlängen $a_1 = 42$ mm, $b_1 = 48$ mm und $c_1 = 66$ mm. Ein dazu ähnliches Dreieck $A_2B_2C_2$ hat die Seitenlänge $a_2 = 35$ mm.

a) Wie lang sind die Seiten b_2 und c_2?
Überlege: $b_2 : b_1 = c_2 : c_1 = a_2 : a_1$
Vereinfache zunächst: $a_2 : a_1 = 35 : 42 =$ ___ : ___

Berechne dann b_2: $b_2 : 48 =$ ___ : ___ → $b_2 =$ ___ mm

Für c_2 gilt: $c_2 :$ ___ = ___ : ___ → $c_2 =$ ___ mm

b) Berechne die Umfänge u_1 und u_2 der beiden Dreiecke und zeige, dass diese Umfänge im selben Verhältnis stehen wie die Seitenlängen!

$u_1 = a_1 + b_1 + c_1 =$ ___ mm, $u_2 = a_2 + b_2 + c_2 =$ ___ mm, $u_2 : u_1 =$ ___ : ___ = ___ : ___

c) In welchem Verhältnis stehen die Flächeninhalte der beiden Dreiecke? Schreibe das Ergebnis mit möglichst einfachen natürlichen Zahlen auf!

$A_1 : A_2 = {a_1}^2 : {a_2}^2 =$ ___ : ___ = ___ : ___

Die Flächeninhalte verhalten sich wie ___ zu ___.

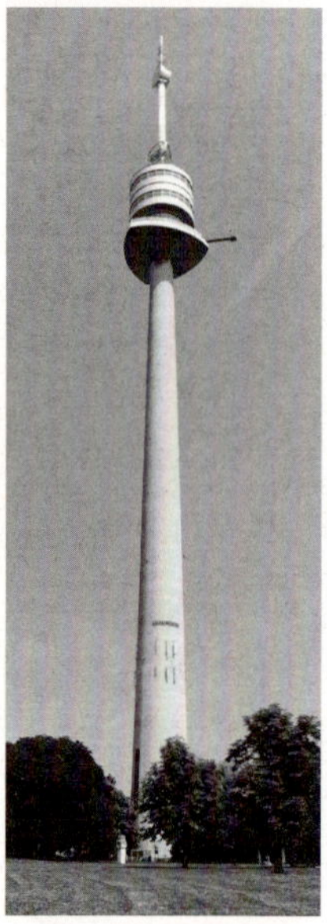

H 1 **10** **a)** Eileen sagt, sie kann mit Hilfe von Schattenlängen die Höhe eines Turmes berechnen. Der Turm wirft einen ca. 35 m langen Schatten. Ihr 1,50 m großer Bruder Tim wirft gleichzeitig einen 2,50 m langen Schatten. Sie meint, das Verhältnis zwischen tatsächlicher Größe und Schattenlänge muss für den Turm und für Tim gleich sein. Hat sie Recht? Welche geometrische Eigenschaft verwendet sie bei ihrem Modell?

____

b) Berechne die Höhe des Turmes!

$h : 35 = 1{,}50 : 2{,}50$ → $h \approx$ ___ m Der Turm ist ungefähr ___ m hoch.

c) Wenn eine 1,75 m große Frau einen 1,05 m langen Schatten wirft, wie lang muss dann zur selben Zeit der Schatten des rund 200 m hohen Donauturmes sein?

$1{,}75 : 1{,}05 =$ ___ : ___ → $s \approx$ ___ m Der Schatten ist ca. ___ m lang.

H 2 **11** **a)** Zeichne das Dreieck ABC mit $a = 5{,}4$ cm, $b = 4{,}8$ cm, $c = 6{,}3$ cm und vergrößere es dann im Verhältnis 3 : 4!
Die Seite c ist schon vorgezeichnet. Verwende als Streckzentrum den Eckpunkt A und verlängere zunächst die Seite c im Verhältnis 3 : 4 zur Seite c_1! Das vergrößerte Dreieck kannst du dann durch Parallelverschieben erhalten.

b) Miss die Seiten des vergrößerten Dreiecks $A_1B_1C_1$ und zeige, dass das Streckverhältnis für jede der drei Seitenlängen stimmt!

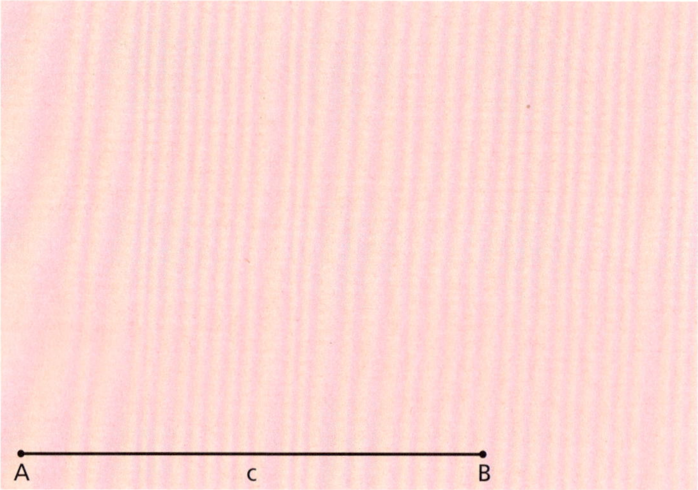

$a_1 \approx$ ___ cm → $a : a_1 = 5{,}4 :$ ___ = ___ : ___

$b_1 \approx$ ___ cm → $b : b_1 = 4{,}8 :$ ___ = ___ : ___

$c_1 \approx$ ___ cm → $c : c_1 = 6{,}3 :$ ___ = ___ : ___

c) Miss in beiden Dreiecken die Höhe auf c bzw. c_1! $h_c \approx$ ___ cm, $h_{c_1} \approx$ ___ cm

Zeige, dass auch die Höhen im selben Verhältnis stehen wie die Seitenlängen!

$h_c : h_{c_1} \approx$ ___ : ___ = ___ : ___

Wähle zum Füllen der Lücken aus den rechts stehenden Möglichkeiten die passenden aus! Die Reihenfolge der Lücken gibt dir die Spalte an, die Zahlen neben den möglichen Lösungen die Anzahl der zu bemalenden freien Felder im Nonogramm. Beginne beim Bemalen jeweils am unteren Ende der Spalte!

- Zwei **Vielecke** heißen **ähnlich**, wenn einander entsprechende _________ gleich groß sind und einander entsprechende Längenstücke zueinander im _______________________ stehen.

- Zwei **Dreiecke** sind schon **ähnlich**, wenn nur eine der beiden Bedingungen erfüllt ist, dh, wenn einander entsprechende Winkel ________________ sind **oder** einander entsprechende Längenstücke zueinander im ________ Verhältnis stehen.
Daraus folgt: Wenn zwei Dreiecke in ________ Winkeln übereinstimmen, dann sind sie ________________.

- In allen ähnlichen Figuren verhalten sich die Umfänge _________________ wie einander entsprechende Streckenlängen.
Die Flächeninhalte verhalten sich wie die _________ einander entsprechender Streckenlängen.

- Werden zwei Strahlen mit dem gemeinsamen Anfangspunkt S von zueinander ______________ Geraden geschnitten, so gilt:
Die Längen zweier Abschnitte auf dem einen Strahl verhalten sich wie die Längen der __________________ Abschnitte auf dem ________ Strahl (**1. Strahlensatz**).
$\overline{SA_1} : \overline{SA_2} = \overline{SB_1} :$ ______
$\overline{SA_1} : \overline{A_1A_2} = \overline{SB_1} :$ ______
Die von S ausgehenden Streckenlängen verhalten sich wie die Längen der entsprechenden ___________ auf den parallelen Geraden (**2. Strahlensatz**).
$\overline{SA_1} : \overline{SA_2} = \overline{A_1B_1} :$ ______
$\overline{SB_1} : \overline{SB_2} =$ ______ $: \overline{A_2B_2}$

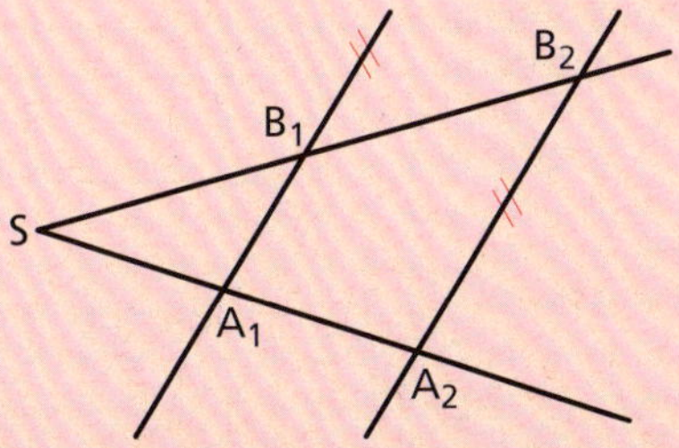

- Abschnitte 7
- ähnlich 14
- anderen 14
- Dreiecke 2
- entsprechenden 17
- genau so 15
- gleichen 12
- gleichen Verhältnis 11
- gleich groß 12
- Längen 7
- parallelen 18
- Quadrate 16
- verschieden 14
- Winkel 10
- zwei 14
- $\overline{A_1B_1}$ 4
- $\overline{A_2B_2}$ 7
- $\overline{B_1B_2}$ 9
- $\overline{SA_1}$ 17
- $\overline{SB_2}$ 11

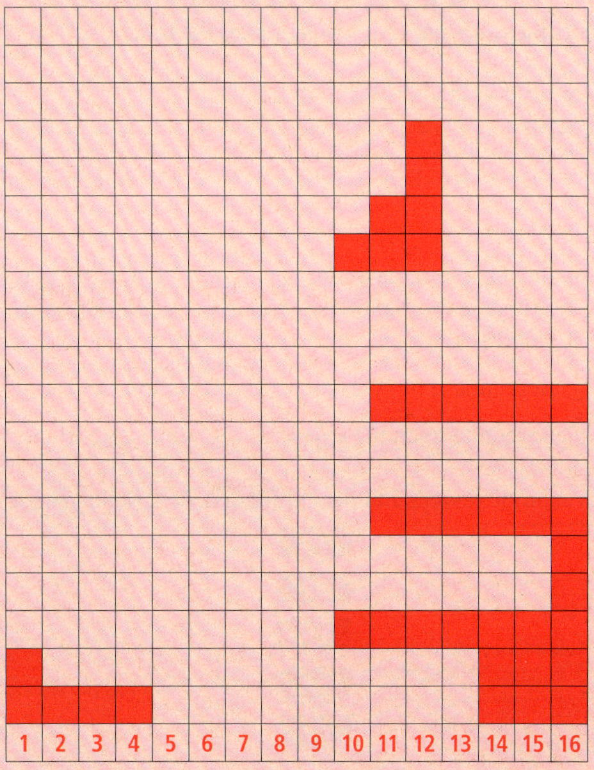

H 2 **1** Verwende die rechts gezeichnete Strecke $c = AB$!

a) Konstruiere mit Hilfe des Satzes von Thales das rechtwinklige Dreieck ABC mit $\alpha = 53°$, $\gamma = 90°$!

b) Miss die drei Seitenlängen:

$a \approx$ ___ cm, $b \approx$ ___ cm, $c \approx$ ___ cm

c) Zeige, dass (bis auf kleine Abweichungen, die auf die Ungenauigkeit von Messungen bzw. Zeichnungen zurückzuführen sind) die Beziehung $a^2 + b^2 = c^2$ stimmt:

$a^2 + b^2 =$ ___^{2} + ___^{2} = ___ $c^2 =$ ___

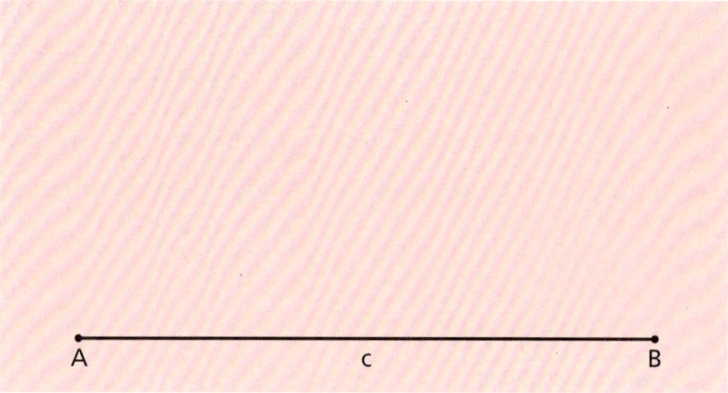

H 2 **2** **a)** Konstruiere das Dreieck ABC mit $a = 6{,}8$ cm, $b = 5{,}1$ cm und $c = 8{,}5$ cm!

b) Überprüfe mit dem TR, dass für dieses Dreieck der Satz von Pythagoras anwendbar ist!

$6{,}8^2 + 5{,}1^2 =$ ___ + ___ = ___

$8{,}5^2 =$ ___

c) Bis auf eventuelle Zeichen- oder Messungenauigkeiten muss daher gelten: $\gamma =$ ___° (Umkehrung des Satzes von Pythagoras)
Miss in deiner Zeichnung nach!

$\gamma \approx$ ___°

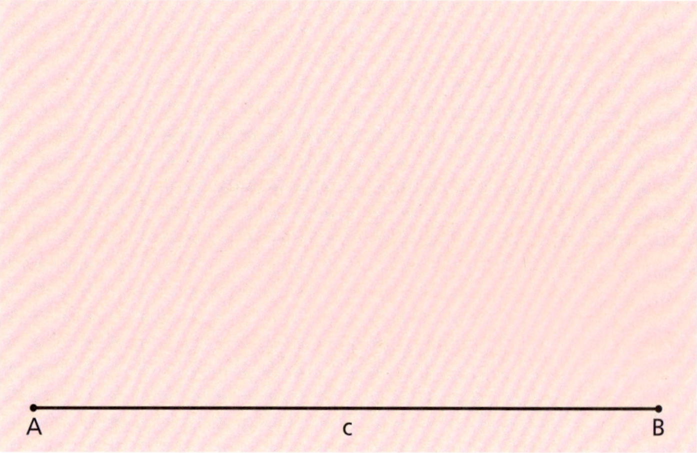

H 4 **3** Die Zahlen 12, 35 und 37 bilden ein pythagoreisches Tripel, dh. es gilt $12^2 + 35^2 = 37^2$.

a) Rechne nach und überprüfe $12^2 + 35^2 =$ ___ + ___ = ___ $37^2 =$ ___

b) Überzeuge dich , dass auch die verdoppelten Zahlen ein pythagoreisches Tripel bilden!

$24^2 +$ ___^{2} = ___ + ___ = ___ ___^{2} = ___

c) Überzeuge dich , dass auch die verfünffachten Zahlen ein pythagoreisches Tripel bilden!

$60^2 +$ ___^{2} = ___ + ___ = ___ ___^{2} = ___

d) Beweise nun, dass alle beliebigen Vielfachen von 12, 35 und 37 pythagoreische Tripel bilden!
Schreibe die Vielfachen zB als $12 \cdot x$, $35 \cdot x$ und $37 \cdot x$, wobei x für jede beliebige natürliche Zahl $\neq 0$ steht!

Berechne dann $(12 \cdot x)^2 + (35 \cdot x)^2 = 144 \cdot x^2 +$ ___ = ___

Berechne auch $(37 \cdot x)^2 =$ ___ und vergleiche die beiden Ergebnisse!

H 2 **4** Verbinde jeweils mit der fehlenden Zahl des pythagoreischen Tripels!

27 123	21
76 95	37
12 35	120
234 250	57
72 75	88

H2 **5** Berechne die dritte Seite des rechtwinkligen Dreiecks ABC ($\gamma = 90°$)!

a) $a = 10{,}5$ cm, $b = 3{,}6$ cm → $c^2 = a^2 + b^2 = 10{,}5^2 + 3{,}6^2 =$ ___ → c = ___ cm

b) $a = 14{,}4$ cm, $c = 15{,}0$ cm → $b^2 = c^2 - a^2 =$ ___ = ___ → b = ___ cm

c) $b = 34{,}5$ cm, $c = 83{,}1$ cm → $a^2 =$ ___ = ___ = ___ → a = ___ cm

H2 **6** Ein rechtwinkliges Dreieck ABC hat den Flächeninhalt $A = 17{,}34$ cm² und die Kathetenlänge $b = 6{,}8$ cm.

a) Forme die Flächeninhaltsformel $A = \frac{a \cdot b}{2}$ um und berechne a!

a = ___ → a = ___ cm

b) Zeichne das Dreieck ABC mit Hilfe von a und b und miss ab!

c ≈ ___ cm, $h_c \approx$ ___ cm

c) Berechne die Länge der Seite c!

c = ___ cm

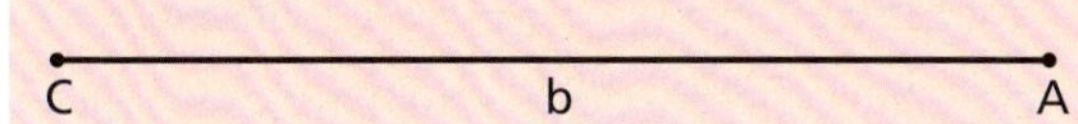

d) Forme die Flächeninhaltsformel $A = \frac{c \cdot h_c}{2}$ um und berechne h_c (auf 1 Nachkommastelle gerundet)!

$h_c =$ ___ → $h_c =$ ___ cm ≈ ___ cm

Vergleiche die berechneten Werte für c und h_c mit den Messungen aus deiner Zeichnung!

H3 **7** Schreibe für die dargestellten rechtwinkligen Dreiecke auf, welche Beziehung auf Grund des Satzes von Pythagoras zwischen den Seitenlängen besteht!

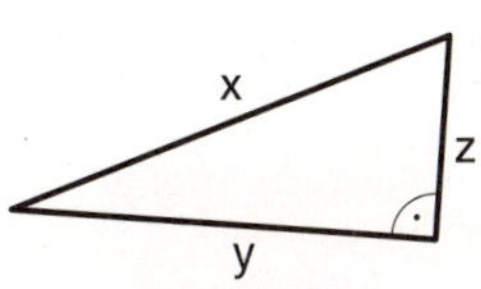

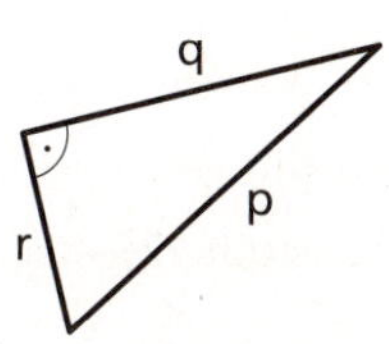

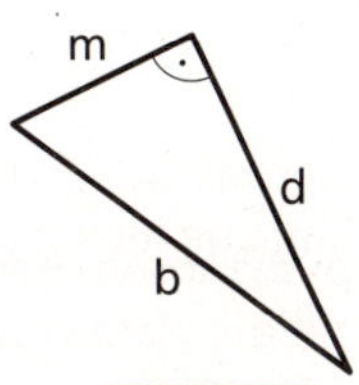

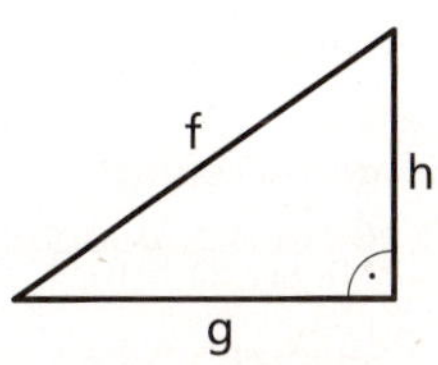

$x^2 =$ ___ $q^2 =$ ___ $b^2 =$ ___ $h^2 =$ ___

H1 **8** Elias liest die nebenstehenden Informationen über einen Schilift. Er möchte die mittlere Neigung des Hanges wissen, auf dem sich der Lift befindet. Er weiß, dass der Quotient aus Höhenunterschied h und waagrechter Entfernung w die Steigung bzw. das Gefälle oder die Neigung (einer Straße, eines Hanges, eines Daches usw.) angibt.

Schilift	
Talstation	1230 m Seehöhe
Bergstation	1435 m Seehöhe
Länge des Liftes	585 m

a) Wie kann Elias aus den Angaben auf die benötigten Zahlenwerte kommen? Fülle aus!

Der Höhenunterschied h ist die Differenz der ______________________________.

Die waagrechte Entfernung w berechnet man mit dem Satz von Pythagoras.

Dabei entspricht die Länge l des Liftes der Länge der ____________________, der Höhenunterschied h der Länge einer ______________ und die waagrechte Entfernung w der Länge der ______________________________ des rechtwinkligen Dreiecks.

b) Berechne h und w sowie die mittlere Neigung des Hanges und gib diese in Prozenten an!

h = ___ m, w = ___ m → $\frac{h}{w} =$ ___ = ___ %

Die mittlere Neigung beträgt rund ____ %.

H 1 **9** Eine **6,40 m** lange Leiter wird so an eine lotrechte Wand angelehnt, dass ihr unteres Ende **1,20 m** von der Wand entfernt ist.
Berechne, in welcher Höhe sich dann ungefähr das obere Ende der Leiter befindet! Kreuze das richtige Ergebnis an!

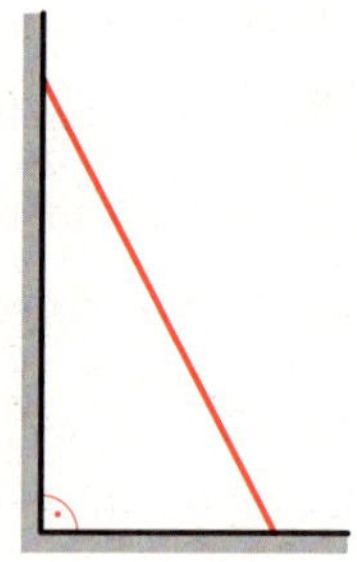

☐ 5,20 m ☐ 6,30 m ☐ 6,50 m ☐ 7,60 m

H 2 **10** Berechne die Länge der Diagonale (runde das Ergebnis auf Zentimeter)!

a) Rechteck mit $a = 12{,}45$ m und $b = 5{,}38$ m: $d^2 = a^2 + b^2 =$ ______ → $d =$ ______ m

b) Quadrat mit $a = 7{,}25$ m: $d^2 = 2 \cdot a^2 =$ ______ → $d =$ ______ m

H 3 **11** Das gleichschenklige Giebeldreieck eines Hauses ist **8,50 m** hoch und hat eine **40,80 m** lange Basis.
Wie lang sind die schrägen Dachkanten?

a) Fertige eine Skizze an und vervollständige die folgende Beschreibung (wähle aus den angegebenen Begriffen aus)!

Die __________ des Giebeldreiecks teilt das ________________ Dreieck in zwei ________________ Dreiecke.
Die schrägen Dachkanten bilden jeweils die ______________ eines solchen Dreiecks. Die beiden ______________ eines dieser rechtwinkligen Dreiecke entsprechen der Höhe bzw. der ____________________________ des Giebeldreiecks.
Die gesuchten Längen kann man daher mit dem Satz von ____________________ berechnen.

Basis | Diagonale | Flächeninhalt | gleichschenklige | gleichseitige | halben Basis | Höhe | Hypotenuse | Katheten | Pythagoras | rechtwinklige | schrägen Kante | spitzwinklige | Thales

b) Führe die Berechnungen (auf einem Blatt Papier) durch!

Die schrägen Dachkanten sind jeweils ________ m lang.

H 3 **12** **Zusammenfassung:**
Wähle aus den angegebenen Begriffen aus und setze ein!

In jedem ________________ Dreieck gilt der Satz von Pythagoras. Ist c die ______________ und sind a und b die ______________, dann gilt: ____________

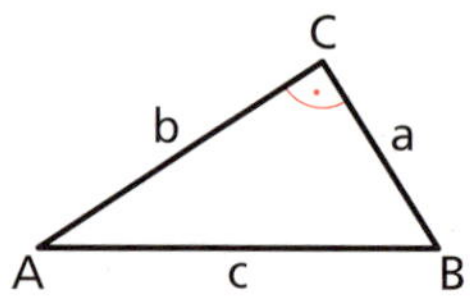

Eine mögliche Kurzsprechweise ist:
„Kathete a zum Quadrat ______ Kathete b zum Quadrat ________ Hypotenuse c ____________________"

Für die einzelnen Seitenlängen im rechtwinkligen ____________ gilt:
$c = \sqrt{a^2 + b^2}$ bzw. $a = \sqrt{c^2 - b^2}$ bzw. $b =$ ____________

Für die Länge der ____________ d eines ____________ mit den Seitenlängen a und b gilt:
$d^2 = a^2 + b^2 \rightarrow d =$ ____________

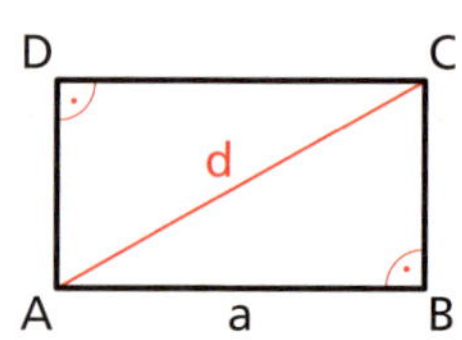

Für die Länge der Diagonale d eines ______________ mit der Seitenlänge a gilt:
$d^2 = 2 \cdot a^2 \rightarrow d =$ ________

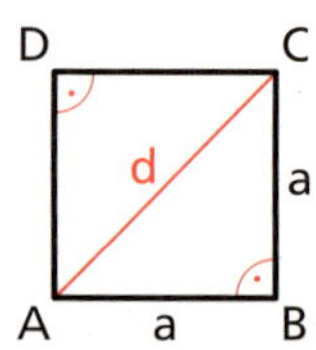

- Diagonale Ä
- Dreieck B
- gleich T
- Hypotenuse R
- Katheten B
- plus I
- rechtwinkligen A
- Quadrats E
- Rechtecks T
- Schenkeln F
- zum Quadrat S
- $a^2 + b^2 = c^2$ E
- $\sqrt{a^2 + b^2}$ T
- $\sqrt{c^2 - a^2}$ L
- $\sqrt{c^2 - b^2}$ D
- $\sqrt{2 \cdot a^2}$ R

Lösungswort: _ _ _ _ _ _ _ _ _ _ _ _ _ _

H3 **1** Ordne die Buchstaben richtig zu!

Gerades fünfseitiges Prisma G
Schiefes dreiseitiges Prisma
Liegendes vierseitiges Prisma
Gerades sechsseitiges Prisma
Liegendes fünfseitiges Prisma
Gerades vierseitiges Prisma
Schiefes vierseitiges Prisma
Gerades dreiseitiges Prisma

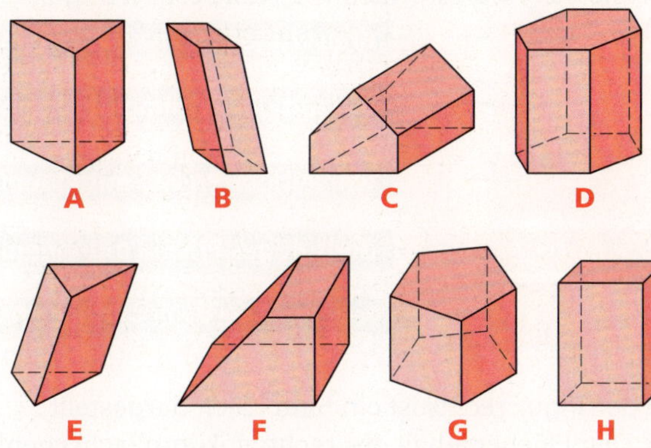

H2 **2** Vervollständige die Schrägrisse!

a) dreiseitiges Prisma

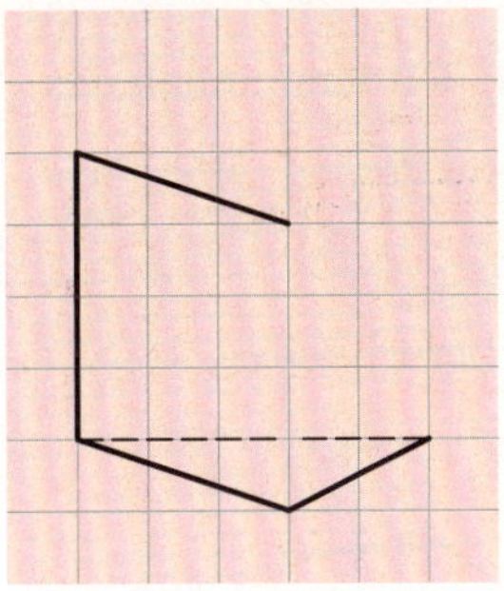

b) Quader

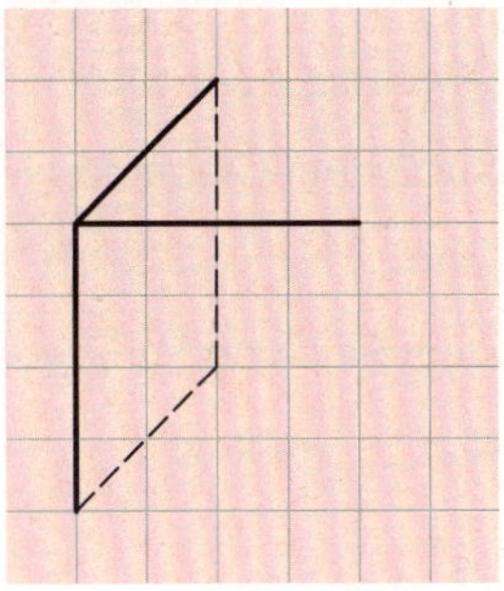

c) fünfseitiges Prisma

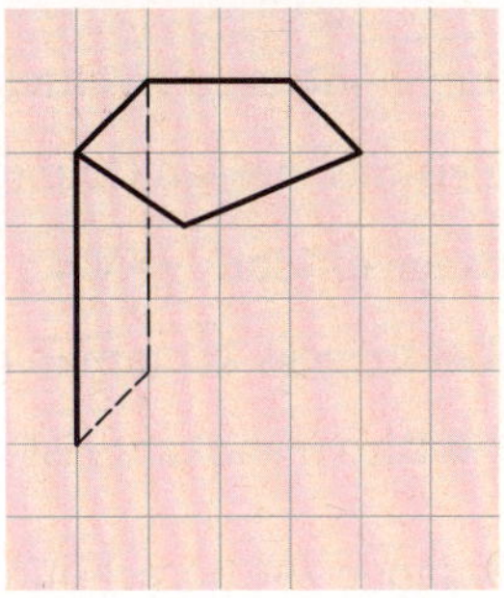

d) sechsseitiges Prisma

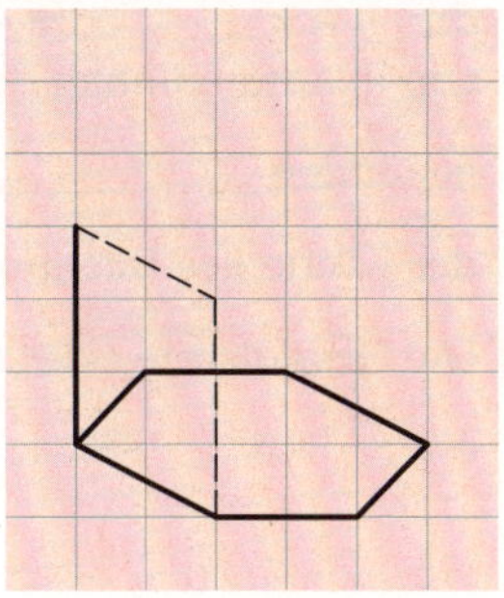

H2 **3** Vervollständige den Schrägriss eines Quaders mit $a = 2{,}4$ cm, $b = 2{,}4$ cm und $c = 3$ cm mit dem Verzerrungswinkel $\alpha = 60°$ und dem Verzerrungsverhältnis $v = \frac{3}{4}$!

Berechne, wie lang die verzerrt dargestellte Kante b sein muss!

$2{,}4 \text{ cm} \cdot \frac{3}{4} =$ ____ cm

Die Kante b muss ______ cm lang gezeichnet werden.

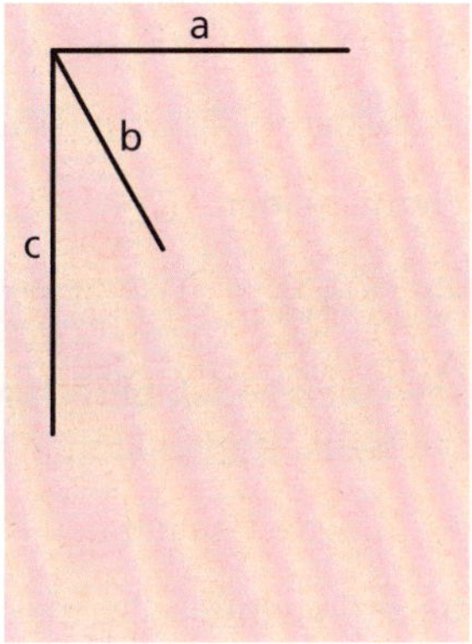

H2 **4** Ein Quader hat die Kantenlängen $a = 10{,}8$ cm, $b = 8{,}1$ cm und $c = 4{,}5$ cm.

a) Berechne die Längen seiner Flächendiagonalen d_1, d_2 und d_3 mit dem Satz von Pythagoras!

$d_1 =$ ____ cm $\quad d_2 =$ ____ cm $\quad d_3 \approx$ ____ cm

b) Wie groß ist die Masse des Quaders, wenn er aus Holz mit der Dichte $\rho = 400$ kg/m³ besteht?
Die Formel für die Masse lautet: $m = V \cdot \rho$
(„Masse = Volumen x Dichte")
Da die Dichte in kg/m³ angegeben ist, benötigen wir das Volumen in m³.

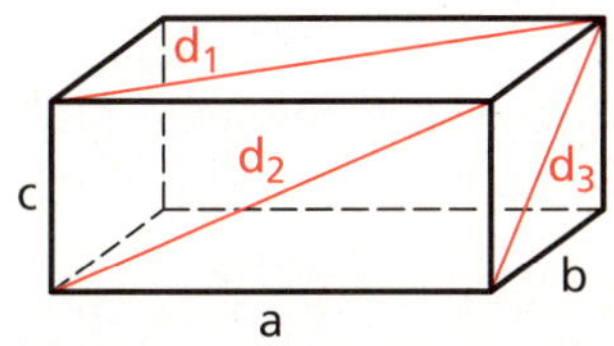

Für das Volumen des Quaders gilt V = __________ .
Setze die gegebenen Werte ein und rechne!

V = ____ cm³ = ____ dm³ = ____ m³

→ m = ____ · 400

→ Masse m = ____ kg ≈ ____ dag

H 3 **5** Ordne die Volumsformeln den Körpern richtig zu!

Formel	Körper
$V = a^2 \cdot h$	dreiseitiges Prisma mit einem rechtwinkligen Dreieck als Grundfläche
$V = \frac{a \cdot b}{2} \cdot h$	vierseitiges Prisma mit einem Rhombus als Grundfläche
$V = \frac{c \cdot h_c}{2} \cdot h$	vierseitiges Prisma mit einem Rechteck als Grundfläche
$V = a \cdot b \cdot h$	dreiseitiges Prisma mit einem allgemeinen Dreieck als Grundfläche
$V = \frac{e \cdot f}{2} \cdot h$	regelmäßiges vierseitiges Prisma

H 2 **6** In der Figur rechts ist ein Satteldach dargestellt.

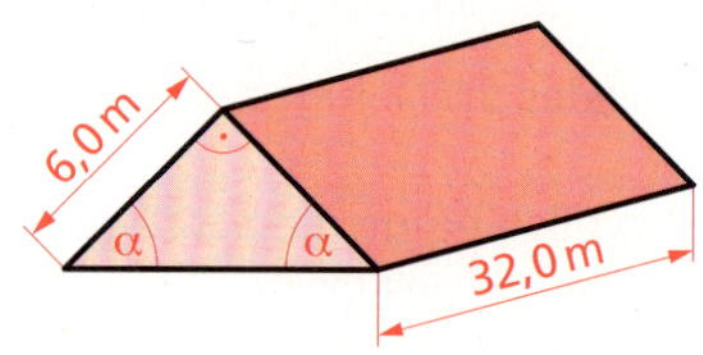

a) Den Flächeninhalt des rechtwinklig-gleichschenkligen Giebeldreiecks berechnet man mit A = ________ ➔ A = ______ m².

b) Den Flächeninhalt der einen rechteckigen Dachfläche erhält man durch A = ________ ➔ A = ______ m².

c) Um den Rauminhalt des Dachbodens zu ermitteln, berechnet man mit $V = G \cdot h$ den Rauminhalt des liegenden ____________ Prismas, dessen Grundfläche G dem Giebeldreieck und dessen „Höhe" h der Länge des Dachbodens entspricht. ➔ V = ______ m³

d) Die Grundkante c des Giebeldreiecks kann man mit dem Satz von Pythagoras berechnen:
$c^2 =$ ____^{2} + ____^{2} = ______ ➔ Die Grundkante ist rund ______ m lang.

H 3 **7** Ergänze die beiden Beschreibungen zur Berechnung des Rauminhalts der abgebildeten Lagerhalle!

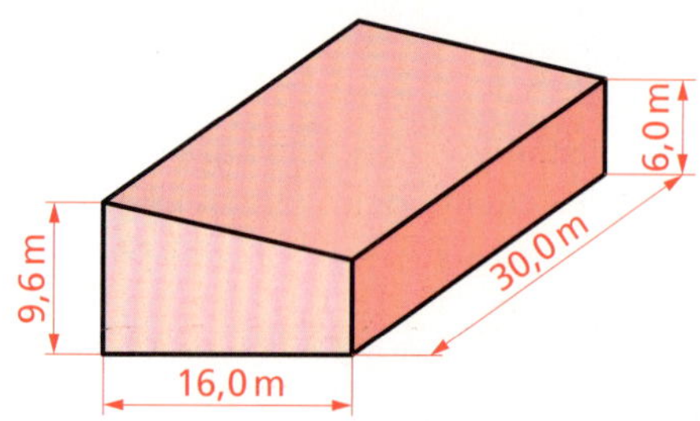

Judith sagt: „Ich fasse die Halle als __________ vierseitiges Prisma auf. Die Grundfläche ist dann ein __________, von dem ich die beiden __________________ und die Höhe kenne. Die Höhe des Prismas entspricht ____________ der Halle."

Caro meint: „Ich berechne zuerst den Rauminhalt des ____________, der den unteren Teil der Halle bildet. Seine Kantenlängen entnehme ich aus der Zeichnung. Dann berechne ich den Rauminhalt des darüberliegenden ____________ Prismas. Die Grundfläche dieses liegenden Prismas ist ein __________________ Dreieck. Die Längen seiner beiden __________ kann ich ebenfalls der Zeichnung entnehmen. Die Höhe des Prismas entspricht der ________ der Halle."

der Länge | dreiseitigen | Katheten | Länge | liegendes | Parallelseiten | Quaders | rechtwinkliges | Trapez

H 2 **8** Der Rauminhalt der in Aufgabe 7 abgebildeten Lagerhalle beträgt ________ m³.

H 2 **9** Wie groß ist ungefähr die Masse einer 5 cm hohen quadratischen Platte aus Beton, deren Kantenlänge 30 cm lang ist (Dichte des Betons: $\rho \approx 2000$ kg/m³)? Schätze zuerst, dann rechne!

☐ 9 kg ☐ 12 kg ☐ 30 kg ☐ 90 kg ☐ 900 kg ☐ 9 t ☐ anderer Wert

Schätzung: ______ Rechnung: ______

H 2 **10** Eine Stahlschiene hat die Form eines liegenden dreiseitigen Prismas (➔ Figur rechts, Maße in cm). Wie groß ist die Masse der Schiene, wenn Stahl die Dichte $\rho = 7800$ kg/m³ besitzt?

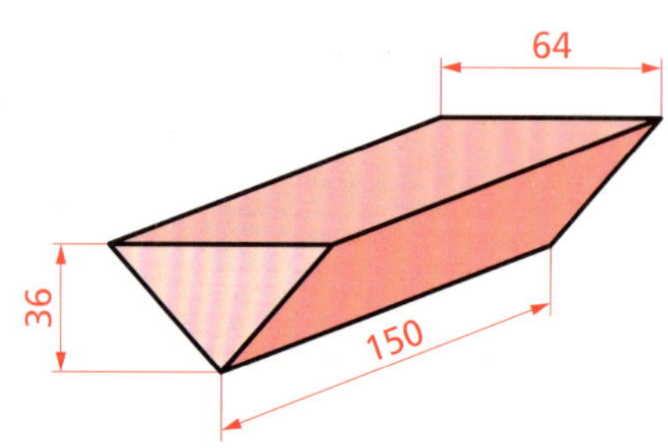

$V = G \cdot h$ $G = A_{Dreieck} =$ ______ cm²

➔ V = ______ cm³ = ______ dm³ = ______ m³

Masse $m = V \cdot \rho =$ ______ kg ≈ ____ t ______ kg

H 1 **11** Ein quaderförmiges Becken hat als Grundfläche ein Quadrat mit 2,40 m Seitenlänge. Es werden 10 m^3 einer Flüssigkeit eingefüllt. Wie hoch steht die Flüssigkeit dann?

Die Flüssigkeit im Becken bildet ein ____________ Prisma. Von diesem Prisma sind die ____________ und das ____________ bekannt.

Aus der Volumsformel $V = G \cdot h = \_\_ \cdot h$ folgt durch Umformen für die Höhe h = ________ .

Setze die gegebenen Werte ein und berechne h! h = ____ m

Die Höhe der Flüssigkeit im Becken beträgt rund ____ m (auf Zentimeter gerundet).

H 2 **12** Ein Glasquader (Dichte $\rho = 2500\ kg/m^3$) hat eine Masse von 32,80 kg. Seine Grundkanten sind 41 cm und 20 cm lang. Wie hoch ist der Glasquader?
Aus der Masse und der Dichte kannst du das Volumen berechnen: $m = V \cdot \rho \rightarrow V =$ ____

Setze ein und rechne! V = ____ m^3 = ____ dm^3 = ____ cm^3

Aus $V = G \cdot h$ erhält man durch Umformen: h = ____

Für die Grundfläche G gilt: G = ____ → G = ____ cm^2

Setze für V und G ein und berechne: h = ____ → Der Glasquader ist ____ cm hoch.

H 3 **13** Die Abbildungen zeigen drei regelmäßige Pyramiden. Ergänze:
Die Grundfläche einer regelmäßigen Pyramide ist ein ______________ Vieleck. Ihre Spitze befindet sich über dem ______________ der Grundfläche. Ihre Seitenkanten sind alle __________ lang.

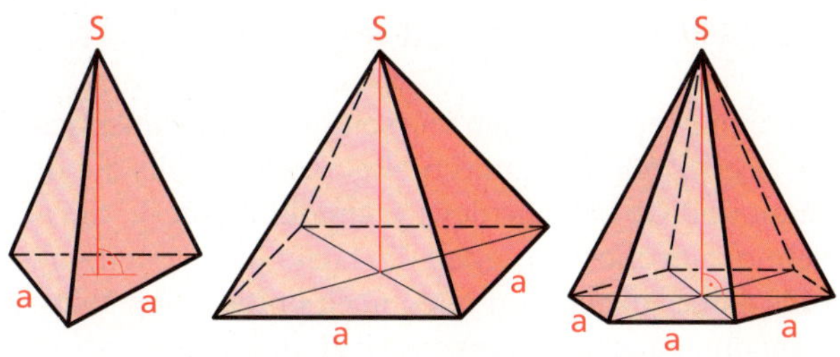

Der Mantel einer regelmäßigen Pyramide besteht aus lauter kongruenten ______________________.

H 2 **14** Vervollständige die Schrägrisse!

a) dreiseitige Pyramide

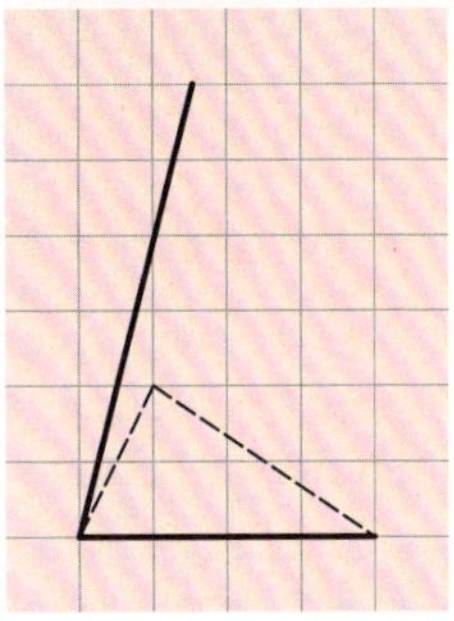

b) rechteckige Pyramide

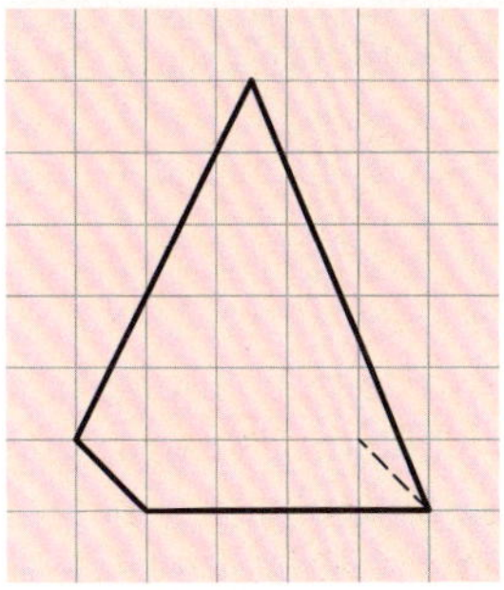

c) quadratische Pyramide

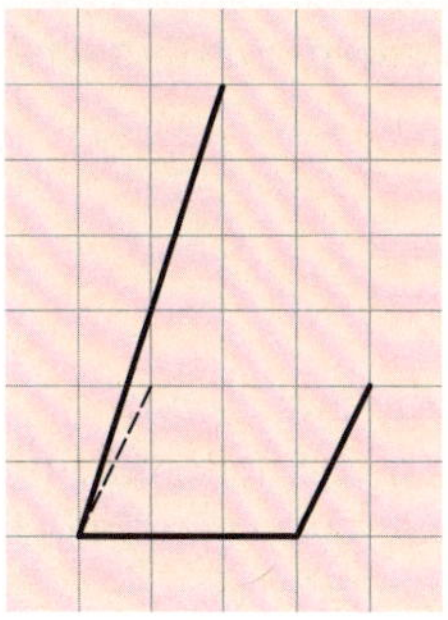

H 3 **15** Die Figur rechts zeigt eine regelmäßige vierseitige (quadratische) Pyramide mit dem Quadrat ABCD als Grundfläche.

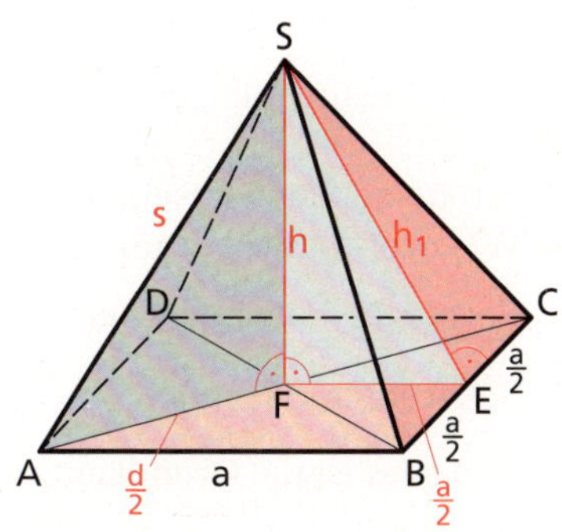

a) Das Dreieck AFS ist rechtwinklig mit dem rechten Winkel beim Punkt ____. Zwischen seinen Seiten $\frac{d}{2}$, h und s besteht folgender Zusammenhang: ______________

b) Auch das Dreieck FES ist rechtwinklig mit dem rechten Winkel beim Punkt ____. Für seine Seiten $\frac{a}{2}$, h und h_1 gilt ______________.

c) Ebenso ist das Dreieck BES rechtwinklig. Der rechte Winkel befindet sich beim Punkt ____. Für seine Seiten $\frac{a}{2}$, h_1 und s gilt ______________.

H 3 **16** Von einer regelmäßigen vierseitigen (quadratischen) Pyramide kennt man die Länge der Grundkante $a = 9{,}0$ cm und die Körperhöhe $h = 10{,}8$ cm.

a) Wie groß ist der Rauminhalt (das Volumen) der Pyramide?

Die Formel für den Rauminhalt lautet V = ________. Setze ein und rechne! V = ____ cm^3

b) Wie lang ist die Seitenflächenhöhe h_1? Verwende die Figur in Aufgabe 15!

Aus dem rechtwinkligen Dreieck FES folgt für die Seitenflächenhöhe h_1: h_1^2 = ____________

Setze ein und rechne! h_1 = ____ cm

c) Wie groß ist der Flächeninhalt der Oberfläche?

Die Oberfläche der Pyramide setzt sich zusammen aus der ________________ G und der ________________ M.

Die ____________ G ist ein ____________ mit der Flächeninhaltsformel G = ______.

Die ______________ M besteht aus __ kongruenten gleichschenkligen _________.

Den Flächeninhalt eines solchen ________ kann man mit der Formel A = _______ berechnen.

Für den Flächeninhalt der ______________ M gilt demnach M = 4 · _____ = _______.

Für die Oberfläche gilt daher O = G + M = _____ + _____.

Setze ein und rechne! O = ____ cm^2

H 2 **17** Von einer regelmäßigen vierseitigen (quadratischen) Pyramide kennt man zwei der drei Größen a, h und h_1. Berechne jeweils die dritte Größe sowie Rauminhalt und Oberfläche der Pyramide. Wenn du die angegebenen Zahlenwerte richtig zuordnest, ergeben die Lösungsbuchstaben – gelesen von Pyramide 1 bis 4 und jeweils von oben nach unten – den Namen bestimmter Betriebe, die manchmal auch mit Pyramiden zu tun haben.

	Pyramide 1	Pyramide 2	Pyramide 3	Pyramide 4
Grundkante a in cm	19,2	7,2		8,8
Körperhöhe h in cm	11,0		13,5	11,7
Seitenflächenhöhe h_1 in cm		16,4	15,3	
Rauminhalt V in cm^3				
Oberfläche O in cm^2				

12,5 R | 14,4 C | 14,6 D | 16,0 H | 276,48 D | 288,00 E | 297,44 I | 302,016 E | 648,00 E | 929,28 C | 933,12 K | 1 351,68 A

Lösungswort: _ _ _ _ _ _ _ _ _ _ _ _

H 2 **18** Ein Turmdach hat die Form einer regelmäßigen vierseitigen (quadratischen) Pyramide mit der Grundkante $a = 5{,}40$ m und der Seitenflächenhöhe $h_1 = 12{,}00$ m. Wie groß ist der Flächeninhalt der gesamten Dachfläche (= Mantelfläche) und wie lang sind die Seitenkanten des Daches?

Für die Mantelfläche M gilt M = 4 · _______ = _________. Setze ein und rechne! M = ____ m^2

Für das Ermitteln der Seitenkante s verwende die Figur in Aufgabe 15!

Aus dem rechtwinkligen Dreieck BES folgt s^2 = __________. Setze ein und rechne! s = ____ m

H 2 **19** Eine regelmäßige vierseitige Pyramide hat 3456 cm^3 Rauminhalt.

a) Wie groß ist die Pyramidenhöhe h, wenn die Grundkante 24 cm lang ist?

Forme die Volumsformel $V = \frac{a^2 \cdot h}{3}$ um! h = ____

Setze ein und rechne! h = ____ cm

b) Wie lang ist die Grundkante a, wenn die Pyramidenhöhe 8 cm lang ist?

Forme $V = \frac{a^2 \cdot h}{3}$ um! a^2 = ____

Setze ein und ziehe dann die Wurzel! a^2 = ____ → a = ____ cm

Wähle zum Füllen der Lücken aus den rechts stehenden Möglichkeiten die passenden aus!
Trage die Buchstaben in der Reihenfolge der Lücken in den Lösungstext ein!

■ **Prismen** werden von zwei ____________ (= kongruenten) ________ begrenzt, die zueinander ________ liegen. Diese beiden Flächen sind die _______ G und die _______ D. Ihren Abstand nennt man die ____ h des Prismas. Die Seitenkanten sind gleich _____ und _________________.

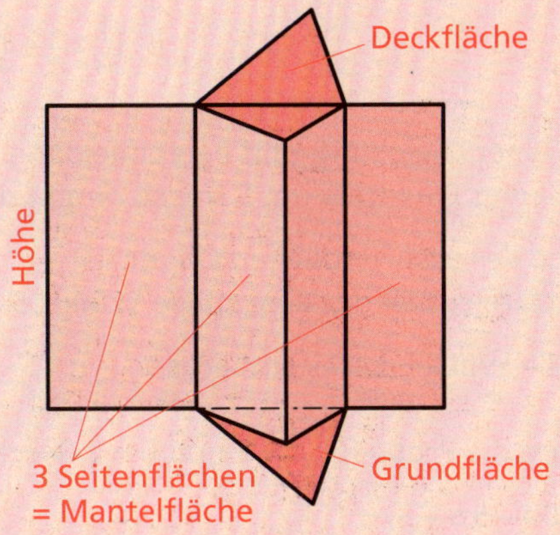

Beim **geraden Prisma** stehen sie _______ zu Grund- und Deckfläche.
Die Figur oben zeigt ein gerades ________ Prisma (bzw. dessen Netz).
Als **regelmäßige Prismen** bezeichnet man _______ Prismen, deren Grund- und Deckfläche __________ Vielecke sind (________ Dreieck, Quadrat, regelmäßiges Fünfeck oder Sechseck usw.).
Die **Oberfläche** eines Prismas setzt sich aus ____________________ und der ___________ M zusammen. Die Mantelfläche M ______ Prismen besteht aus _________. Für den Flächeninhalt der ________ O gilt die Formel O = 2 · G + M. Für das _________ V des Prismas gilt V = G · h.
Für die **Dichte** von Körpern gilt Dichte = Masse _____ Volumen (ρ = ___).

Lösungswort: _ _ _ _ _ _ _ _ _ _ _ _   _ _ _ _ _ _ _ _ _

- Deckfläche E
- deckungsgleichen G
- dreiseitiges C
- durch R
- gerade H
- gerader N
- gleichseitiges G
- Grundfläche M
- Grund- und Deckfläche R
- Höhe T
- lang R
- Mantelfläche U
- normal S
- Oberfläche F
- parallel O
- Rechtecken D
- regelmäßige E
- Vielecken E
- Volumen O
- zueinander parallel I
- $\frac{m}{V}$ M

■ Die Seitenflächen von **Pyramiden** sind _______, die Grundfläche (= ______) ist ein Vieleck. Als Höhe der Pyramide bezeichnet man den _____________ der Spitze S von der Grundfläche.
Die Grundfläche einer **regelmäßigen Pyramide** ist ein _______________.

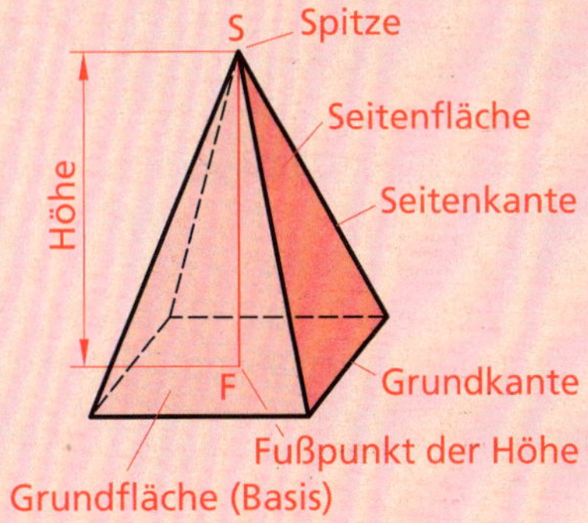

Ihre Spitze befindet sich über dem _________________ der Grundfläche.
In der Figur ist eine regelmäßige ___________ Pyramide dargestellt.
Die **Oberfläche** einer Pyramide setzt sich aus der ___________ G und der ____________ M zusammen. Die Mantelfläche einer ___________ Pyramide besteht aus kongruenten _________________ Dreiecken.
Für den Inhalt der __________ gilt die Formel O = G + M.
Für das Volumen gilt V = ______.

Lösungswort: _ _ _ _ _ _ _ _ _ _ _ _

- Basis C
- Dreiecke S
- gleichschenkligen S
- Grundfläche G
- Mantelfläche R
- Normalabstand H
- Oberfläche S
- regelmäßigen I
- regelmäßiges Vieleck R
- Umkreismittelpunkt A
- vierseitige E
- $\frac{G \cdot h}{3}$ E

ABSCHLUSSTEST 1

I 1 H 2 **1** Berechne!

a) $\frac{2}{3} \cdot \frac{3}{4} - \frac{5}{4} : \frac{15}{8} =$

b) $\frac{2}{3} \cdot \left(\frac{3}{4} - \frac{5}{4} : \frac{15}{8}\right) =$

c) $\frac{2}{3} \cdot \left(\frac{3}{4} - \frac{5}{4}\right) : \frac{15}{8} =$

d) $\left(\frac{2}{3} \cdot \frac{3}{4} - \frac{5}{4}\right) : \frac{15}{8} =$

I 2 H 2 **2** Schreibe den Text in Form einer Gleichung und berechne dann die gesuchte Zahl!

a) Verkürzt man jede Seite eines Quadrats um 5 cm, so nimmt der Flächeninhalt um 105 cm^2 ab.
Berechne die Seitenlänge des ursprünglichen Quadrats! ____________________

b) In einem rechtwinkligen Dreieck ist der eine spitze Winkel 5-mal so groß wie der andere spitze Winkel. Wie groß sind die Winkel dieses Dreiecks? ____________________

I 2 H 1 **3** Vereinfache den Term! Führe die Probe für $a = 3$ und $b = 2$ durch!

a) $3a - 4b + 7 - (9b - 5) - (6a - 5b + 3) =$

b) $(3a + b)^2 - 3 \cdot (5a - 2b) \cdot (5a + 2b) + (4a - 3b)^2 =$

I 2 H 2 **4** Vereinfache!

a) $\left(-\frac{1}{4}\right)^3 \cdot 4^2 =$

b) $\left(-\frac{3}{4}\right)^3 =$

c) $[(4 - 7)^3 + 6^2]^2 =$

d) $-4^2 + (-4)^2 =$

e) $(5 \cdot a^3 \cdot b)^2 \cdot a^5 \cdot b^5 =$

f) $\frac{4x^2 \cdot y}{2y^2} =$

I 2 H 1 **5** Vereinfache durch Herausheben bzw. Herausheben und Kürzen!

a) $3x \cdot (x + y) - 2y \cdot (x + y) =$

b) $6a^2b - 6b =$

c) $\frac{15rs - 6r^2}{9r - 12rs} =$

I 1 H 2 **6** In welchem Verhältnis stehen die folgenden Zahlen bzw. Größen zueinander? Kürze, wenn möglich!

a) $1\frac{3}{5} : 5 =$ $\quad$ $7 : 1{,}4 =$ $\quad$ $\frac{5}{4} : \frac{3}{8} =$

b) $3\ m^2 : 12\ dm^2 =$ $\quad$ $6\ m^3 : 50\ dm^3 =$ $\quad$ $11{,}5\ kg : 750\ g =$

I 1 H 2 **7** Eine Strecke ist auf dem Plan 4 mm lang und hat in der Wirklichkeit eine Länge von 1 km.
In welchem Maßstab wurde der Plan erstellt? ____________________

I 4 H 1 **8** In einem Betrieb wurden die folgenden Nettogehälter (in Euro) ausgezahlt:
582, 582, 598, 598, 634, 634, 680, 687, 720, 740, 1 130, 1 310, 1 310, 1 383
1 390, 1 390, 1 450, 1 480, 1 480, 1 870, 2 100, 2 170, 2 225, 2 245, 2 245, 2 245, 2 388
Teile die Nettogehälter im Bereich von 0 bis 2 400 € in gleich breite Klassen! Fülle die Tabellen aus und zeichne jeweils ein Histogramm für die relativen Häufigkeiten auf einem Blatt Papier!

1) drei gleich breite Klassen

Klasse (in €)	Strichliste	Häufigkeit absolute	Häufigkeit relative
	Summe		

2) vier gleich breite Klassen

Klasse (in €)	Strichliste	Häufigkeit absolute	Häufigkeit relative
	Summe		

3) Vergleiche die Histogramme aus 1) und 2)! Begründe, welches Histogramm die Arbeitgeberseite, welches die Arbeitnehmerseite bei Lohnverhandlungen wahrscheinlich ins Treffen führen wird!

____

I 1 H 1 **9** Der Wasservorrat einer Expedition reicht bei einem Tagesverbrauch von **56** Litern für **18** Tage. Wie viel Liter dürfen pro Tag verbraucht werden, wenn die Dauer der Expedition (bei gleich großem Wasservorrat) um **3** Tage verlängert wird? ____________________

I 1 H 2 **10** Zu Beginn des Jahres **2013** legt Herr Bauer **7 500 €** auf ein Sparbuch. Die Bank vereinbart mit ihm einen Zinssatz von **4,5 %** p. a. Nach **1** Jahr legt Herr Bauer nochmals **7 500 €** dazu. Mit welchem Guthabenstand kann Herr Bauer am Beginn des Jahres **2025** rechnen? Wie viel Euro an tatsächlichen Zinsen werden ihm dann gutgeschrieben?

Jährlicher Nettozinssatz: ______________

Zeitpunkt	Guthaben in €	Zinsen in €
heute		
nach 1 Jahr		
nach 12 Jahren		

I 3 H 1 **11** Ein Wandmosaik hat die Form eines Deltoids mit den Diagonalenlängen **e = 8,40 m** und **f = 5,20 m**. Das Mosaik soll zur Gänze mit rhombenförmigen Plättchen ausgelegt werden. Die Rhomben haben **12 cm** lange Seiten und sind **8 cm** hoch. Es werden mindestens __________ Plättchen benötigt.

I 3 H 1 **12** Die trapezförmige Querschnittfläche eines Bergwerkstollens ist am Boden **3,40 m** breit, an der Decke **2,60 m**. Boden und Decke liegen parallel zueinander und haben **2,40 m** Abstand voneinander.

Wie groß ist der Flächeninhalt der Querschnittfläche? A = ______ m^2

I 3 H 3 **13**

a) Zeichne das allgemeine Viereck, das durch die Koordinaten seiner Eckpunkte A (–5 | –3), B (4 | –4), C (7 | 6) und D (4 | 7) gegeben ist, auf ein Blatt Papier!

b) Beschreibe, wie man den Flächeninhalt dieses Vierecks so berechnen kann, dass man alle benötigten Längen aus den gegebenen Koordinaten ablesen kann!

c) Berechne den Flächeninhalt des Vierecks! A = ______

I 3 H 3 **14**

a) Schreibe auf, welche Dreiecke in der nebenstehenden Figur zueinander ähnlich sind! Verwende dabei das richtige Zeichen für „ähnlich"!

____

b) Gib Gründe für die Ähnlichkeit der Dreiecke an!

____

c) Berechne die Längen der Strecken x und y!

x = ______ y = ______

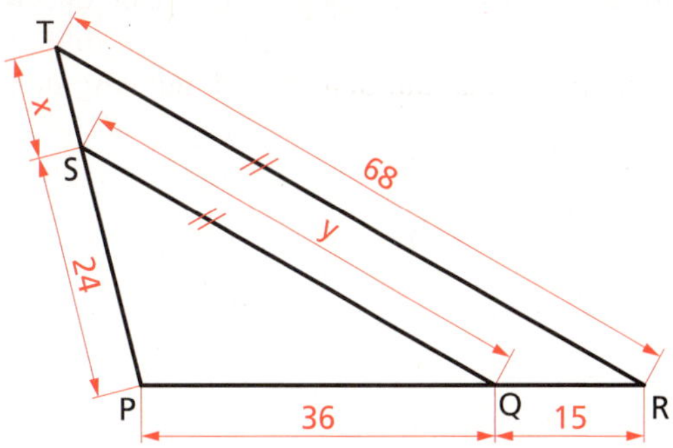

I 3 H 3 **15** Von einem gleichschenkligen Dreieck ABC kennt man die Längen der Basis c und der Schenkel a = b.

a) Beschreibe einen Weg, wie man daraus **1)** die Höhe h_c und **2)** die Höhen $h_a = h_b$ ermitteln kann!

b) Berechne die Höhen, wenn die Basis **7,0 cm** und die Schenkel **9,1 cm** lang sind!

h_a = ______ = h_b h_c = ______

I 3 H 3 **16** Die Abbildung rechts zeigt das Dach einer Lagerhalle.

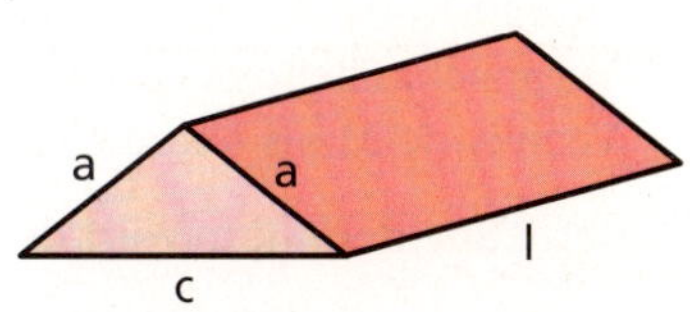

a) Um welchen geometrischen Körper handelt es sich dabei?

☐ quadratische Pyramide ☐ dreiseitige Pyramide

☐ dreiseitiges Prisma ☐ rechteckiges Prisma

b) Berechne den Rauminhalt des Daches, wenn die Basis des Giebeldreiecks **c = 69,00 m**, die schrägen Dachkanten **a = 37,70 m** und das Dach selbst **l = 150,00 m** lang ist! V = ______

I 1 H 2 **1** Berechne!

1) $(-3) \cdot (+5) - (-2) \cdot (-3) =$

2) $(-3) \cdot [(+5) - (-2) \cdot (-3)] =$

3) $(-3) \cdot [(+5) - (-2)] \cdot (-3) =$

4) $[(-3) \cdot (+5) - (-2)] \cdot (+3) =$

I 2 H 2 **2** Berechne die Unbekannte und führe eine Probe durch!

a) $(3 + 2x) \cdot 12x - 52 = (3x + 5) \cdot (8x - 4)$ $x =$ Probe: ____

b) $(8y - 1)^2 - (3y - 4)^2 = (11y - 3) \cdot (5y + 2)$ $y =$ Probe: ____

I 2 H 1 **3** Schreibe den Text jeweils in Form einer Gleichung und berechne!

a) Der Umfang eines Rechtecks beträgt 170 m. Die Länge ist um 15 m kürzer als das Vierfache der Breite. Berechne die Seitenlängen des Rechtecks! ____

b) Verlängert man die Seiten eines Quadrats um je 8 cm, so vergrößert sich der Flächeninhalt um 256 cm². Berechne die Seitenlänge des ersten Quadrats! ____

I 2 H 2 **4** Vereinfache durch Herausheben bzw. Herausheben und Kürzen!

a) $2x \cdot (x - y) - 3y \cdot (x - y) =$

b) $5ab^2 - 5a =$

c) $\frac{6rs - 15r^2}{12rs - 9r} =$

d) $4px - 5qy - 4qx + 5py =$

e) $(3e - 2f) \cdot (5v + 2w) - (3e - 2f) \cdot (4v - w) =$

f) $\frac{6x^3 + 9x^2y}{12xy + 18y^2} =$

I 1 H 2 **5** Vereinfache!

a) $\left(-\frac{1}{3}\right)^3 \cdot 3^3 =$

b) $\left(-\frac{5}{2}\right)^2 =$

c) $[(2 - 5)^3 + 6^2]^2 =$

d) $-4^2 + (-4)^2 =$

e) $(3 \cdot a \cdot b^2)^2 \cdot a^5 \cdot b^5 =$

f) $\frac{2x^2 \cdot y}{4y^2} =$

I 2 H 2 **6** Ergänze, was fehlt!

a) $(4x + \square)^2 = \square + \square + 25$

b) $(\square - 8)^2 = \square - 48z + \square$

I 4 H 2 **7** Eine Möglichkeit Pfirsiche in Größenklassen einzuteilen, ist laut Gesetz die Feststellung ihres Umfangs. Dazu verwendet man Schablonen mit verschieden großen kreisförmigen Löchern.
Familie Gutleber erntete Pfirsiche mit folgenden Umfängen:

19 24 27 25 18 23 29 20 23 18 30 25 17 20 24 18 21 23 16 19 22 23 20 18 27 19
21 28 21 29 18 17 25 22 30 25 20 18 26 21 23 21 23 24 20 18 17 19 25 18

1) Sortiere die Pfirsiche nach den gesetzlichen Klassen und fülle die Übersichtstabelle aus!

Klasse	Umfang u in (cm)	Klassenmitte	Strichliste	Häufigkeit absolute	Häufigkeit relative	Häufigkeit prozentuelle
D	$16 \leq u < 17{,}5$					
C	$17{,}5 \leq u < 19$					
B	$19 \leq u < 21$					
A	$21 \leq u < 23$					
AA	$23 \leq u < 25$					
AAA	$25 \leq u < 28$					
AAAA	$28 \leq u$	29,5				
			Summe			

2) Veranschauliche die prozentuellen Häufigkeiten in einem Histogramm auf einem Blatt Papier! Verwende 31 als obere Grenze der Klasse AAAA!

3) Berechne den Mittelwert des Umfangs eines Pfirsichs aus den Werten der Urliste! ____

4) Berechne mit Hilfe der Klassenmitten den Mittelwert des Umfangs! ____

I 3 H 1 **8** Eine 6 km lange Entfernung ist auf dem Plan 2,4 cm lang. Welchen Maßstab hat die Karte? ____

I 1 H 1 **9** Ein Zug durchfährt eine 204 km lange Strecke mit einer mittleren Geschwindigkeit von 85 km/h.

Wie lange braucht er für diese Strecke? ____________________

Mit welcher mittleren Geschwindigkeit müsste er fahren, um für diese Strecke 24 Minuten weniger zu brauchen? ____________________

I 1 H 2 **10** Schreibe das Verhältnis mit möglichst kleinen natürlichen Zahlen!

a) 4 m : 2 cm = ____ **c)** $35\ m^3 : 7\ dm^3$ = ____ **e)** 1500 kg : 2,5 t = ____

b) 12 kg : 4 g = ____ **d)** 0,24 : 0,36 = ____ **f)** $1\frac{1}{4}$ h zu 45 min = ____

I 1 H 2 **11** Im Jahr 1989 wurden in Österreich für Forschung und experimentelle Entwicklung 1 669 Mio. € (von Schilling umgerechnet) ausgegeben; im Jahr 2009 waren es 7 480 Mio. €. Berechne die prozentuelle Steigerung der Ausgaben für Forschung und experimentelle Entwicklung in diesen 20 Jahren! ____________________

I 3 H 4 **12** **a)** Beschreibe mit Hilfe der Abbildung rechts, wie man die Formel $A = \frac{e \cdot f}{2}$ für den Flächeninhalt des Deltoids ABCD beweisen kann!

b) Wie lang ist die Diagonale e eines Deltoids mit einem Flächeninhalt von $A = 42{,}9\ cm^2$, wenn die Diagonale f = 6,5 cm lang ist? e = ____

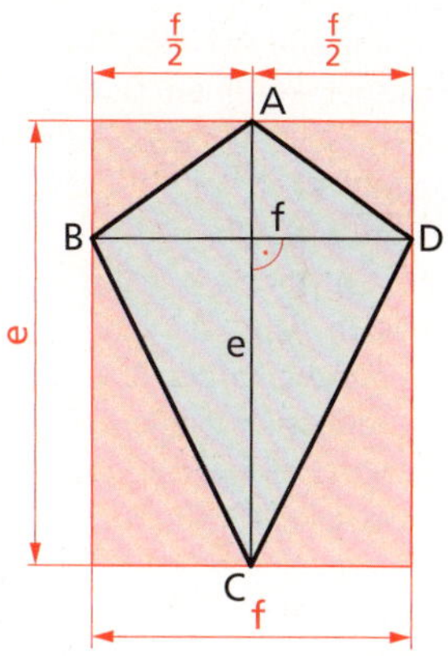

I 3 H 1 **13** Der quadratische Fußboden eines Ausstellungsraumes hat eine 12,40 m lange Diagonale. Der Fußboden soll mit trapezförmigen Fliesen ausgelegt werden. Die Parallelseiten der Trapeze sind jeweils 28 cm und 14 cm lang, die Trapezhöhe beträgt jeweils 7 cm.
Wie viele Fliesen benötigt man für den Fußboden mindestens? ________

I 3 H 3 **14** **a)** Zeichne das allgemeine Viereck, das durch die Koordinaten seiner Eckpunkte A(–5|–4), B(5|–4), C(3|6), D(–4|8) (Einheit 1 cm) gegeben ist, auf ein Blatt Papier!

b) Beschreibe, wie man den Flächeninhalt dieses Vierecks so berechnen kann, dass man alle benötigten Längen aus den gegebenen Koordinaten ablesen kann!

c) Berechne den Flächeninhalt des Vierecks! A = ____

I 3 H 2 **15** Die Längen zweier Strecken a und b stehen im Verhältnis a : b = 3 : 7.

a) Konstruiere die Strecke b mit Hilfe des Strahlensatzes, wenn a = 4,2 cm lang ist!

b) Berechne die Länge von b und kontrolliere deine Konstruktion durch Messen von b! b = ____

I 3 H 2 **16** **a)** Konstruiere das rechtwinklige Dreieck ABC ($\gamma = 90°$) mit b = 7,5 cm und c = 8,5 cm und miss die Länge der Seite a und die Höhe h_c! a ≈ ____, h_c ≈ ____

b) Berechne die Länge der Seite a, den Flächeninhalt A des Dreiecks und die Höhe h_c!

a = ____, h_c = ____, A = ____

I 3 H 3 **17** Das gleichschenklige Dreieck ABC (a = b) ist 7,2 cm hoch und hat 9,0 cm lange Schenkel.

a) Beschreibe einen Weg, wie man den Umfang und den Flächeninhalt des Dreiecks ermitteln kann!

b) Berechne die Seite c, den Umfang und Flächeninhalt! c = ____, u = ____, A = ____

I 3 H 3 **18** **a)** Die Abbildung rechts zeigt eine Stützmauer, die auf einer Seite abgeschrägt ist. Um welchen geometrischen Körper handelt es sich dabei?

☐ rechteckiges Prisma ☐ abgeschnittene Pyramide ☐ vierseitiges Prisma

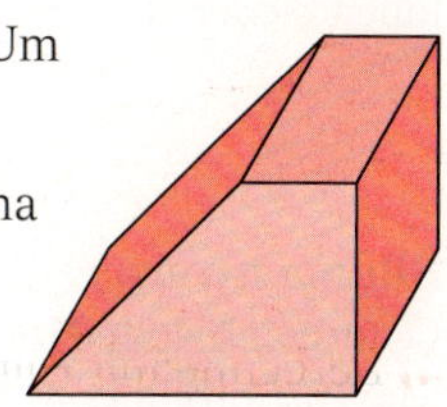

b) Berechne den Rauminhalt der Stützmauer, wenn sie 6,40 m hoch, an der Basis 8,60 m und oben 3,80 m breit ist, und ihre Länge 12,00 m beträgt!

V = ____

Bildnachweis:
Österreichische Nationalbank: Seite 3/links, 3/mitte, 3/rechts; marysa03 – Fotolia.com: Seite 15;
Martti/Fotolia.com: Seite 25; MaHoo – Fotolia.com: Seite 33; Joe Gough – Fotolia.com: Seite 36;
Lehner – iStockphoto.com: Seite 38; matttilda – Fotolia.com: Seite 40;
Valentin Casarsa – iStockphoto.com: Seite 46; alpersyx – Fotolia.com: Seite 50